Helmut Pflegers

# Schach-kabinett

## Amüsante Aufgaben – überraschende Lösungen



FALKEN VERLAG

Im Falken-Verlag sind zahlreiche Bücher zum Thema Schach erschienen.
Hier eine kleine Auswahl:
Zug um Zug, Schach für jedermann (Nr. 0645)
Turnier der Schachgroßmeister '83 (Nr. 0718)
Schach-WM '85 Karpow–Kasparow (Nr. 0785)

CIP-Kurztitelaufnahme der Deutschen Bibliothek

**Pfleger, Helmut:**
[Schachkabinett]
Helmut Pflegers Schachkabinett: amüsante Aufgaben – überraschende Lösungen / Helmut Pfleger. – Niedernhausen/Ts.: Falken-Verlag, 1987.
(Falken-Bücherei)
ISBN 3-8068-0877-5

ISBN 3 8068 0877 5


Titelbild: Foto Kohler, Bamberg
Diagramme: Eugen Kurz, München
Die Ratschläge in diesem Buch sind von Autor und Verlag sorgfältig erwogen und geprüft, dennoch kann eine Garantie nicht übernommen werden. Eine Haftung des Autors bzw. des Verlages und seiner Beauftragten für Personen-, Sach- und Vermögensschäden ist ausgeschlossen.
Gesamtherstellung: H.G. Gachet & Co., 6070 Langen

817 2635 4453 6271

# Inhalt

# Geleitwort

Seit 1982 schreibt Großmeister Helmut Pfleger Woche um Woche (außer in den großen Ferien) eine Schachglosse für das ZEITmagazin: Ein Sammelsurium schachlicher Kabinettstückchen und Kuriositäten, das hiermit zum Buch gebündelt endlich auch den vernachlässigten Nichtlesern der ZEIT angeboten wird.
Dabei war diese Glosse die letzte Chance, die ZEITmagazin-Chef Jochen Steinmayr dem Schach in seinem Heft geben wollte. Tatsächlich war die »Schachecke« eine wahre Problemecke. Es gab die konstruierten »Matt in 3 Zügen«-Aufgaben, die selbst viele Schachspieler nicht interessierten. Als wieder einmal eine Leserumfrage einen Beachtungswert von unter 1 Prozent für diese Probleme ermittelte, platzte dem Chef der Kragen: »Dieses unverständliche Minoritätenprogramm fliegt raus, wenn es nicht magazin-gerecht wird.«
»Magazingerecht«, d. h. im Medienjargon: dem Leser nicht abstrakte Probleme vorzusetzen, sondern ihm die Menschen, die die Probleme schaffen und die damit leben müssen, als »Identitätsfaktoren« zu schildern. Also beim Schach: echte Partien, echte Positionen, vor allem echte Personen. Es galt, dem Leser in kurzer Form eine Verschmelzung der bisher üblichen Schachdarstellungen zu bieten: In einer Spalte Partieanalyse, Klatsch und Tratsch, und außerdem soll der Leser den großmeisterlichen Gewinnzug erraten. Aber wer sollte das alles verbinden können?
Zum Glück (für Sie) lernte ich Helmut Pfleger kennen, Großmeister zwar, aber einer, der sich nicht nur um Züge, sondern auch um das Drumherum kümmerte. Als Arzt und Psychologe untersuchte er den körperlichen und nervlichen Streß der Matadoren, theoretisierte über verdrängte Vatermordphantasien am Brett und verstand es, die Charakterzüge der Groß- und Kleinmeister in Beziehung zu ihren Partiezügen zu bringen. Pfleger versteht Schach nicht nur als Wissenschaft, Kunst, Spiel und Sport, sondern auch als Spaß (außer wenn er selber spielt: dann sieht er gequält und finster drein).
Zudem ist er ein barocker Franke, der eine Schachpartie und ihre Schöpfer so launig beschreiben kann, als ginge es um altfränkische Ritterkampf-Possen. Am Brett ziehen plötzlich galoppierende Rösser, Rappen und Schimmel, unverdauliche Gäule auf, nackte Monarchen, sowie etwa Damen als Teufelsbraten oder verschmähte Henkersmahlzeiten. Die Spieler erscheinen als Ränkeschmiede und Hexenmeister. Dank Helmut Pfleger stellten die Ränkeschmiede so auch die ZEITmagazinleser vor schwierige Rätsel und – die Auflösung erscheint immer erst im darauffolgenden ZEITmagazin – vor harte Geduldsproben.
Vor allem gegen die einwöchige Wartetortur protestierten einige Leser (wie auch Ex-Bundeskanzler und ZEIT-Herausgeber Helmut Schmidt). Sie wollten die Lösung immer gleich im selben Exemplar haben.
Auch ihnen kann jetzt mit dem vorliegenden Band geholfen werden.

Wolfram Runkel

# Vorbemerkung des Autors

Von den 141 Schachgeschichten, die bis Ende September 1986 im ZEITmagazin erschienen sind, enthält dieses Buch 118, welche nach Themen zu Kapiteln geordnet wurden.

Text und Lösungen wurden für das Buch geringfügig überarbeitet. Da die Geschichten aus fünf verschiedenen Kalenderjahren stammen, wurden hie und da Datierungshilfen beigefügt.

Mein ganz besonderer Dank gilt meinem Freund Eugen Kurz, der mir bei der Entstehung dieses Buches wertvolle Hilfe leistete und die Kapiteleinleitungen geschrieben hat.

Viel Spaß beim Schmökern!

Ihr Helmut Pfleger

# Weltmeister

Seit Wilhelm Steinitz vor runden hundert Jahren den Titel für sich selbst kreierte, hat das Wort »Weltmeister« seine ganz besondere Faszination für das Publikum, und zwar nicht allein für das schachspielende. Es ist eben so: Meister gibt es wie Sand am Meer, nationale und internationale, Schulmeister, Stadtmeister, Landesmeister, Riesen und Zwerge, dicke und dünne, weiße, gelbe, schwarze, rote, grüne – wer zählt die Völker, nennt die Namen? Ein jeder von ihnen hat sein Reich, sein kleines oder größeres, in welchem er »Meister« ist; aber ein jeder von ihnen stößt, sobald er sich nur umdreht oder ausstreckt, gleich wieder an einen, der ein größerer Meister ist als er selbst.

Nur der Weltmeister hat per definitionem, solange er den Thron innehat, keinen neben noch über sich in der Welt, ja sogar im ganzen Universum; denn selbst wenn es wirklich im Universum jederzeit Milliarden Planeten gibt, auf denen neugierig-geschaftlhuberische Intelligenzen herumerfinden und -spielen, darf es doch als ausgemacht gelten, daß unser Schachspiel nirgends noch einmal ganz so wie bei uns betrieben wird.

An dieser Stellung »ohne gleichen« des Weltmeisters ändert es nichts, wenn noch so viele, die halt nicht Weltmeister sind, herumspekulieren, ob Rubinstein vor dem 1. Weltkrieg nicht doch stärker gewesen sei als Emanuel Lasker, oder ob Aljechin vor dem 2. Weltkrieg gegen Keres verloren hätte, oder ob nun Bobby Fischer oder Garri Kasparow der Allergrößte aller Größten sei. Und an dieser kaiserlich einsamen Spitzenstellung des Weltmeisters muß es wohl liegen, daß für uns alle, die wir, Meister oder nicht, das Publikum ausmachen, der Name »Weltmeister« so etwas mythisch Hoheitliches an sich trägt. Mögen wir es uns gerne eingestehen oder nicht: Es ist etwas wie Ehrfurcht, das uns vor diesem Titel den Rücken hinunterrieselt, als wollten wir gleich einen Diener machen.

Offenbar hat der nivellierende Einfluß der Medien diesem atavistischen Gefühl bislang keinen Abbruch getan; im Gegenteil, will es scheinen, denn gerade zu den Zeiten der besonders »übermenschlich« scheinenden Weltmeister Fischer und Kasparow wuchs das Publikum, das sich für sie interessierte, plötzlich zu unerhörten Mengen. Nicht umsonst ist der größte Teil der Menschheit zu den längsten Zeiten unter dem Königtum organisiert gewesen; auch wenn dessen praktischer Einfluß nun zu Ende geht, seine Zeichen werden den Menschen noch unabsehbar lange vertraut und bedeutungsvoll bleiben.

Und da jeder Weltmeister einmal ein Mensch war, dürfen wir vermuten, daß den Weltmeistern selbst der Beiklang »von Gottes Gnaden«, der ihrem Titel anhaftet, auf einer anderen, geheimeren, höheren Ebene noch wichtiger ist als alle materiellen Vorteile, die er ihnen bringt.

# 1 Der Hexenmeister und das Nilpferd

Michail Tal, Weltmeister 1960–61, ist auch heute noch vom Nimbus des Schachmagiers umglänzt. Er schüttelt die unglaublichsten Kombinationen aus dem Ärmel, während seine Gegner sich noch im Glauben wiegen, es gehe alles geruhsam normal zu. Faszinierend sind stets die posthumen Analysen, bei denen er die wildesten Varianten aufs Brett zaubert.

Es müssen aber nicht immer nur schachliche Zauberkunststückchen sein, die ihm durch den Kopf gehen, wenn er überm Brett brütet. Tal über eine Partie gegen den sowjetischen Großmeister Wasjukow: »Ich grübelte über ein Springeropfer. Plötzlich kam mir der Satz in den Sinn: Wie schwierig ist es, ein Nilpferd aus dem Sumpf zu ziehen? Vergeblich versuchte ich dieses Problem zu lösen, ließ das Nilpferd schließlich einfach ersaufen und opferte kurzerhand intuitiv den Springer, ohne Varianten durchzurechnen. Am nächsten Tag las ich mit Vergnügen in der Zeitung: ›nach 40minütigem Nachdenken brachte Tal ein wohlkalkuliertes Springeropfer . . .‹!« Ich weiß nicht, welche Gedanken Tal bei seiner Partie mit mir in Tallinn 1973 durch den Kopf gingen, erinnere mich aber gut an mein Vergnügen, dem Hexenmeister in dessen ureigenstem Gebiet zu begegnen, in der Suppe kräftig mitzurühren und schließlich auf wundersame Weise mit heiler Haut davonzukommen.

Weiß: Helmut Pfleger
Schwarz: Michail Tal (UdSSR)

| | Weiß | Schwarz | | Weiß | Schwarz |
|---|---|---|---|---|---|
| **1.** | **d4** | **g6** | **13.** | **Lf1** | **e5** |
| **2.** | **Sf3** | **Lg7** | **14.** | **Lg5** | **d5** |
| **3.** | **e4** | **d6** | **15.** | **exd5** | **Sxd5** |
| **4.** | **Le2** | **c5** | **16.** | **Tad1** | **h6** |
| **5.** | **dxc5** | **Da5+** | **17.** | **Lc1** | **Tad8** |
| **6.** | **Sbd2** | **Dxc5** | **18.** | **Sbd2** | **S5f6** |
| **7.** | **0–0** | **Sf6** | **19.** | **b3** | **Tfe8** |
| **8.** | **c3** | **0–0** | **20.** | **Sc4** | **Lf8** |
| **9.** | **Sb3** | **Dc7** | **21.** | **Sfxe5** | **Sxe5** |
| **10.** | **Dc2** | **Sbd7** | **22.** | **Txd8** | **Seg4** |
| **11.** | **h3** | **b6** | **23.** | **hxg4** | **Txe1** |
| **12.** | **Te1** | **Lb7** | **24.** | **Dd2** | **Sxg4** |

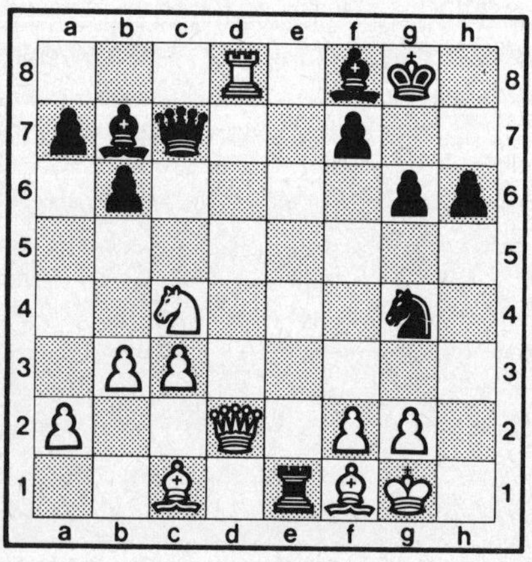


**Frage**

Es droht einzügig Matt auf h2. Wie konnte Weiß erfolgreich die gefährliche Diagonale c7–h2 unterbrechen?

# 2 Der eiserne Tigran

Unbeschreiblicher Jubel in Armenien im Jahre 1963 – ihr Tigran Wartanowitsch Petrosjan hat gerade das Monument Botwinnik entthront und ist neuer Schachweltmeister. Da sollen auch die einem Landsmanne des neuen Weltmeisters eben geborenen Drillinge teilhaben und fortan als Tigran, Wartan und Petros durch die Welt laufen; das haben sie nun von der Schachbegeisterung ihres Vaters.

»Tiger« Petrosjan selbst wurde seinem Namen nur bedingt gerecht – wohl konnte er sich stundenlang auf die Hinterpfoten setzen und seinen Gegner geduldig belauern (der Chronist weiß ein Lied davon zu singen), doch die blitzschnelle eruptive Attacke war seine Sache nicht, eher schon erdrosselte er wie eine Riesenschlange langsam seinen Gegner. Auch seine Beinamen »Eiserner Tigran« und »Torwart aus Armenien« deuten mehr auf Nehmer- und Auffangqualitäten hin; ganz selten verlor er eine Partie, seine Festung war meist unüberwindlich. Für mich bleibt der letztes Jahr (1984) Verstorbene vor allem als unübertroffener Meister des positionellen Qualitätsopfers in Erinnerung. Als er aber in der Diagrammstellung als Weißer gegen Simagin nichts Besseres entdeckte, als sich selbst die Qualität mit 1. Sxf7 einzuverleiben, mußte er diese unzeitgemäße Gefräßigkeit mit einem Dauerschach nach 1. ... Dd1+ büßen.

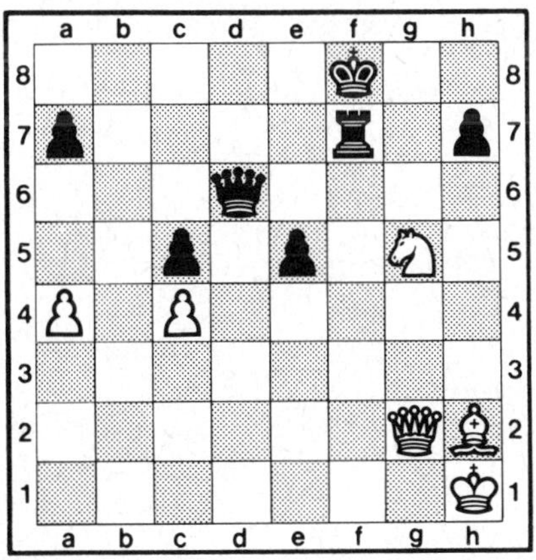

**Frage**

Statt dessen hätte hier die Tugend des Opferns mehr gefrommt; allerdings ist es verzeihlich, daß Petrosjan diese wunderschöne, versteckte, 5zügige Kombination übersah, die mit drei Langschrittlern beginnt und mit zwei kurzen Hopplern endet. Als kleine Lösungshilfe der Bamberger Spruch: »Wenn ein Bauer ein Schach sieht...«, der sich variieren ließe zu »wenn ein Bauer vier Schachs sieht, dann gibt er sie«.

# 3 Mister Pokerface

Es sind fast 30 Jahre, in denen Boris Spassky Schachgeschichte gemacht hat. Er ist ein wandelndes Monument vergangener großer Schachschlachten, infolge des »Jahrhundertwettkampfes« von Reykjavik 1972 gegen Bobby Fischer immer noch bekannter als jeder andere Meister.

Anders als Karpow, macht Boris kein Hehl aus seinen Ansichten: Als er beim Turnier in Tallinn 1973 im Hotelzimmer David Bronsteins sich sehr kritisch über das Regierungssystem äußerte, machte ich ihn darauf aufmerksam, daß sicher eine Lauschvorrichtung installiert sei. Er: »Das sollen sie ruhig hören!«

Spassky hinterläßt einen Eindruck geballter, gebändigter Kraft. Beim Internationalen Turnier in München 1979 untersuchte ich während der Partien medizinische Parameter wie Puls, Blutdruck usw.: Spassky hatte hierbei den ruhigsten Erregungsablauf und – als einziger – die Kondition eines Spitzensportlers. Er ist aber auch ein großer Schauspieler.

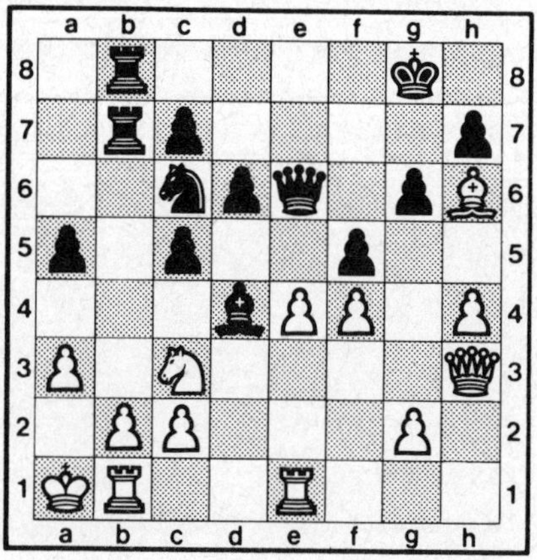

Über sein Pokerface jammerte schon vor anderthalb Jahrzehnten eines seiner Opfer: Wenn er eine Figur gebe, wisse man nie, ist das ein Geniestreich, oder hat er den Klotz einfach eingestellt?

Beim Turnier in Linares (Spanien) Anfang 1983 siegte er vor Weltmeister Karpow. Dabei zeigte sich, daß Spasskys Stärke nach wie vor im kraftvoll vorgetragenen Angriff liegt. In der folgenden Partie erdrückt und zerschmettert er schließlich unter Springeropfer seinen großen holländischen Gegner.

Weiß: Timman
Schwarz: Spassky

| | | | | | |
|---|---|---|---|---|---|
| **1.** | **e4** | **e5** | **13.** | **Lh6** | **Lh8** |
| **2.** | **Sf3** | **Sc6** | **14.** | **h4** | **Tb8** |
| **3.** | **Lb5** | **a6** | **15.** | **a3** | **Le6** |
| **4.** | **La4** | **d6** | **16.** | **Sg5** | **Dc8** |
| **5.** | **Lxc6+** | **bxc6** | **17.** | **Sxe6** | **Dxe6** |
| **6.** | **d4** | **exd4** | **18.** | **Kb1** | **Tb7** |
| **7.** | **Dxd4** | **c5** | **19.** | **Ka1** | **Teb8** |
| **8.** | **Dd3** | **g6** | **20.** | **Tb1** | **Sc6** |
| **9.** | **Sc3** | **Lg7** | **21.** | **f4** | **Ld4** |
| **10.** | **Lf4** | **Se7** | **22.** | **Dd3** | **a5** |
| **11.** | **0–0–0** | **0–0** | **23.** | **Dh3** | **f5** |
| **12.** | **Dd2** | **Te8** | **24.** | **The1** | |

**Frage**

Die ganze schwarze Streitmacht ist auf den weißen Monarchen gerichtet, doch noch scheint der Verteidigungswall intakt. Wie schlug Spassky die entscheidende Bresche?

# 4 Das kalte Genie

Schon zu Lebzeiten ist er Legende, der US-Amerikaner Bobby Fischer, niemandem wird von der Schachwelt so sehr nachgetrauert und -gerätselt wie ihm.
Auf der Höhe seines Ruhms, nachdem er durch den Sieg über Boris Spassky in Reykjavik 1972 den Weltmeisterthron bestiegen hatte, verschwand er von der Schachbühne. Schach war sein Leben – er warf es einfach hin. Vermutlich, weil jede spätere Niederlage sein Selbstgefühl zutiefst erschüttert, ihn in seiner völligen Identifikation mit dem »göttlichen«, einzigartigen Schachspiel ins Bodenlose gestürzt hätte; vermutlich, weil plötzlich Angst massiv in sein Selbst einbrach.
Bis dahin spielte er scheinbar eiskalt und ohne Nerven, außer dem Vernichtungswillen (»ich will das Ego meines Gegners brechen«) drängten sich keine Gefühle ins Spiel.
Als Junge konnte er über Niederlagen noch weinen oder auf Siege stolz sein, wie bei der »Partie des Jahrhunderts« (Kmoch), die er als 13jähriger gegen den Internationalen Meister Donald Byrne gewann, und die er als 17jähriger in Bamberg erläuterte.

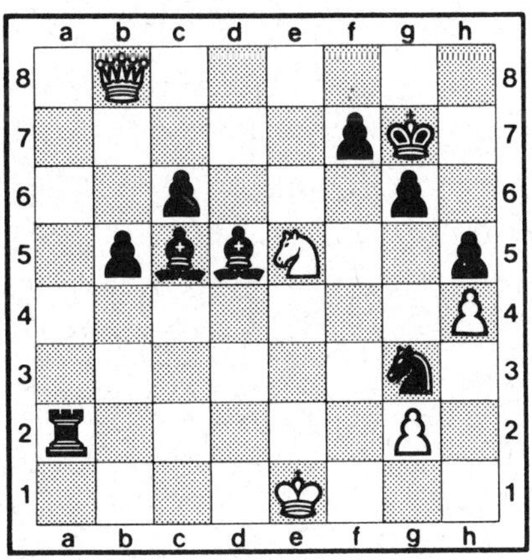

Weiß: D. Byrne
Schwarz: R. Fischer

| | | | | | |
|---|---|---|---|---|---|
| 1. | Sf3 | Sf6 | 20. | Kf1 | Sxd4+ |
| 2. | c4 | g6 | 21. | Kg1 | Se2+ |
| 3. | Sc3 | Lg7 | 22. | Kf1 | Sc3+ |
| 4. | d4 | 0–0 | 23. | Kg1 | axb6 |
| 5. | Lf4 | d5 | 24. | Db4 | Ta4 |
| 6. | Db3 | dxc4 | 25. | Dxb6 | Sxd1 |
| 7. | Dxc4 | c6 | 26. | h3 | Txa2 |
| 8. | e4 | Sbd7 | 27. | Kh2 | Sxf2 |
| 9. | Td1 | Sb6 | 28. | Te1 | Txe1 |
| 10. | Dc5 | Lg4 | 29. | Dd8+ | Lf8 |
| 11. | Lg5 | Sa4 | 30. | Sxe1 | Ld5 |
| 12. | Da3 | Sxc3 | 31. | Sf3 | Se4 |
| 13. | bxc3 | Sxe4 | 32. | Db8 | b5 |
| 14. | Lxe7 | Db6 | 33. | h4 | h5 |
| 15. | Lc4 | Sxc3 | 34. | Se5 | Kg7 |
| 16. | Lc5 | Te8+ | 35. | Kg1 | Lc5+ |
| 17. | Kf1 | Le6 | 36. | Kf1 | Sg3+ |
| 18. | Lxb6 | Lxc4+ | 37. | Ke1 | |
| 19. | Kg1 | Se2+ | | | |

**Frage**

Hier sagte Bobby ein Matt in 5 Zügen an. Er konnte aber in nur 4 Zügen mattsetzen. Wie?

# 5 Der König trinkt Bier

Beim Karussell der Schachweltmeisterschaft gibt (1984) seit zehn Jahren ein Mann den Ton an: Anatoli Karpow. Viele Geistesrecken sprangen kurzzeitig mit auf, begeisterten die Zuschauer vielleicht mit glänzenden Kapriolen und tiefen Kombinationen – der letzte Fahrgast war aber stets der eher unscheinbare, schmächtige Karpow. Unserem Bedürfnis, uns im Glanze des Helden zu sonnen, verweigert er sich durch Schüchternheit und Unverbindlichkeit: Er ist kein Star zum Anfassen. Und auch seine Partien hinterlassen meist den Eindruck trockener technisch-perfekter Kälte. Alle erkennen seine außergewöhnlichen Erfolge an, und doch bezeichnen ihn Ex-Weltmeister Spassky als »König ohne Krone«, sein Intimfeind Kortschnoi gar als schädlich für die Schachwelt – er sei ein Mensch ohne Gesicht. Offen bekennt sich Karpow dazu, nie seine wahren Gefühle zeigen zu wollen.

Und doch kann auch bei ihm eine liebenswerte, ja zuweilen schelmische Seite druchbrechen, wenn er sich in einem verschlafenen englischen Nest ein Bierchen an der Bar genehmigt oder zur Entspannung Blitzpartien mit Kontra und Re spielt. Auch ihm tut es sichtlich wohl, einmal des Erfolgszwanges enthoben zu sein. Unumwunden gibt er zu, vor Erringung des WM-Titels mehr Vergnügen am Schach gehabt zu haben. Aber gewinnen will er doch: Deshalb nützte er in der Diagrammstellung den letzten Zeitnotbock (Turm a3–a1) seines Rivalen Kortschnoi bei der Weltmeisterschaft 1978 auf den Philippinen mit einer pikanten Mattwendung aus.

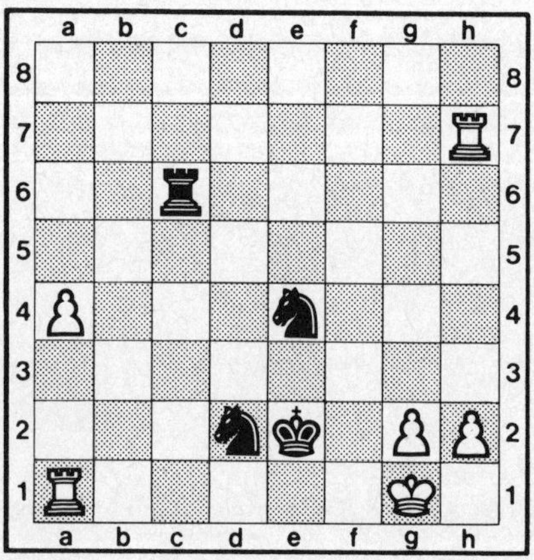

**Frage**

Verstehen auch Sie sich auf Pferde?

# 6 Der neue Sowjetstern

Ein neuer Stern leuchtet am sowjetischen Schachhimmel: Garri Kasparow. Bei einem Bodensatz von 4½ Millionen aktiven Schachspielern im Lande (d.h. mehr Schach- als Fußballspielern) stieg er kometenhaft auf und hat sich mit seinen (1983) 19 Jahren schon unbestritten im Zenit neben Weltmeister Karpow eingerichtet.

Im Gegensatz zum pragmatisch-nüchternen, nie die Übersicht verlierenden Karpow vergaloppiert sich der junge Garri schon einmal. Seine unter buschigen Brauen liegenden Augen strahlen feurige Energie aus, während der verhalten-kühle Florettblick des Weltmeisters die verborgene Kraft nur ahnen läßt.

Bei der Schacholympiade 1982 in Luzern waren beide die Garanten des überlegenen Sieges der Sowjetunion. Als aber im Kampf gegen die Schweiz der abtrünnige »Erzfeind« Viktor Kortschnoi auftauchte, nahm Karpow vorsichtshalber ein »Aus« gegen einen Rivalen aus drei Kämpfen um die WM.

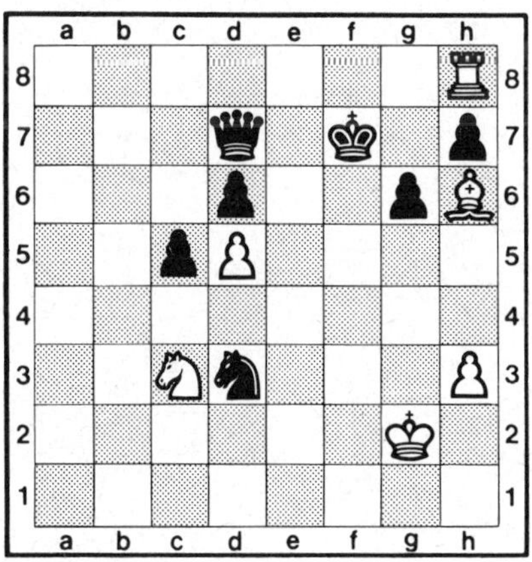

Die Augen der ganzen Schachwelt waren auf das Duell Kortschnoi – Kasparow gerichtet. Es wurde ein dramatischer Kampf, in dem die beiden sich nichts schenkten. Kasparow bot in seinem Wild-West-Stil erst eine Figur, dann sogar die Dame zum Opfer an. Ein sich verzweifelt wehrender Kortschnoi konnte kein Loch in des Gegners Opferorgie entdecken – der »Thronfolger« Kasparow hatte die zentrale Partie dieser Schacholympiade in großem Stil gewonnen.

Weiß: Kortschnoi
Schwarz: Kasparow

| | | | | | |
|---|---|---|---|---|---|
| **1.** | **d4** | **Sf6** | **19.** | **Saxb5** | **fxe4** |
| **2.** | **c4** | **g6** | **20.** | **Lxe4** | **Ld7** |
| **3.** | **g3** | **Lg7** | **21.** | **De2** | **Db6** |
| **4.** | **Lg2** | **c5** | **22.** | **Sa3** | **Tbe8** |
| **5.** | **d5** | **d6** | **23.** | **Ld2** | **Dxb2** |
| **6.** | **Sc3** | **0–0** | **24.** | **fxe5** | **Lxe5** |
| **7.** | **Sf3** | **e6** | **25.** | **Sc4** | **Sxg3** |
| **8.** | **0–0** | **exd5** | **26.** | **Txf8+** | **Txf8** |
| **9.** | **cxd5** | **a6** | **27.** | **De1** | **Sxe4+** |
| **10.** | **a4** | **Te8** | **28.** | **Kg2** | **Dc2** |
| **11.** | **Sd2** | **Sbd7** | **29.** | **Sxe5** | **Tf2+** |
| **12.** | **h3** | **Tb8** | **30.** | **Dxf2** | **Sxf2** |
| **13.** | **Sc4** | **Se5** | **31.** | **Ta2** | **Df5** |
| **14.** | **Sa3** | **Sh5** | **32.** | **Sxd7** | **Sd3** |
| **15.** | **e4** | **Tf8** | **33.** | **Lh6** | **Dxd7** |
| **16.** | **Kh2** | **f5** | **34.** | **Ta8+** | **Kf7** |
| **17.** | **f4** | **b5** | **35.** | **Th8** | |
| **18.** | **axb5** | **axb5** | | | |

**Frage**

Wie kann sich Schwarz aus der tödlich scheinenden Umklammerung lösen und seine Dame retten?

# Deutsche Talente

Eines sei klargestellt, ehe sich einer der in diesem Kapitel Versammelten aus berechtigtem Selbstwertgefühl oder, falls es so etwas gibt, aus futterneidischem Ehrgeiz beklagt, er finde sich hier unter eine seiner nicht angemessene Gesellschaft gesteckt: Dieses Kapitel hält einen der Ehrenplätze im ganzen Buche inne, nämlich den auf halbem Wege zwischen »Deutschen Großmeistern« und »Weltmeistern«. Schon in dieser wohlbedachten Platzwahl zeigt sich die Hochachtung des Autors vor dem Talent – galt er doch früher selbst als solches; und kaum jemanden könnte es mehr freuen als ihn, wenn in der Zeitspanne zwischen Manuskriptanfertigung und Erscheinen dieses Buches der eine oder andere sich bereits aus diesem Kapitel in das nachfolgende oder gar das vorhergehende fortentwickelt haben sollte.
Die Chancen dafür stehen sogar gar nicht schlecht, denn die heißesten Anwärter auf den nächsten Platz in der deutschen Großmeisterriege finden wir auf den folgenden Seiten genannt, und es kann nur eine Frage der Zeit sein, wann die alten Götter im (west)deutschen Schacholymp zusammenrücken müssen, um dem nächsten Neuankömmling Platz zu machen. Warten wir's ab, wer am besten und am raschesten mit seinem Pfunde wuchern wird, um sich aus dem Kükenstadium des Talentes zum Großmeister (... oder Weltmeister?) zu mausern.
Fest steht jedenfalls, daß erst einmal Talent besitzen muß, wer Groß- oder Weltmeister werden möchte. – Und hier läßt sich die Testfrage an die Talente unter den Lesern nicht verkneifen, ob also jeder Groß- und Weltmeister einstmals Talent besessen haben muß!? Aber lassen wir das, den Gag hatten wir oben schon, und die Frage betrifft den Autor persönlich und weckt sehnsuchtsvolle Erinnerungen in seiner Brust.
Wie alle andern Kapitel des Buches, so erhebt auch dieses ganz entschiedenen Anspruch auf Unvollständigkeit. Es bietet nur eine kleine, kaleidoskopisch bunte Auswahl aus dem, was sich an Talenten derzeit in deutschen Schachgefilden findet; eine Auswahl, wie sie sich eben in den vier Jahren, seit im ZEITmagazin eine Schachspalte erscheint, nach und nach und unsystematisch zusammengefunden hat. Ein Segen für das deutsche Schach, daß dem so ist! Und wer einen rechten Eindruck von der Vielzahl haben möchte, die sich da tummelt und sich beweisen und was werden möchte, der lese die erste der folgenden Geschichten.

# 7 Schach macht Schule schöner

»Hurra, hurra, die Schule brennt«, scholl es schon meilenweit voraus, und die fröhlichen Sänger bewegten sich sternförmig aufs Hamburger Congress-Centrum zu. Was sie dort erwartete, war beinahe ebenso freudig und belebend wie diese Liedzeile: Wieder einmal schieden sich an der Alster Hamburger Schülergeister und spielten im Wettkampf »Rechtes Alsterufer gegen Linkes Alsterufer« das königliche Spiel miteinander. Und welch Wunder, bald war es (beinahe) mäuschenstill, qualmten 2 192 Köpfe beim größten Schulschachturnier der Welt überm Schachbrett, bald hüpften 4384 Springer lustig und wohl nicht immer so gemessen und wohlbedacht wie bei Karpow übers Brett und straften jene Lügen, welche Schach nur als gemütlichen Zeitvertreib für freundliche ältere Herren betrachten.
Zwar keine Schule, aber manches Brett brannte an diesem 29. Februar 1984 lichterloh, manch ein König mußte unter gegnerischem Triumphgeschrei die Eitelkeit alles Irdischen erkennen und ermattet auf die Walstatt sinken.
Lange Zeit sah es für Berenice, eines der 6% Mädchen an diesem Tag und Führerin der schwarzen Steine in der nachfolgenden Partie, gar nicht so übel aus. Als ihr Gegner aber kühn einen halbvergifteten Bauern auf a7 verspeiste, der »verirrte« Läufer wohlbehalten heimkehrte und Berenice dann auch ihrem höchsten Gut, ihrem König, wenig Beachtung schenkte, kam letzterer schnell in Not.

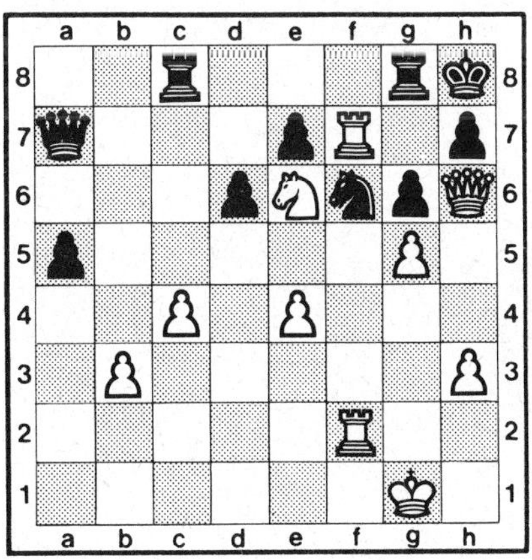

Weiß: Rüdiger Migge
Schwarz: Berenice Möller

| | | | | | |
|---|---|---|---|---|---|
| 1. | d4 | Sf6 | 18. | g4 | Sxd3 |
| 2. | c4 | g6 | 19. | Dxd3 | Sf6 |
| 3. | Sc3 | d6 | 20. | Lxa7 | b6 |
| 4. | e4 | Sbd7 | 21. | De3 | Sd7 |
| 5. | f4 | Lg7 | 22. | Sb5 | Tc6 |
| 6. | Sf3 | Sb6 | 23. | a4 | Te8 |
| 7. | Ld3 | 0–0 | 24. | Te2 | Dc8 |
| 8. | 0–0 | Lg4 | 25. | a5 | bxa5 |
| 9. | Le3 | Tc8 | 26. | Ld4 | Da8 |
| 10. | h3 | Lxf3 | 27. | fxg6 | fxg6 |
| 11. | Dxf3 | Sbd7 | 28. | Lxg7 | Kxg7 |
| 12. | f5 | c5 | 29. | Sd4 | Tc8 |
| 13. | Dg3 | cxd4 | 30. | Se6+ | Kh8 |
| 14. | Lxd4 | Sb6 | 31. | Dh6 | Tg8 |
| 15. | b3 | Sbd7 | 32. | Tf7 | Sf6 |
| 16. | Tae1 | Sh5 | 33. | g5 | Da7+ |
| 17. | De3 | Se5 | 34. | Tf2 | |

**Frage**

Hier gab Berenice auf. War das voreilig? Hätte sie sich nach 34. ... De3, wonach der Springer f6 vorerst tabu ist, nicht noch retten können? (Vorsicht: Suggestivfrage!)

# 8 Nomen non est omen

Sie können sich selbst ausmalen, an welcher Stelle der Name Zysk in alphabetischen Verzeichnissen erscheint – immer und ewig an letzter Stelle. Und kann man eine Schwiegermutter notfalls noch durch geschicktes Umheiraten auswechseln, so haftet der Name einem an wie die eigene Haut.

So ein ewig Letzter, der möchte auch einmal Erster sein, zumal da er den Vornamen mit jemandem teilt, der nach eigenem Bekunden zwar gar nichts vom Schach versteht, aber hierzulande doch einsam an der Spitze steht. So dürfen wir denn annehmen, daß der 19 Jahre junge Robert Zysk gerne die Europäische Juniorenmeisterschaft 1986 in Groningen gewonnen hätte. Doch der Weg zum Gipfel war mit dicken Brocken gepflastert, zum Beispiel dem Russen Alexander Khalifman und den holländischen Brüdern Piket. Zum Unglück für Robert landete Aeroflot rechtzeitig, so daß nur ein Brüdermord ihn noch in den europäischen Schacholymp lüften konnte.

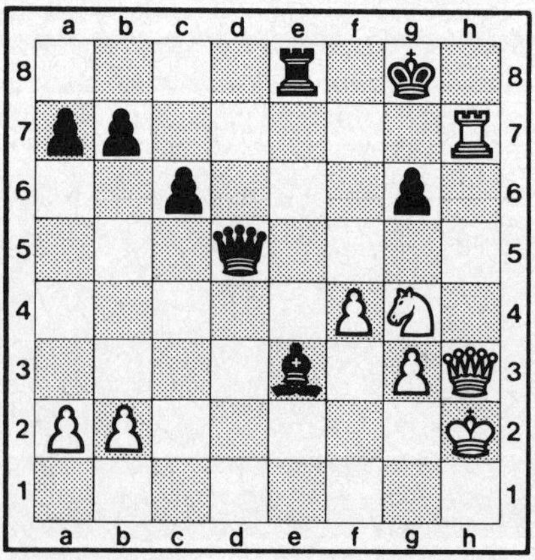

Zum Eingewöhnen fängt man am besten mit dem jüngeren an, das war Jeroen Piket. Doch dann kam Marcel, und mit ihm die Diagrammstellung.

**Frage**

Heftige Zeitnot beidseits, Robert als Schwarzer am Zug – Gott sei Dank, denn es drohen schreckliche Dinge wie Sf6+ oder Th8+. Nun erinnerte sich Robert trotz Zeitnot und entsprechendem Sympathikotonus an die goldene Regel, im Zweifelsfall immer ein Schach zu geben – es könnte Matt sein. Er zog 38. . . . Dd2+ und gewann auch (und wurde im Turnier schließlich hervorragender Dritter), doch mit einem anderen Zug als Auftakt »d'une petite combinaison« hätte er seinen Enkeln im nächsten Jahrtausend noch mehr Freude bereiten können. Wie?

# 9 $H_2O$ hat geholfen

Probleme mit Rauchen, Trinken und allem, was man gemeinhin als seriösen Schach- und Lebenswandel zu bezeichnen pflegt, löst zuverlässig Ex-Weltmeister Boris Spassky – zumindest tat er dies für Ralf Lau, der sich ihn als Vorbild erkor. Wie ein Frischbekehrter grub er sich fortan bei höchst gesundem Mineralwasser nimmermüde durch russische Schachliteratur und sah plötzlich vieles auf dem Schachbrett besser und weniger dunstig als zuvor.

Bei der letzten Schacholympiade (1984 in Thessaloniki) schlüpfte er sogar erstmals durchs Hintertürchen ins deutsche Team, nachdem ein ursprünglich dafür vorgesehener ZEIT-Mitarbeiter weiterhin dem Fernsehpublikum die Winkelzüge zweier Herren in Moskau nahezubringen versuchte. Und da auch dem Frömmsten der Appetit beim Essen kommen kann, spielt Ralf seitdem überall gut auf, oft sogar die erste Geige.

Doch beim kürzlich (1985) beendeten Zonenturnier in Beersheva (Israel) hätte er gemäß den Erwartungen mehr Erfahrung als Punkte sammeln sollen, zumal auch die beiden erklärten deutschen Kronprinzen Eric Lobron und Stefan Kindermann mitmischten. Indes landete Ralf als bester Deutscher auf dem geteilten zweiten Platz und hätte sich um ein Haar neben Robert Hübner im Interzonenturnier getummelt.

Sein Meisterstück lieferte er gleich in der ersten Runde gegen den Österreicher Dr. Wittmann ab, als er mit Hilfe zweier Qualitätsopfer den weißen König ins Freie bat und dem schon weidlich Geschundenen schließlich das Ende seiner irdischen Wanderschaft in vier Zügen ansagte.

**Frage**

Falls Sie die Mattführung nicht gleich finden, trinken Sie erst einen Schluck »laues« Selterswasser!

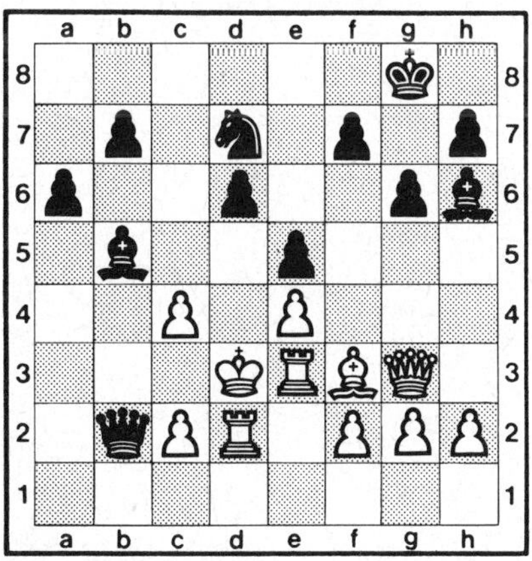

# 10 Ein Bamberger Gewächs

Was mag einen vernünftigen jungen Mann, der seine Schachkinderstube bei den »Bamberger Schachhähnchen« mit solchem Erfolg durchlief, daß er sogar deutscher Jugendmeister wurde, wohl bewegen, der katholisch-romantischen Bischofs- und Zwiebeltreterstadt Lebewohl zu sagen und zumindest seine Schachzelte im benachbarten, hugenottischen Erlangen aufzuschlagen?
Bernd Feustel selbst schreibt in seinem Buch »Eröffnungen – abseits aller Theorie« hierzu, daß er aus dem Schatten der Bamberger Großmeister heraustreten wollte. So gesellt sich denn zu einem zweifelhaften Ortswechsel ein respektloses Motiv, gibt es also jemanden, dem der Schatten eines Karl-May-Verlegers und eines ZEIT-Mitarbeiters nicht behagt.
Doch es soll noch schlimmer kommen! Seinem tadelnswerten Handeln die Krone aufsetzend, schlägt er in einem bald folgenden Mannschaftskampf einen der beiden Großmeister – wenn es doch wenigstens der andere gewesen wäre! Doch trotz fortgeschrittenen Lebensalters war der eine noch bedingt lernfähig; als er hörte, daß Boris Spassky nach einem Remis mit Bernd obiges »abseitige« Buch kaufte und sich so beim nächsten Mal siegreich behaupten konnte, tat er's diesem beim folgenden Wettkampf mit gleichem Erfolg nach.
Doch zuweilen versagen solch kluge Kaufrezepte, was auch der rumänische Großmeister Victor Ciocaltea bei einem Internationalen Turnier in Bochum einsehen mußte.

**Frage**

Ein zwar leider nicht mehr Bamberger, aber immerhin noch schwarzer Reiter spielt bei der folgenden Gewinnkombination von Bernd Feustel als Nachziehendem eine entscheidende Rolle. Was zog Schwarz?

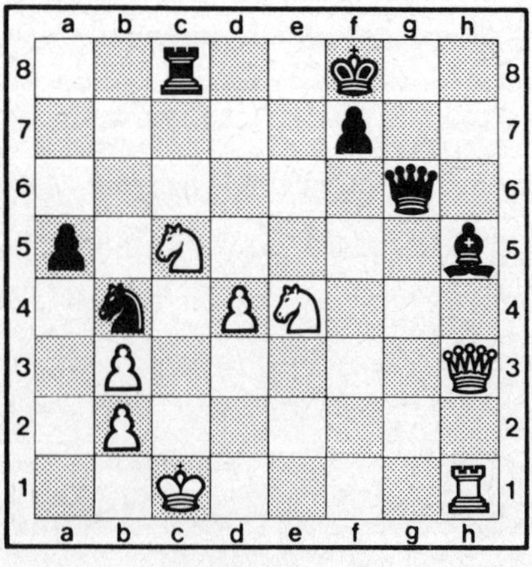

# 11 Was soll ich werden?

Erstaunt war ich schon, als ein Kamerad meiner Pfadfinderzeit ernsthaft zwischen den Berufswünschen Braumeister und Bischof schwankte, seine Wahl des ersteren schließlich konnten wir bei ihm nur gutheißen. Doch was soll ein vielseitig Begabter wie Klaus Bischoff werden? Von seinem freundlich-unschuldigen Aussehen und Gebaren her könnte er seinem Namen durchaus Ehre machen.
Doch wie ein Florentiner Bischof im Mittelalter wegen seiner Schachleidenschaft um ein Haar nicht Papst geworden wäre, nur Bußwerke ihn von diesem Makel reinwaschen konnten, so spräche auch bei Klaus Bischoff manches gegen solch einen Beruf, nicht zuletzt seine Spielleidenschaft zu fortgeschrittener Stunde – schließlich ist der Weg zum Bischofsthron auch mit Frühmessen gepflastert.
Klaus, den viele als das größte Schachtalent Deutschlands neben Robert Hübner betrachten, spielte schon mit 13 Jahren in den Erwachsenen-Reihen der Ulmer SG. Als er im Mannschaftskampf gegen einen Hünen antreten mußte, hatte er zwar schon das Köpfchen zum Mattsetzen, doch mußte der Knirps damals noch aufstehen, um den langen Mattzug Th1–h8 auf dem Brett ausführen zu können.
Inzwischen (1984) ist er neun Jahre älter und entsprechend größer geworden, muß sich bei derartigen freudigen Anlässen nicht mehr vom Stuhl erheben, sieht aber Mattbilder nach wie vor blitzschnell. Ein Juwel gelang ihm beim Schnellturnier des FC Bayern München im Oktober 84 gegen Sobik.

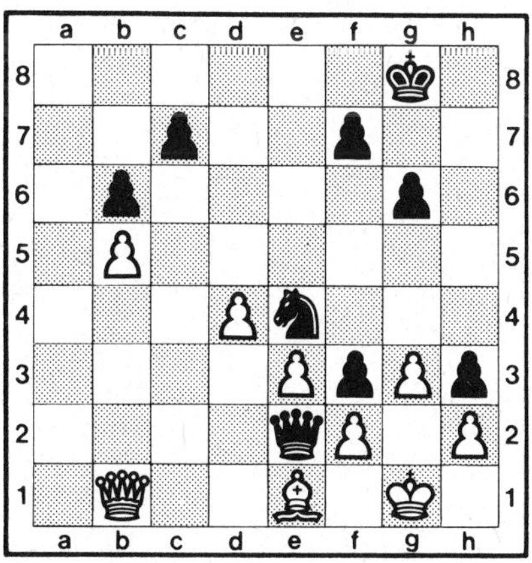

**Frage**

Mit welchem Coup krönte Klaus Bischoff als Schwarzer hier seine überlegene strategische Spielführung?

# 12 Ein schlechter Verlierer

Wissen Sie, warum Stefan Kindermann so gut Schach spielt? Ganz einfach, weil er ein schlechter Verlierer ist. Als er einst im Schullandheim eine Niederlage erlitt, beschloß er, solche Schmach künftig tunlichst zu vermeiden und dem königlichen Spiel mehr Aufmerksamkeit als der unschönen Schule zu widmen. Zwar konnte der aus einer feingeistigen Wiener Künstlerfamilie stammende Stefan selbst so einen erfolgreichen Schulabschluß nicht verhindern, sein heutiges Völkerkundestudium beschränkt sich indes ausschließlich auf Schachturniere im Ausland.
Auch in Stefans Brust wohnen zwei Seelen: Deren eine liebt das müßiggängerische Bohème-Leben, deren andere aber strebt nach hohen schachlichen Ehren. Gerade 24 Jahre jung (1984) hat er es hier schon weit gebracht: Neben Eric Lobron ist er der vielversprechendste deutsche Nachwuchsspieler und aus der deutschen Mannschaft nicht mehr wegzudenken. Allerdings leidet auch der nun so Vielgepriesene an einer Krankheit – der Zeitnot. Im faustischen Wissensdrang will er (ähnlich wie Kortschnoi) alle Schachtiefen ausloten und verliert so schon einmal die lästig-prosaische Schachuhr mit ihrer unerbittlichen Zeitmessung aus den Augen.
Dieses Erbübel kostete ihn trotz hervorragenden Spiels beim Fernseh-Turnier der Großmeister 1983 die Finalteilnahme. Gleich in der ersten Runde glückte ihm aber gegen den Weltklassespieler Vlastimil Hort ein großer Wurf.

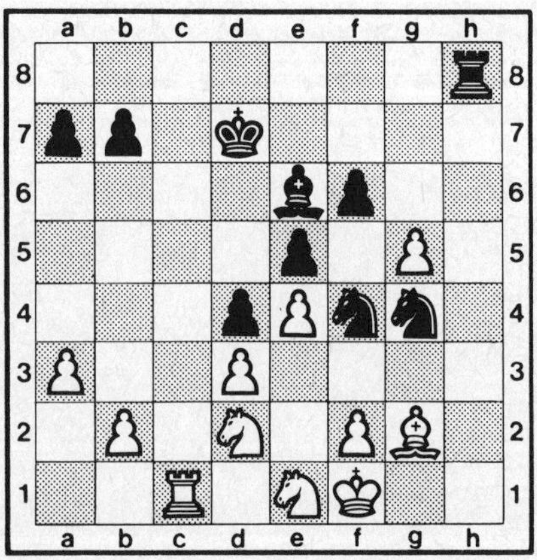

Weiß: Hort
Schwarz: Kindermann

| | | | | | |
|---|---|---|---|---|---|
| **1.** | **Sc3** | **c5** | **15.** | **Dg5** | **Le6** |
| **2.** | **e4** | **Sc6** | **16.** | **Sg1** | **0–0–0** |
| **3.** | **g4** | **e6** | **17.** | **Dxe7** | **Sxe7** |
| **4.** | **Lg2** | **h5** | **18.** | **Sf3** | **f6** |
| **5.** | **gxh5** | **Sf6** | **19.** | **Ke2** | **c4** |
| **6.** | **d3** | **Txh5** | **20.** | **Sf1** | **Kd7** |
| **7.** | **Sge2** | **d5** | **21.** | **S1d2** | **cxd3+** |
| **8.** | **Sg3** | **Th8** | **22.** | **cxd3** | **Tc8** |
| **9.** | **Lg5** | **Le7** | **23.** | **Tac1** | **Txc1** |
| **10.** | **h4** | **g6** | **24.** | **Txc1** | **g5** |
| **11.** | **Dd2** | **d4** | **25.** | **hxg5** | **Sg6** |
| **12.** | **Se2** | **e5** | **26.** | **Se1** | **Sf4+** |
| **13.** | **a3** | **Sg4** | **27.** | **Kf1** | |
| **14.** | **Lxe7** | **Dxe7** | | | |

**Frage**

Mit welchem Zug konnte Kindermann jetzt seinem großen Gegner ein Matt in 6 Zügen ankündigen und ihn dann zur sofortigen Aufgabe zwingen?

# 13 Das schwarze Schaf

»In unserer Familie bin ich leider ein schwarzes Schaf«, sagte der Internationale Schachmeister Jürgen Dueball – ein erstaunlicher Ausspruch angesichts seines Könnens auf den 64 Feldern. Doch diese bedeuten innerfamiliär nicht die Welt, dort brütet man lieber beim japanischen Go über 19 mal 19, sprich 361 Feldern. Und das höchst erfolgreich. Großvater Felix, Vater Fritz und Schwester Felicitas errangen allesamt den Europameistertitel – Jürgen hingegen mußte sich mit dem Vize-Europameister begnügen, zum Trost allerdings dreimal. Kein Wunder, daß er sich nach solcher Enttäuschung nach anderen Spiel- und Jagdgefilden umsah! Er widmete sich mit ganzer Leidenschaft dem königlichen Spiel und brachte es auch dort innerhalb kurzer Zeit zu erstaunlicher Meisterschaft.
Doch immer noch schienen Jürgensche Reserven brachzuliegen, die magische Zahl drei noch nicht erreicht zu sein. Ein kleiner Schwenk vom Brett- zum Kartenspiel brachte hier Abhilfe – inzwischen ist er auch beim Bridge Deutscher Vizemeister. Bravo! Doch wieder nur Zweiter!
Jürgen kann mit unbändiger kindlicher Freude etwas beginnen, ist stets zu Neuanfängen bereit, doch schnell erlischt auch seine Begeisterung: einem kühnen, grandiosen Entwurf pfropft er »unerklärliche Flüchtigkeitsfehler« auf. Gott sei Dank tat er das nicht in der folgenden Partie der Schacholympiade in Nizza 1974, in der er seinen walisischen Gegner nach feiner Spielführung mit einem Donnerschlag überrascht.

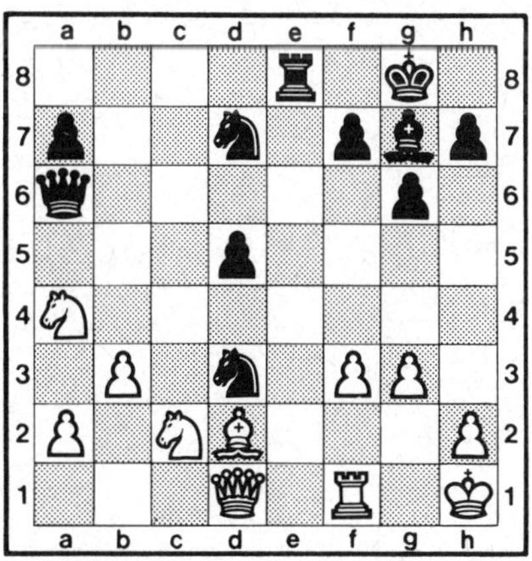

Weiß: Jones
Schwarz: Dueball

| | | | | | |
|---|---|---|---|---|---|
| **1.** | **Sf3** | **g6** | **14.** | **c5** | **Sbd7** |
| **2.** | **g3** | **Lg7** | **15.** | **Sa4** | **De7** |
| **3.** | **d4** | **Sf6** | **16.** | **c6** | **bxc6** |
| **4.** | **Lg2** | **0–0** | **17.** | **Sxc6** | **Dd6** |
| **5.** | **0–0** | **d6** | **18.** | **Sd4** | **La6** |
| **6.** | **c4** | **Sbd7** | **19.** | **Tf2** | **Tac8** |
| **7.** | **Sc3** | **e5** | **20.** | **Lf1** | **Lxf1** |
| **8.** | **e4** | **exd4** | **21.** | **Txf1** | **Se5** |
| **9.** | **Sxd4** | **Te8** | **22.** | **Lb2** | **Da6** |
| **10.** | **f3** | **c6** | **23.** | **Tc1** | **Txc1** |
| **11.** | **Kh1** | **Sb6** | **24.** | **Lxc1** | **Sd3** |
| **12.** | **b3** | **d5** | **25.** | **Ld2** | **Sd7** |
| **13.** | **exd5** | **cxd5** | **26.** | **Sc2** | |

**Frage**

Dem Weißen schwante hier nichts Böses, dabei wird sein Schicksal sogleich mit einem schier unglaublichen schwarzen Kraftzug besiegelt!
Und der wäre?

# Deutsche Großmeister

Um heutzutage vom Weltschachbund, der FIDE, den Titel »Großmeister« verliehen zu bekommen, sind bestimmte, genau definierte Leistungen nötig, die Erfüllung sogenannter »Normen«. Eine Großmeisternorm zu erfüllen bedeutet, bei einem FIDE-Turnier eine festgelegte Mindestprozentzahl der möglichen Punkte zu erzielen; dabei ist die geforderte Punkteausbeute abhängig von der Kategorie, d. h. der Stärkeklasse des Turniers, und diese wiederum errechnet sich aus den ELO-Zahlen. d. h. den Bewertungszahlen der aktuellen Spielstärke, der Turnierteilnehmer. Mehrere solcher Normen müssen innerhalb eines Maximalzeitraumes erfüllt sein; Normen, seit deren Erfüllung zu viel Zeit verstrichen ist, werden für die Vergabe eines Titels nicht mehr berücksichtigt.

Der abgeschreckte Leser merkt schon, es geht da kaum weniger strikt zu als, sagen wir (um wahllos ein Beispiel herauszugreifen), beim medizinischen Staatsexamen. Für den Kandidaten, der an die saftig und süß ausschauenden Trauben herankommen möchte, bedeutet das, daß er sich gewaltig strecken muß; für den aber, der bereits oben auf der Mauer sitzt und sich an den Reben gütlich tut, hat's den Vorteil, daß die Kollegen- bzw. Mitesserschaft sich in Grenzen hält. Und dem verehrten Publikum bieten solche »Prüfungsordnungen« die Gewähr, daß einer, der breitspurig mit einem Schild »Großmeister« vor dem Bauch daherkommt, tatsächlich sein Können unter Beweis gestellt hat. So wie einer, der sich ein Schild »Dr. med. Sowieso, Arzt für Soundso« an die Tür macht, auch garantiert was von Soundso versteht; oder doch meistens. (Fälle von Hochstapelei, wo einer was ganz anderes oder gar nichts gelernt hatte, sind allerdings auch vom Schach überliefert.)

Die Parallele zwischen Schachgroßmeistern und Ärzten läßt sich fortführen. Wer nämlich den Titel einmal hat, behält ihn auf Lebenszeit; genau genommen besagt »Großmeister« also nur, daß der Träger des Titels einmal gespielt hat, wie es von einem Großmeister verlangt wird, – nicht, ob er's immer noch tut. Wie es für Ärzte aber eine Pflicht zu kontinuierlicher Weiterbildung gibt, so gibt's für Schachspieler, Großmeister oder nicht, die oben erwähnten ELO-Zahlen, an denen der Kenner gleich abliest, wieviel Angst er zu haben hat.

Gesammelt sind hier die derzeit (Herbst 1986) aktiven westdeutschen Großmeister, bis auf einen, der sich bescheiden ans Ende des Buches verdrückt hat; es fehlen die inzwischen für die BRD spielenden Tschechen Pachman und Vlastimil Hort, welch letzterer aber in Nummer 40 zu finden ist; und es fehlen für diesmal die Spieler der DDR bis auf einen.

Ordnung wird ein Problem, wo Rangordnung ins Spiel kommt. Daher haben wir uns auf die einfallslose, aber unangreifbare alphabetische Ordnung zurückgezogen.

# 14 Gib nie auf!

Aufregung beim Interzonenturnier 1964 in Amsterdam, Entsetzen bei seinen Freunden: der deutsche Großmeister Klaus Darga hat gerade in einem Anflug von Schachblindheit seine gewonnene Stellung gegen den Ungarn Lengyel aufgegeben.
Dabei hätte er erst einmal den als Reaktion auf ein Schachgebot erzwungenen Königszug kuvertieren und dann genüßlich die Abbruchstellung eine Stunde lang betrachten können – unzweifelhaft hätte nun sein Gegner ohne Wiederaufnahme resigniert. Klaus, dem an und für sich sorgfältiges Prüfen und Abwägen in die Wiege gelegt wurde, erlag hier einer »folie à deux« – sein Gegner nämlich sah die Situation ebenso verkehrt-verrückt wie er.
Ein alter Schachspruch sagt, daß durch Aufgeben noch nie eine Partie gewonnen wurde. Drei Jahre zuvor war Klaus noch schlauer, als er nämlich bei der Europamannschaftsmeisterschaft in Oberhausen 1961 eine Ruine von Stellung gegen Dr. Filip (CSSR), der bald darauf WM-Kandidat sein sollte, sehr zum Ärger desselben weiterschleppte.
Nach 18 Zügen bereits war er vollständig überspielt. Klaus Darga war es schlichtweg peinlich, im eigenen Land so schnell zu verlieren, und er beschloß mit dem Mute der Verzweiflung, wenigstens eine »honorige« Zügezahl zu erreichen.
Und so kamen die beiden Kontrahenten nach dem 32. Zug von Schwarz zu der im Diagramm gezeigten Stellung.

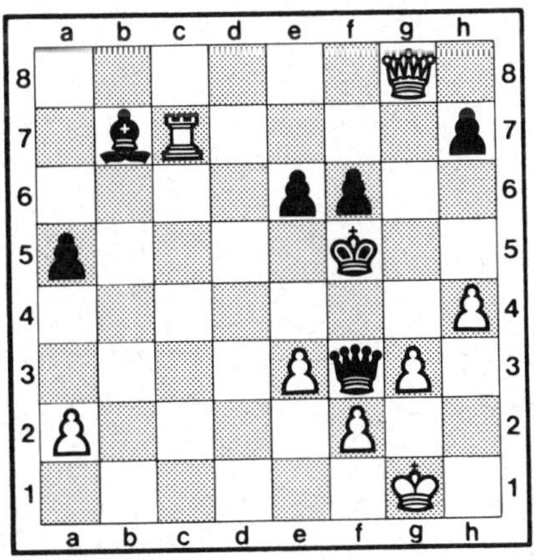

**Frage**

Mit 33. g4+ hätte Dr. Filip nun entweder den ruhelosen schwarzen König nach einer letzten Verfolgungsjagd matt setzen oder zumindest den schwarzen Läufer gewinnen können. Statt dessen spielte er 33. Dxh7+, um nach 33. ... Kg4 entgeistert aufs Brett zu starren und seinerseits aufzugeben. Und diesmal war die Aufgabe sowohl angebracht als auch nicht mehr hinauszuschieben – warum?

# 15 Orang-Utan

»Ein Hecht stieg in den Baum und sang«, heißt es in einem finnischen Gedicht. Ein schönes Bild – aber vielleicht halten Sie es mehr mit der nüchternen Realität? Nun denn: Es war einmal ein junger Hecht, der liebte seinen Orang-Utan über alles, zusammen waren sie ein schier unbezwingbares Paar.

Das waren Zeiten, weiland 1954–1957, als Hajo (im Geburtsregister Hans-Joachim) Hecht die Schachwelt etwa 90mal mit seinem gefährlichen Affen beunruhigte! »Orang-Utan« wurde die Eröffnung getauft, die mit dem Zug 1. b2–b4 beginnt, weil dieser Bauer oft affenartig geschwind die b-Linie emporklettert.

Der (leider) inzwischen bedächtig und weise gewordene Großmeister Hecht, einer der Besten hierzulande, hält es heute mehr mit ruhigen, »vernünftigen« Eröffnungen. Bei der Deutschen Jugendmeisterschaft 1956 in Traben-Trarbach dominierte noch seine (triebhafte) Hechtnatur; in all seinen acht Weißpartien ließ er den Affen los und einen aufgeschreckten Karpfenteich zurück: sechs Siege und zwei Unentschieden konnte er mit diesem Eröffnungsjuwel an seine Fahnen heften.

In der nachfolgenden Partie gegen K.-J. Schiffer opfert Hecht im Angriffsinteresse frühzeitig seinen Lieblingsbauern. Statt sich in seiner schwer einnehmbaren Festung einzuigeln, lockt Schwarz selbst mit 12. ... g5 und 14. ... h5 am Königsflügel den Angriffsstachel und läuft ins weit geöffnete Hechtmaul.

Weiß: H.-J. Hecht
Schwarz: K.-J. Schiffer

| | | | | | |
|---|---|---|---|---|---|
| 1. | **b4** | **e5** | 11. | **Sd2** | **Sf7** |
| 2. | **Lb2** | **f6** | 12. | **0–0** | **g5** |
| 3. | **e4** | **Lxb4** | 13. | **Sg3** | **c6** |
| 4. | **Lc4** | **De7** | 14. | **Tfe1** | **h5** |
| 5. | **Se2** | **d6** | 15. | **La3** | **c5** |
| 6. | **c3** | **Lc5** | 16. | **Sf5** | **Lxf5** |
| 7. | **Db3** | **Sh6** | 17. | **exf5** | **Sc6** |
| 8. | **d4** | **Lb6** | 18. | **Se4** | **Sd8** |
| 9. | **a4** | **a6** | 19. | **dxc5** | **dxc5** |
| 10. | **a5** | **La7** | 20. | **Tad1** | **0–0** |

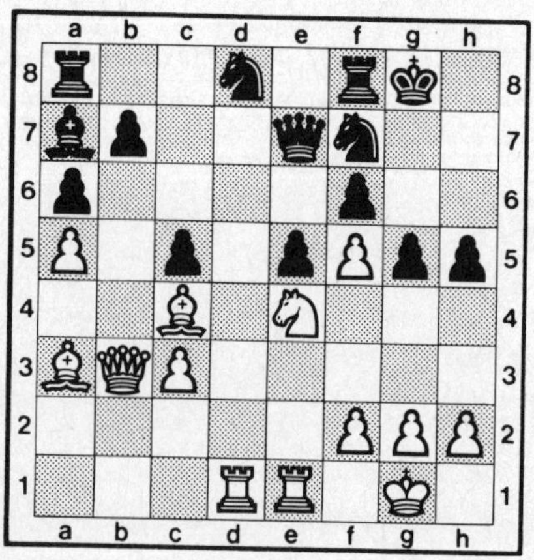


**Frage**

Mit seinem letzten Zug glaubte Schwarz wohl, dem Schlimmsten entronnen zu sein, den König halbwegs in Sicherheit gebracht zu haben. Doch trügerisch ist diese Welt – ein einziger weißer Prankenhieb ließ ihn sofort aufgeben.

# 16 Schach, Schach, Schach – Matt

Es gibt schicksalhafte Begegnungen. 1971 trafen die beiden im Kandidatenwettkampf zu Sevilla erstmals aufeinander: der schon ruhmbekränzte sowjetische Ex-Weltmeister und der 22 Jahre junge Student der alten Sprachen, dessen Kindheitsträume plötzlich wahr geworden waren, den Großen des Schacholymps einmal leibhaftig gegenüberzusitzen. Jedoch, als steter Verkehrslärm in den Spielsaal brandete, störte dies den schwerhörigen Petrosjan gar nicht – im Nu war sein Hörgerät abgeschaltet, und sogleich umgab ihn himmlische Ruhe. Nicht indes den (leider) gut hörenden und zudem nicht gerade dickfelligen Robert Hübner: Er gab schließlich beim Stand von 3:4 entnervt auf. Doch da die Welt bekanntlich gerecht ist, brachte er bei der Schacholympiade 1972 Petrosjan dessen erste und einzige olympische Niederlage bei (in neun Olympiaden und 120 Partien!).
Vier Jahre vergingen, dann trafen die beiden in der vorletzten Runde des Interzonenturniers Biel 1976 erneut aufeinander. In der Diagrammstellung hätte Hübner als Weißem ein Remis zur Qualifikation für das Kandidatenturnier gereicht.

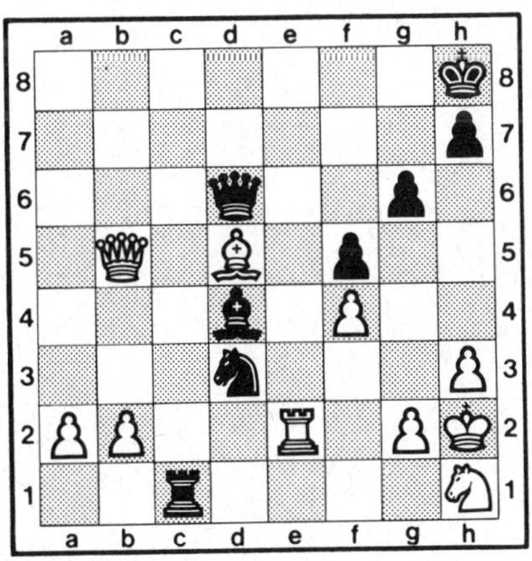

**Frage**

Hübner zog hier 37. g3 und verlor sogar noch. Er selbst beschrieb diesen Augenblick so:
»Wie ein Schüler, der, vom Lehrer aufgerufen, eine geometrische Aufgabe zu lösen, auf die Tafel starrt: die Kreidezeichen verschwimmen vor seinen Augen, während die Klassenkameraden fröhlich lärmen; einige bewerfen sich mit Papierkügelchen, andere flüstern sich die Lösung, über ihre Leichtigkeit kichernd, zu – so glotzte der Führer der weißen Steine glanzlosen Auges auf die Stellung, während die Zuschauer rumorten.«
Wie hätte Robert Hübner forciert gewinnen können?

# 17 Am deutschen Wesen wirst...

Ein Fürst fragte den Kalifen Harun al-Rashid: »Was ist Schach?« Der Kalif fragte zurück: »Was ist Leben?«
Meine Frage ist schon leichter: »Was ist deutsch?« Meine Antwort höchst subjektiv: »Rainer Knaak.« Ich hoffe, Rainer nimmt's mir nicht übel. Und wenn, ist er selber schuld! Wer hieß ihn schon zuverlässig, pflichteifrig und vernünftig sein? Wer saß immer pünktlich beim Capablanca-Memorial-Turnier am kubanischen Mittagstisch? Natürlich der Knaak aus Leipzig; zusammen mit dem Pfleger aus München. Deutsches Wesen – dagegen ist selbst die karibische Sonne machtlos. »Mañana« gibt's im deutschen Wortschatz nicht: »Was du heute kannst besorgen, ...« heißt es statt dessen bei uns.
Doch schon ein deutscher Mann namens Faust hatte zwei Seelen in seiner Brust – und nicht selten ist das Schachspiel das geeignete Mittel, um die gegensätzliche hervorzulocken: die wildverwegene, die tollkühn-opfernde, die mattlüsterne. Auf dem Schachbrett wird Rainer Knaak, der führende Spieler der DDR, geradezu amoralisch. Nicht von ungefähr verglich der Augsburger Dominikanermönch Meister Ingold schon vor 500 Jahren das Schachspiel mit einer der sieben Hauptsünden. Indes, Tugend mag löblich sein, doch Sündigen macht Spaß!

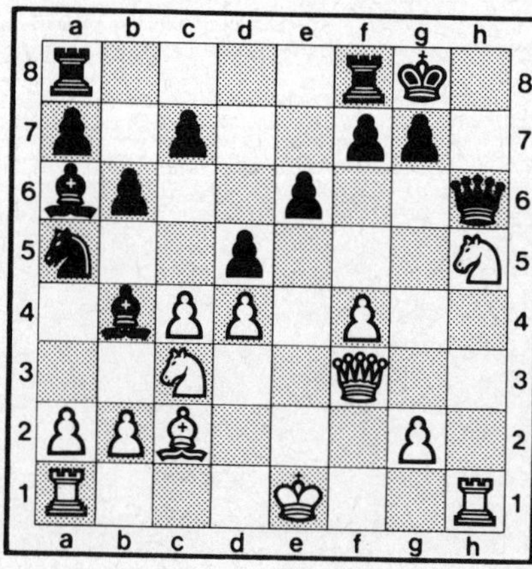


**Frage**

Hoffentlich auch Ihnen, wenn Sie heraustüfteln, wie Rainer Knaak als Weißer bei einem Großmeisterturnier in Ungarn dem verhinderten Kasparow-Sekundanten Adorjan mit einer »petite combinaison« das Fell über die Ohren zog. Dieser hatte nach Rainers Auftaktzug nur noch die Qual der Wahl zwischen sofortigem Damenverlust und baldigem Matt.
Was zog Weiß?

# 18 Unser Amerikaner

Ach, was waren es doch für friedliche Zeiten, bevor Eric auftauchte! Die älteren Herren Unzicker, Schmid, Darga, Hecht, Hübner und ich selbst konnten betulich vor sich hin spielen – weit und breit war in bundesdeutschen Landen niemand zu erblicken, der ihnen den begehrten Platz in der Olympiamannschaft hätte streitig machen können.
Aber plötzlich war da Eric Lobron, ein zorniger junger Mann aus Wiesbaden, der mit seinem unangefochtenen Sieg bei der Deutschen Meisterschaft 1980 ungestüm seine Anwartschaft anmeldete, in unserem Reigen mitzutanzen. Es muß(te) seine angeborene amerikanische Respektlosigkeit vor Tradition sein, was ihn dazu anstachelt(e), die in Ehren ergrauten Althähne (s. o.) so aufzuschrecken und sie von den besten Plätzen auf dem Misthaufen verdrängen zu wollen.
Eric wurde 1960 als Sohn eines amerikanischen Vaters und einer deutschen Mutter in Germantown (!) in Pennsylvanien geboren. Ex-Weltmeister Spassky sagte kürzlich (Sept. 82) von ihm: »Der wird bald sehr gut«, er sei ein Killer! Einen Monat später, bei einem Internationalen Turnier in Israel, verdiente er sich die letzten Sporen zum Großmeistertitel, wobei er des öfteren seine Gegner förmlich niedermetzelte. Selbst den »hübschesten Mädchen der Welt« (so Eric über Israels schönes Geschlecht) gelang es nicht, ihn in seinem unbedingten Siegeswillen (genügend) abzulenken.
Ein gutes Beispiel für Lobrons dynamisch-kraftvollen Stil ist seine Partie gegen den israelischen Spitzenspieler Grünfeld, den er in einem schneidigen Husarenritt überrollte.

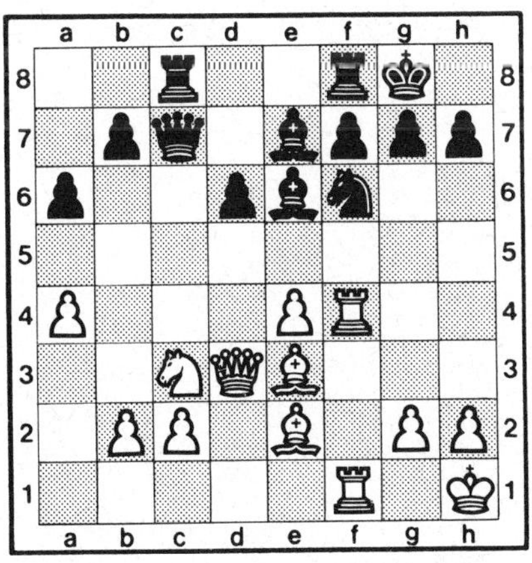

Weiß: Lobron
Schwarz: Grünfeld

| | | | | | |
|---|---|---|---|---|---|
| **1.** | **e4** | **c5** | **9.** | **0–0** | **0–0** |
| **2.** | **Sf3** | **d6** | **10.** | **f4** | **Sc6** |
| **3.** | **d4** | **cxd4** | **11.** | **Kh1** | **Sxd4** |
| **4.** | **Sxd4** | **Sf6** | **12.** | **Dxd4** | **e5** |
| **5.** | **Sc3** | **a6** | **13.** | **Dd3** | **exf4** |
| **6.** | **Le3** | **Dc7** | **14.** | **Txf4** | **Le6** |
| **7.** | **Le2** | **e6** | **15.** | **Taf1** | **Tac8** |
| **8.** | **a4** | **Le7** | | | |

**Frage**

Dem Israeli schwant nichts Böses, seelenruhig sucht er sein Spiel am Damenflügel – doch der Keulenschlag ereilt ihn auf der anderen Seite, nämlich?!

# 19 Das Haar muß ziehen

Von meinen ersten Schachschritten an hatte ich Gelegenheit, Lothar Schmid zu sehen und ihn in mancher Hinsicht zu meinem Vorbild zu erküren: nicht nur seines großen schachlichen Könnens wegen, sondern auch aufgrund seiner Fähigkeit zu charmantem Plaudern. Er ist ein Mann von Welt! Mit seinem diplomatischen Geschick verstand er es, die äußerst heiklen Weltmeisterschaftskämpfe 1972 zwischen Fischer und Spassky und 1978 zwischen Karpow und Kortschnoi behutsam um alle gefährlichen Klippen zu lenken. Seine juristische Beschlagenheit mag dem Karl-May-Verleger dabei zusätzlich zustatten gekommen sein. Doch auch dieser Gesetzeskundige mußte sich als einfacher Spieler in seinem ureigenen Metier belehren lassen. Bei einem Spaziergang im Turniersaal sah er, wie sein Gegner mit der Hand verdächtig nahe an einen seiner Türme geriet. Berührt – geführt!? Der Gegner meinte lapidar, er habe nur ein Haar vom Turm entfernt. Der Turnierleiter steckte ratlos in der Klemme. Doch da kam Meister Kestler, Richter von Beruf, hinzu und verkündete lakonisch und salomonisch: »Der Fall ist klar: Das Haar muß ziehen!«

Lothar kann indes nicht nur logisch, sondern auch schnell denken. Bei einer Blitzpartie mit fünf Minuten Bedenkzeit pro Spieler gelang ihm gegen den nachmaligen Weltmeister Tigran Petrosjan (UdSSR) folgendes Juwel:

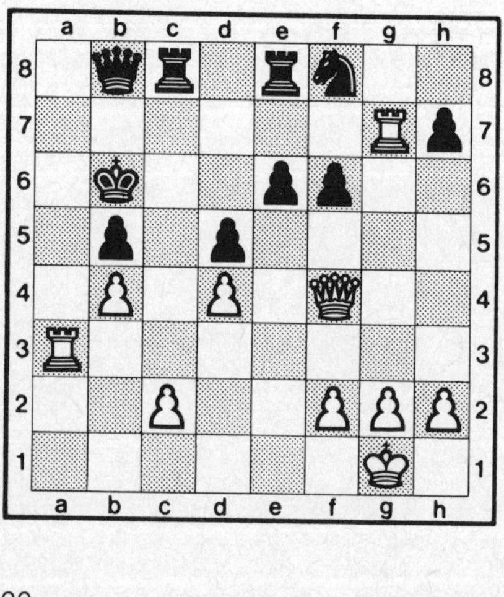

Weiß: Lothar Schmid
Schwarz: Tigran Petrosjan

| | | | | | |
|---|---|---|---|---|---|
| **1.** | **e4** | **c6** | **16.** | **exd6** | **Lxd6** |
| **2.** | **Sc3** | **d6** | **17.** | **Lxd6** | **Dxd6** |
| **3.** | **d4** | **Sf6** | **18.** | **Se5** | **Lb5** |
| **4.** | **Lf4** | **Db6** | **19.** | **Lxb5** | **axb5** |
| **5.** | **Dd2** | **Sbd7** | **20.** | **b4** | **b6** |
| **6.** | **Sf3** | **e6** | **21.** | **axb6** | **Dxb6** |
| **7.** | **Ld3** | **Le7** | **22.** | **Tc3** | **f6** |
| **8.** | **0–0** | **0–0** | **23.** | **Sg4** | **Tac8** |
| **9.** | **a4** | **Dc7** | **24.** | **Tg3** | **Kf7** |
| **10.** | **e5** | **Sd5** | **25.** | **Sh6+** | **gxh6** |
| **11.** | **Sxd5** | **cxd5** | **26.** | **Dxh6** | **Ke7** |
| **12.** | **Tae1** | **Te8** | **27.** | **Tg7+** | **Kd6** |
| **13.** | **Te3** | **Sf8** | **28.** | **Df4+** | **Kc6** |
| **14.** | **Tfe1** | **Ld7** | **29.** | **Te3** | **Db8** |
| **15.** | **a5** | **a6** | **30.** | **Ta3** | **Kb6** |

**Frage**

Scheinbar hat Schwarz mit seinem Mehrspringer das Gröbste überstanden – doch nun trifft ihn ein verblüffender doppelter K.-O.-Schlag. Welcher?

# 20 Der Unbeirrbare

Schon jahrzehntelang ist Wolfgang Unzicker der Vorkämpfer (West-)Deutschlands, der mutig und unerschrocken nie einem schweren Gegner aus dem Weg geht. In seinem Beruf als leitender Richter ist er die Genauigkeit und Sorgfalt selbst, die Schubfächer seines Gedächtnisses sind nicht minder ordentlich als die seines Schreibtisches. Und doch ist auch solch ein aufrechter Mann vor Anfechtungen nicht gefeit, die ihn vom rechten (Schach-)Weg abzubringen drohen.

Beim Turnier in Dubrovnik 1950 sagte er zum Bonner Spitzenspieler Dr. H. Staudte: »Stellen Sie sich bitte vor, da war doch heute im Turniersaal ein Mädchen, das war so hübsch, daß es mich beinahe(!) in der Konzentration auf meine Partie gestört hätte.« Dieser Gefahr des Konzentrationsverlustes beugte sein Sekundant Lothar Schmid beim Interzonenturnier in Göteborg 1955 vor, indem er als treuer Freund und Helfer unter »Aufopferung« seiner selbst alles Weibliche von Wolfgang fernhielt. So weit, so glaubhaft.

Schier unglaublich schiene, wenn nicht von beiden verbürgt, folgende Begebenheit: Vor Unzickers Partie mit dem holländischen Großmeister Donner trug Lothar, der – möglicherweise in Ausübung oben angedeuteten Amtes – noch etwas im Hotel verweilte, seinem Schützling auf, er wolle beim Betreten des Schachsaales einen Freibauern auf d7 sehen. Wie befohlen, so geschehen! Lothar kam, und im gleichen Augenblick rückte der Freibauer artig nach d7 vor und nahm Donner die letzte Hoffnung.

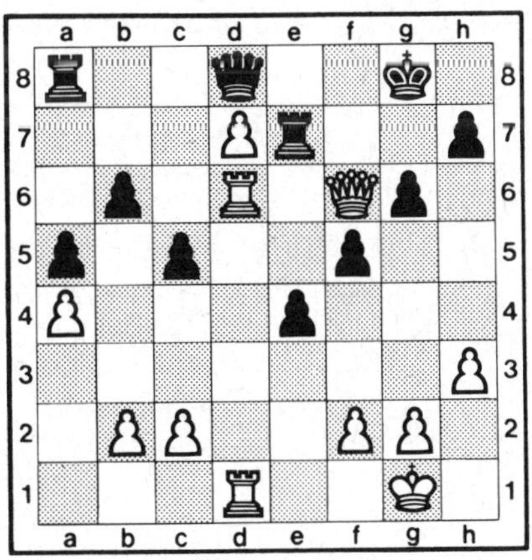

Weiß: Unzicker
Schwarz: Donner

| | | | | | |
|---|---|---|---|---|---|
| 1. | e4 | e6 | 16. | Lh6 | f5 |
| 2. | d4 | d5 | 17. | Lxg7 | Dxg7 |
| 3. | Sc3 | dxe4 | 18. | Sc3 | Lb7 |
| 4. | Sxe4 | Sd7 | 19. | a4 | a5 |
| 5. | Sf3 | Le7 | 20. | Db5 | Dc7 |
| 6. | Ld3 | Sgf6 | 21. | d6 | Dd8 |
| 7. | De2 | Sxe4 | 22. | Sd5 | Lxd5 |
| 8. | Lxe4 | c5 | 23. | Txd5 | e4 |
| 9. | d5 | e5 | 24. | Tad1 | Kg7 |
| 10. | Lf5 | 0–0 | 25. | d7! | Tf6 |
| 11. | 0–0 | Lf6 | 26. | h3 | Te6 |
| 12. | Sd2 | g6 | 27. | Dc4 | Te7 |
| 13. | Lxd7 | Dxd7 | 28. | Td6 | Ta7 |
| 14. | Se4 | Lg7 | 29. | Dc3+ | Kg8 |
| 15. | Tfd1 | b6 | 30. | Df6 | Ta8 |

**Frage**

Welch wuchtigen Entscheidungszug fand Unzicker nun?

# Aus der Turnierarena

»Greift nur hinein ins volle Menschenleben!
Ein jeder lebt's, nicht vielen ist's bekannt,
Und wo Ihr's packt, da ist's interessant!«

Hätte Goethe nicht zu einer Zeit gelebt, da wohlorganisierte Schachturniere, wie sie heute allerorten stattfinden, unbekannt waren, man würde den Verdacht nicht los, daß ihm die Weisheit, die er da seiner Lustigen Person in den Mund legte, in der Schachszene aufgegangen sei.

Die Zahl der lustigen, der skurril-verrückten, der dramatischen Begebenheiten, die sich ums Schachbrett ereignet haben, ist wahrhaftig Legion. Und wer trüge nicht noch so viel von dem Kinde in sich, das unersättlich noch eins und immer noch ein weiteres Märchen erzählt bekommen will, daß er oder sie nicht stets begierig wäre, Anekdoten aufgetischt zu bekommen? Bei ZEITungs- und Bücherlesern kann ich mir da schlecht eine Ausnahme vorstellen; und wer gar mit einem Schachbuch in Händen ertappt worden ist (diesem nämlich – versuchen Sie's nicht zu verstecken!), der oder die wird schachliche Anekdoten vielleicht noch begieriger erfahren als solche aus dem Rest des vollen Menschenlebens.

Wer nun allerdings denkt: »Gott sei Dank, nach der faden Aufreihung von Schach»figuren« endlich ein Topf mit Bonbons«, der hat offenbar auf den vorangegangenen Seiten nicht recht hingeguckt. Uns Menschen wird der Mitmensch erst da eigentlich wahrnehmbar, wo er sich regt, wo er was tut, wo um ihn, an ihm, mit ihm was passiert. Man versuche einmal, einen Menschen »für sich« zu schildern, ohne Beziehung zu seiner, unserer Welt, weder handelnd noch reagierend: das gelingt nicht, und was herauskäme, wäre allenfalls ein blasses Abstraktum. Das Wesen eines Menschen wird erst aus seinem Handeln klar, und wer einen Menschen schildern will, muß schildern, wie er sich benimmt. Da aber Schachspieler, mögen sie noch so unmenschlich stark oder schwach spielen, allemal Menschen sind, enthalten alle Geschichten dieses Buches, auch und gerade wenn sie ihrem Titel nach von einer Person handeln, Begebenheiten mit und von dieser Person; also Stoff, aus dem die Anekdoten sind.

Den Begebenheiten, die in diesem Kapitel zusammengestellt sind, bleibt als Besonderes, daß sie besonders drastisch sind, und daß sie frisch vom Brett stammen, dieser für alle »echt narrischen« Schachfans interessantesten Seite, an der das volle Menschenleben zu packen ist.

# 21 Da legst di nieder

»Der Schmerz ist der brüllende Wächter der Gesundheit«, vernahmen wir im Medizinstudium, doch nie kam ich auf die Idee, daß er auch Schachpartien gewinnen hilft. Dabei ist heute alles so sonnenklar! Der Engländer Tony Miles riß jüngst (1985) bei dem Superturnier von Tilburg in den Niederlanden keine Bäume aus – wie er meinte, seiner Rükkenschmerzen wegen, die ihn im Sitzen in seiner Konzentration beeinträchtigten. Die holländischen Ärzte hatten ein Einsehen – er durfte fortan im Liegen spielen, gewann so bäuchlings vier Partien hintereinander und wurde schließlich zum guten, schmerzensreichen Ende geteilter Turniersieger mit Viktor Kortschnoi und Robert Hübner.
Mit seinem Mut zur Bauchlage hat er Schach wieder hoffähig gemacht, könnte man behaupten: im müßiggängerischen Mittelalter war es ja ein Spiel der Könige und wurde zu den sieben höfischen Tugenden eines Ritters gezählt, später regierte Ludwig XIV. am liebsten vom Bett aus, und Tonys berühmter Landsmann Winston Churchill meinte: »Warum soll ich sitzen, wenn ich etwas auch im Liegen erledigen kann?«
Welch beglückende Vision: das Schach wird wieder zu einem aristokratisch-horizontalen Gewerbe. Au diable mit der Volkstümlichkeit!
Natürlich werden Revolutionäre anfangs bekämpft, kann man niemanden zu seinem Bauchesglück zwingen, auch nicht den (vorerst noch) gegen Miles' »Neuerung« protestierenden Kortschnoi.

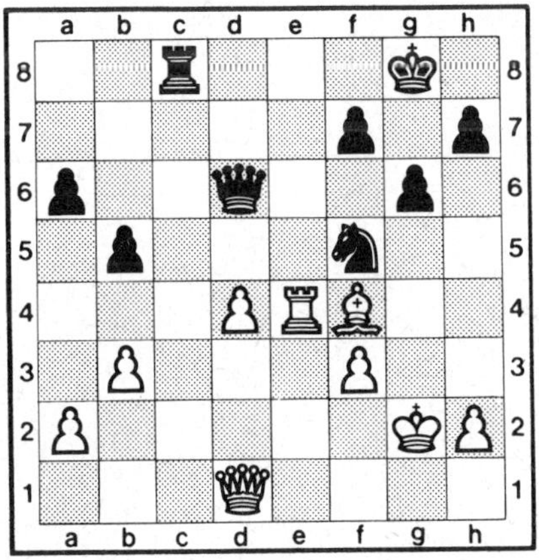

**Frage**

Unruhig im Stuhl sitzend, hatte er als Weißer in hoher Zeitnot mit seinem letzten Zug Lh6–f4 einen schrecklichen Bock geschossen. Nach welchem Gegenzug von Tony gab er sofort auf?
Zur Lösung sollten Sie sich möglichst in Bauchlage begeben.

# 22 Im Damewerfen Meister

Wild kreist der Körper, unruhig funkeln die Augen, es stöhnt und schnauft: Walter Browne spielt Schach und ist wie gewöhnlich in Zeitnot. Auf die offenbar naive Frage, ob er mit seinen 35 Jahren (1984) noch Weltmeister werden wolle, kommt prompt und überzeugt die Antwort: Natürlich, er arbeite daran wie ein Stier. Ist der sechsfache US-Champion nun ein arroganter und unfairer Schnösel? Aber nein, er ist einfach, wie er ist und zudem Amerikaner und spielt mit allem und um alles, was nicht niet- und nagelfest ist; beim Poker in Las Vegas verdiene er mehr als beim Schach, so behauptet er; doch sei ihm dies zu leicht und auf Dauer zu langweilig.
Aber zurück zum Schach! Bei einem offenen Turnier in den USA trifft er auf seinen kaum minder exzentrischen Landsmann Zukerman, mit dem ihn eine ausgeprägte Abneigung verbindet. Beide sind in rasender Zeitnot, Freibauern flitzen um die Wette, wollen sich zur Dame verwandeln. Browne kommt zuerst, holt sich seine Dame, Zukerman will das gleiche tun – da packt Browne dessen Dame und wirft sie weit durch den Saal. Zukerman stürzt ihr nach, doch die wertvollen Sekunden, die bei der Damenverfolgung verrinnen, sind uneinholbar: Er verliert durch Zeit.
Solche »Gewinnwege« gibt es eben nur im Lande der unbegrenzten Möglichkeiten. Zukerman konnte sich erst beim hochdotierten New Yorker »Open 1984« revanchieren (siehe Diagramm):

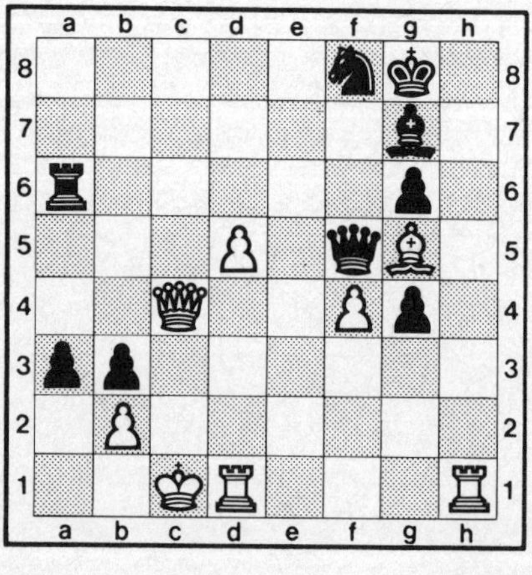

**Frage**

Zukerman als Schwarzer zog hier 35. ... a2 und gewann schließlich in einem wilden Zeitnotgefecht auch. Mit mehr Bedenkzeit hätte er vielleicht eine Fortsetzung gefunden, die in jedem Fall mindestens die Browne'sche Dame gewinnt. (Rache ist süß!)
Nehmen Sie sich Zeit!

# 23 Trau-schau-wem

»Was du im Kopf hast, kann dir niemand nehmen«, so versuchten in der Nachkriegszeit Eltern ihre bedauernswerten, in den Fallstricken des Plusquamperfektes sich verheddernden Sprößlinge anzuspornen. Vielleicht hat dies damals auch der später vielmalige Berliner Meister und (einmalige) Spassky-Bezwinger Harald Lieb vernommen und in seiner Eigenschaft als Gymnasiallehrer gar nach ordentlichen Multiplikationsregeln weitergegeben. Wie auch immer – auch er sollte der gerechten Bestrafung für unmäßiges Horten von Wissen nicht entgehen. Bei der Berliner Einzelmeisterschaft 1985 folgte er in seiner Partie gegen Muse einer Theorieempfehlung von Taimanow aus dessen Buch »Slawisch bis Réti-Eröffnung«, in dritter, stark (!) bearbeiteter Auflage. Er hatte seine Lektion gut gelernt und, als Schwarzer auf bekannten, scheinbar sicheren, in Wirklichkeit aber trügerischen Pfaden wandelnd, schließlich frohgemut diese Stellung erreicht:

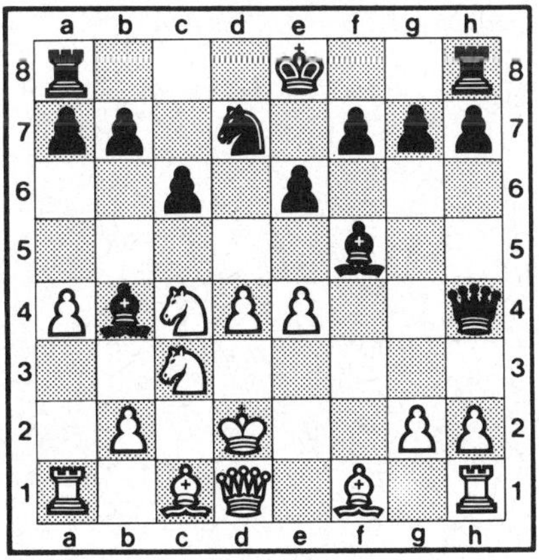

**Frage**

Voller Vertrauen in des russischen Großmeisters Aussage, daß »Schwarz nach 11. ... Dxe4 starkes Gegenspiel für die geopferte Figur bekommt«, war Meister Lieb im Begriff, diesen Damenzug auszuführen – da stutzte er: rechtzeitig und doch zu spät. Schließlich schlug er unwirsch mit dem Läufer (11. ... Lxe4), wonach er aber mit einer Figur weniger der (un-)verdienten Niederlage nicht mehr entrinnen konnte.
Welche Ad-hoc-Bestrafung des Zuges 11. ... Dxe4 war dem Duo Taimanow/Lieb beim Variantenauskochen am heimischen Herd entgangen?

# 24 Die nächtlichen Diener

Kein wichtiges Gefecht ohne Sekundanten, auch im Schach. Bei Weltmeisterschaftskämpfen beispielsweise müssen diese oft monatelang unter Hintanstellung eigener Interessen alle Kräfte in den Dienst ihres Herrn und Meisters stellen, jenem Sand- und Heinzelmännchen in einer Person sein, ihn abends nach der Partie beruhigen, vielleicht trösten, nachts das Hängepartiegestrüpp bis in die letzte Verzweigung ausanalysieren (bitte fehlerfrei!) und dies ihrem Gebieter, während der genüßlich oder unruhig-gierig sein Frühstücksei schlürft, zur Begutachtung vorlegen, oder auch neue Eröffnungsfinten auskochen, in denen sich der Gegner verheddern soll.
Als ich Lubomir Kavalek, Sekundant von Robert Hübner in dessen Match mit Smyslow, erstaunt fragte, warum er denn am Wörthersee den Schwänen zuschaue statt im Turniersaal die Partie zu verfolgen, klärte er mich auf, er müsse Kraft und Ruhe schöpfen, um für die Nachtarbeit gerüstet zu sein.

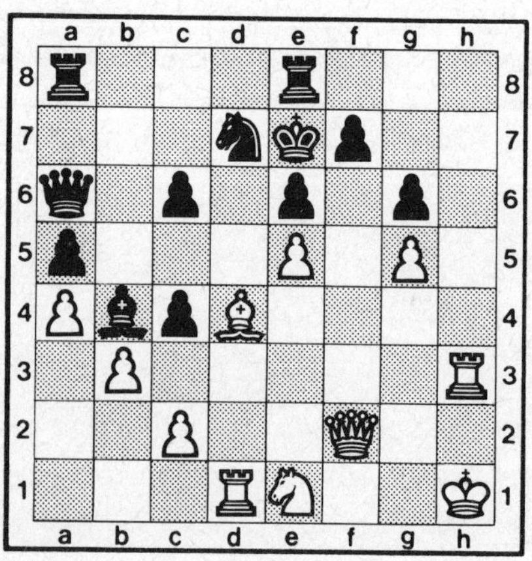

Doch ein guter Sekundant ist darüber hinaus ein Alleskönner ähnlich einem englischen Butler, sei es, daß er wie Lombardy, der Sekundant Bobby Fischers, für seinen Schützling mit der Plakette »Bobby for President« Reklame macht oder wie Lothar Schmid während des Interzonenturniers weiland in Göteborg unter Selbstaufopferung alle »störenden« weiblichen Einflüsse von Wolfgang Unzicker fernhält oder, oder, oder. . .
Einer der Sekundanten Kasparows (»ohne diese wäre mein Erfolg unmöglich gewesen«) ist Jewgenij Wladimirow, von jenem liebevoll-amerikanisch »Jack« genannt.

**Frage**

Mit welch phantastischer Kombination erzwang hier »Jack« als Weißer gegen Haritanow (Alma Ata 1977) ein Matt in vier Zügen?

# 25 Arabischer Sturm

Willkommen ist Schach in den Vereinigten Arabischen Emiraten – in jedem Haus soll dort künftig ein Schachspiel stehen. Diese Botschaft vernahm auch der Internationale Meister Sharif aus Persien und ließ sich jenseits des Persischen Golfes als Trainer nieder. Im eigenen Land hätte er seine Kunst nur noch heimlich betreiben können; der Makel der etymologischen »Erbsünde« unseres Spiels, vom persischen »Schah« (= König) namentlich abzustammen, ließ den Bannstrahl Khomeinis niederfahren.

Bei einem Internationalen Turnier in Dubai Anfang 1983 gab es einen Aufstand der Zwerge von einst, die sich, bei bescheiden anmutenden 2000 organisierten Spielern, an einem vollen Fleischtopf von einer Million Mark Jahresetat laben dürfen. (Übertrieben wäre jetzt die Behauptung, beim Deutschen Schachbund sei es umgekehrt.)

Geld ist gut, doch ohne Köpfchen geht bekanntlich nichts. An letzterem scheint es dem erst 14jährigen Abdel Jassem (1983) nicht zu gebrechen, obwohl er bei Allah nicht kopflastig ist – stürmt er doch in der Fußball-Jugend-Nationalmannschaft.

Stürmen ist offenbar seine Lieblingsbeschäftigung: In der nachfolgenden Partie geht er mit Elan auf die große deutsche Nachwuchshoffnung Eric Lobron los und überschüttet diesen mit einem Opferhagel. Mögen Erics Sinne durch die Abwesenheit von Wein, Weib und Gesang auch etwas eingeschläfert gewesen sein, so bleibt diese Partie doch eine herzerfrischende Sturm- und Drang-Attacke, auf welche der Torschütze mit Recht stolz sein dürfte.

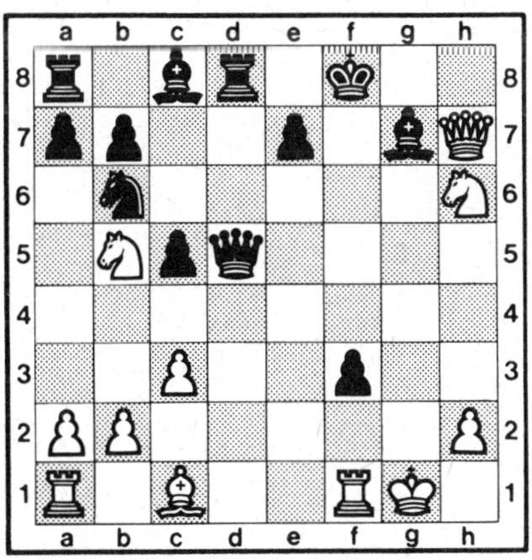

Weiß: Abdel Jassem
Schwarz: Eric Lobron

| | | | | | |
|---|---|---|---|---|---|
| **1.** | **e4** | **g6** | **11.** | **De2** | **Sc6** |
| **2.** | **d4** | **Lg7** | **12.** | **Sa3** | **Td8** |
| **3.** | **c3** | **d6** | **13.** | **f5** | **gxf5** |
| **4.** | **f4** | **Sf6** | **14.** | **Sb5** | **Dd7** |
| **5.** | **Ld3** | **0–0** | **15.** | **Sg5** | **fxe4** |
| **6.** | **Sf3** | **c5** | **16.** | **Dh5** | **Sxe5** |
| **7.** | **dxc5** | **dxc5** | **17.** | **Dxh7+** | **Kf8** |
| **8.** | **e5** | **Sd5** | **18.** | **Sxf7** | **Sxf3+** |
| **9.** | **Le4** | **Sb6** | **19.** | **gxf3** | **exf3** |
| **10.** | **0–0** | **Dc7** | **20.** | **Sh6** | **Dd5** |

**Frage**

Scheinbar hat die schwarze Dame mit ihrem letzten Zug alles gedeckt, sowohl das drohende Matt auf g8 als auch den Bauern f3. Wie wies aber der arabische Jüngling die Überlastung der schwarzen Monarchin nach?

## 26 Ordnung muß sein!

Die Schweizer sind ordentlich-korrekt, die Franzosen nonchalant-schlampig. Falls Sie diese Prämisse akzeptiert haben, wissen Sie auch, daß bei solchem Gefälle gern »Nachhilfe« geleistet wird – zwar behutsam, aber doch in der Sache deutlich.
Schon sind wir bei der Mannschaftsweltmeisterschaft in Luzern im November 1985, und zwar bei der Partie des Schweizers Hug (welcher allerdings, um meinen sorgfältig geplanten Aufbau Lügen zu strafen, eher französischer Lebensart ist) gegen den Franzosen Kouatly. Da steht doch – oh, diese Franzosen! – dessen Bauer schlampig auf b7 statt säuberlich auf b6 wie auf dem Demonstrationsbrett für die Zuschauer. Der nächste Schritt war unvermeidlich: der schweizer Bediener des Demo-Brettes geht zum Brett unserer Streiter und setzt dort, den Fehler freundlich, aber bestimmt berichtigend, den Bauer von b7 nach b6. Sprachlose Verblüffung der beiden Spieler! Und Sie ahnen es vielleicht schon, es war einer der seltenen Fälle eines schweizer Irrtums.

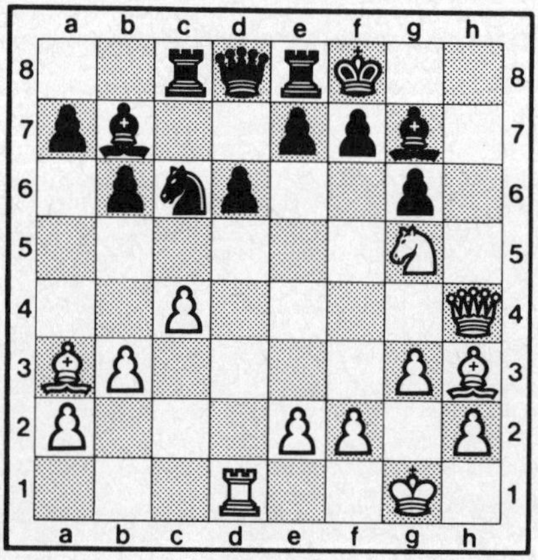

**Frage**

In der Diagrammstellung stand allerdings der Bauer von Kouatly als Schwarzem wirklich auf b6, und wenn Sie ordentlich-korrekt abzählen, so verbuchen Sie für ihn einen ganzen Mehrturm. Diesen hatte der Ungar Zoltan Ribli, der heuer (1985) als »Ostblock-Import« die Bundesligamannschaft des Deutschen Meisters Bayern München verstärkt, geopfert, um dem schwarzen Monarchen zu Leibe zu rücken. Und da das Opfern eines rechten bayerischen Ungarn Lust ist, bot er jetzt noch etwas an, wobei er sich aber in jedem Fall reicher Belohnung – sprich König oder Königin – ganz sicher war.
Was spielte Weiß?

# 27 Eine US-Schwindelei

»Amerika, du hast es besser«, beginnt ein Gedicht von Goethe. Dort gibt es sogar »Schwindelpreise« bei Schachturnieren – das hatte der Geheimrat, der »Schach als Probierstein des Gehirns« empfand, bei jener Zeile allerdings wohl weniger im Sinn. Indes – das Einmaleins des Schachs mag man erlernen können, die Kunst des Schwindelns muß einem im Blut stecken.

Bei der vorletzten amerikanischen Meisterschaft (1984) erzielte der gebürtige Perser Shirazi nur einen kümmerlichen Punkt aus 17 Partien, bei der jetzigen (1985) schien sich ein ähnliches Debakel anzubahnen: Er begann mit einem Remis aus sechs Partien. Doch dann besann sich Shirazi auf die alte Tugend der Schlitzohrigkeit und gewann vier Partien hintereinander. Sein Meisterstück lieferte er gegen den unseligen und bedauernswerten Mister McCambridge ab, und wie er hier den Punkt ergaunerte, wäre fürwahr des Diebes von Bagdad würdig gewesen.

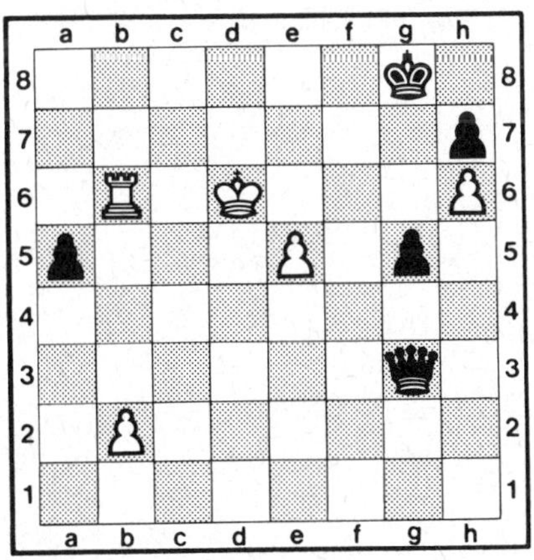


**Frage**

Diese »Leiche« mit Dame weniger hatte er als Weißer schon viele Züge weitergeschleppt, wobei ihn vielleicht Tartakowers Aphorismus »eine Schachpartie ist ein Märchen von 1001 Fehlern« aufrechterhielt. Nun hätte außer den offensichtlichen Schnapszügen Da3, Db3, Dc3 und Dxe5+, welche einzügig die Dame einstellen, und De1 jeder andere, noch so sinnlos wirkende Damenzug gewonnen – bis auf einen! Doch mit traumwandlerischer Sicherheit fand McCambridge in Zeitnot gerade diesen, der ihn nach der »königlichen« Antwort des Weißen sofort aufgeben ließ.
Wie unrecht hatte doch Aljechin: »Schach – die tragischste Kunst, weil die schönsten Ideen des wirklichen Künstlers hier wegen der Unzulänglichkeit seines Partners nicht zur Verwirklichung kommen.« Diesmal wirkten die beiden »Künstler« vollendet tragikomisch zusammen. Welchen Verlustzug fand Schwarz und wie gewann darauf Weiß?

# 28 Hunne verschmäht Dame

Wie bei anderen Anhängern Caissas lockt das Schachspiel auch bei Joszef Pinter aus Ungarn seine zweite, verborgene Seite hervor.

Der junge, geradezu knabenhaft wirkende Joszef ist die Liebenswürdigkeit in Person, solange er nicht über die 64 Felder gebeugt ist. Am Brett entpuppt er sich indes als wilder Nachfahre Attilas. Bei einem Open-Turnier am Plattensee im Oktober 1983 mußte er in der letzten Runde gegen den Sowjetrussen Sergei Archipow gewinnen, um Turniersieger zu werden.

Den unscheinbaren Fehler des Schwarzen 9. . . . Sd7 bestraft er fürchterlich, indem er den schwarzen Monarchen mit einem Springeropfer ins Feld zwingt und den Ärmsten dann gnadenlos bis zum bitteren Ende übers Feld treibt.

Das ganze Gemetzel kostete ihn nur 27 Minuten Bedenkzeit, während sein sich zäh am trüben Leben festklammerndes Opfer zwei Stunden und 29 Minuten dahinsiechte.

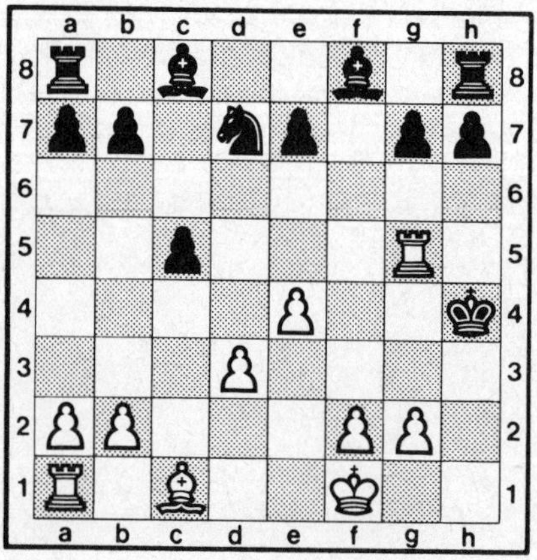

Weiß: Pinter
Schwarz: Archipow

| | | | | | |
|---|---|---|---|---|---|
| **1.** | **Sf3** | **Sf6** | **10.** | **Sxf7** | **Kxf7** |
| **2.** | **c4** | **c5** | **11.** | **Lxe6+** | **Kxe6** |
| **3.** | **Sc3** | **d5** | **12.** | **Db3+** | **Kf6** |
| **4.** | **cxd5** | **Sxd5** | **13.** | **Sd5+** | **Kf7** |
| **5.** | **e4** | **Sb4** | **14.** | **Sc7+** | **Kg6** |
| **6.** | **Lc4** | **Sd3+** | **15.** | **Se6** | **De8** |
| **7.** | **Ke2** | **Sf4+** | **16.** | **Sf4+** | **Kg5** |
| **8.** | **Kf1** | **Se6** | **17.** | **h4+** | **Kh6** |
| **9.** | **Se5** | **Sd7** | **18.** | **Dg3** | **Dg6** |

Hier fragte Pinter seinen Gegner: »Willst du gegen einen Großmeister ohne Dame weiterspielen?« Archipow: »Ich spiele weiter.« Pinter: »Du kannst deine Sch. . .-Dame behalten, ich gewinne auch so.«

| | | | | | |
|---|---|---|---|---|---|
| **19.** | **Dg5+** | **Dxg5** | **22.** | **d3+** | **Kg4** |
| **20.** | **hxg5+** | **Kxg5** | **23.** | **Tg5+** | **Kh4** |
| **21.** | **Th5+** | **Kxf4** | | | |

**Frage**

Wie setzte Pinter nun in vier Zügen matt?

# 29 Ach, wie so trügerisch...

»Was ist das Leben ohne Schach?!« So habe ich's vom 17jährigen Bobby Fischer gehört, den dieser Satz heutzutage wohl wie eine Jugendtorheit anmuten dürfte. Doch wie arm wäre die Schachwelt ohne solch jugendlich-leidenschaftliche Seelen!?
Nicht jeder ist ein Fischer, aber auch schon ein Antonio Antunes aus Portugal tut es. Mit seinen 23 Jahren (1986) will er einem »anständig«-bürgerlichen Broterwerb Lebewohl sagen, Ingenieur werden lassen, wer da will, und statt dessen um Caissas Gunst buhlen.
Zum Beispiel in Italien, zum Beispiel in Reggio Emilia beim Neujahrsturnier 1986. Doch Bedacht, die Schachgöttin Caissa ist zuallererst weiblich, ergo launisch, ergo dürfen sich gerade ihre feurigsten Liebhaber gefaßt machen, von ihr genarrt zu werden. Zum Glück für das Schachspalten und -bücher lesende Publikum lassen sich Rittersmänner und Knappen wie Antonio davon nicht abschrecken! Doch sehen Sie selbst:

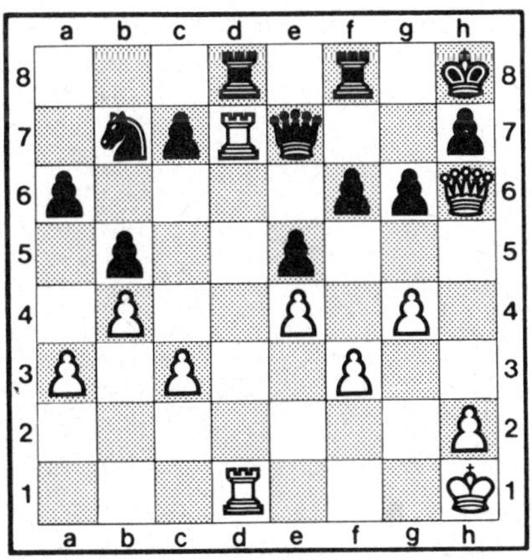

Antunes als Schwarzer hätte mit seinem fetten Mehrspringer schon längst jeglichen Widerstand seines italienischen Gegners Martorelli ersticken können. Indes spielt eine portugiesische Katze mal gern mit einer italienischen Maus – solange diese ihre ängstlich-fliehende Mausidentität beibehält. Doch just dies tat Martorelli nicht mit seinem frechen letzten Zug 39. Td5–d7.
Erregt gestikulierende Kiebitze umlagern das Brett, eine Festtagsleckerei nach ihrem lüsternen Sinn ist da serviert, nur dem armen Antonio aus Lissabon zerrinnen die letzten Minuten vor der Zeitkontrolle wie in einem bösen Traum – nichts geht mehr: Dame hin, alles hin! In seinen kreisenden Gedanken sieht er noch das Matt durch Dxf8 nach zweimaligem Schlagen auf d7, und kurz vor dem Fall des Kontrollblättchens der Schachuhr gibt er völlig konsterniert auf.
Ein Schwall von wissenden Kiebitzhänden greift ins Brett – das Tohuwabohu ist vollkommen. Die Plebs lechzt nach Autorität, Gott sei Dank kommt Großmeister Ljubojovic vorbei, ein kurzer Blick, ein unerwarteter Zug wird aufs Brett geworfen: Remis, vernimmt man ex cathedra.

**Frage**

Sind auch Sie autoritätsgläubig? Oder hat sich Antonio völlig ins Bockshorn jagen lassen? Wie hätte er spielen sollen?

# Frauenschach

Frauen stellen die Mehrheit unserer Bevölkerung, sind aber immer noch, trotz einigen Aufholens, eine zahlenmäßig geringe Minderheit unter den Schachnarren. Und die Männer, welche die Schachzeitungen, Schachspalten und Schachbücher fabrizieren, machen sich alle Jahre wieder einmal einen Sport daraus, öffentlich herumzurätseln, woran's wohl liegen mag, daß so wenige Frauen Schach spielen und die so schwach. Und bei dem Worte »schwach« vibriert die geläufige Feder so ganz leise und verräterisch, daß hinter der freundlich schulterklopfenden Herablassung des ollen Adam die schlotternde Erleichterung darüber zu spüren ist, sich hinter den Leistungen eines Kasparow oder Karpow verschanzen zu können. Denn in den meisten Fällen vermeidet es der Schreiberling wohlweislich, die Spielstärke einer Maja Tschiburdanidse oder Zsuzsa Polgar (siehe Nummer 87) an seiner eigenen zu messen. Zunächst wird also »männliche Spielstärke« mit der des amtierenden Weltmeisters und seines Vorgängers identifiziert und als turmhoch überlegen konstatiert; woran tatsächlich schlecht zu rütteln ist, da Kasparow und Karpow derzeit ja wirklich allen, Männern wie Frauen, um mindestens eine Klasse über sind. Und nun wird mit großem Wind und tiefsinnigen Mienen den Ursachen für die schachliche Überlegenheit »des« Mannes nachgeforscht; etwa wie alljährlich die Debatte darum, ob die Henne oder das Ei früher dagewesen sei, ab ovo einmal durchgekakelt werden muß.
Da wird der prägende Einfluß tausendjähriger patriarchalischer Kultur ins Feld geführt, der sich, wer weiß, vielleicht schon genetisch fixiert habe, und nach welchem ein Kriegs- und Wettkampfspiel wie das Schach eben nicht Sache der Frau sei. (Ergänze: die habe hinter dem Herd zu sitzen.) Dabei wird fleißig übersehen, wie fürchterlich etwa die Weiber der Kimbern und Teutonen den Soldaten des alten Marius waren, oder wie häufig in mittelalterlichen Miniaturen Damen beim Schachspiel abgebildet sind; wobei das Schachspiel offenbar nicht bloß als Metapher für den Kampf der Geschlechter benutzt wurde, wie's vielleicht in Friedrich Rückerts Gedicht (s. Nr. 72) der Fall ist, sondern als gängiges höfisches Vergnügen diente: die Stilisierung zum »Männersport« also erst später eingetreten ist. Und überhaupt wird außer acht gelassen, daß bei der Spezies Homo sapiens das soziale Rollenverhalten der Geschlechter nicht festgelegt ist, sondern sich in jedem Kulturkreis unterschiedlich herausbildet – sich also auch innerhalb eines Kulturkreises allmählich ändern kann.
Dagegen halten dann die Konstitutionalisten den Geschlechtsdimorphismus des Menschen, den unterschiedlichen Körperbau von Mann und Frau, der schon darauf hindeute, daß die Frau nicht dafür gemacht sei, den Speer zu schleudern, ergo auch nicht dazu, Schach zu spielen.
Es mag ja sein, daß die Frau für etwas Besseres »gemacht« ist als Speere zu schleudern. Ich wünschte nur, es würde mehr Frauen Mut gemacht, sich beim Schach zu vergnügen, so daß es zu einer zahlenmäßigen Parität käme, wie sie in einer der in der BRD tätigen politischen Parteien so vorbildlich verwirklicht ist: Dann könnten wir einfach mal beobachten, wie weit es die Frauen im Schach bringen können.

# 30 Club geschlagener Männer

»Ah, Frauenschach«, entfährt es dem Besucher etwas belustigt und von oben herab. Was gibt es auch Schöneres für einen rechten alten Adam, als sich in seiner (vermeintlichen) Überlegenheit über das »schwache« Geschlecht zu sonnen!?

Vor dem 2. Weltkrieg aber war Vera Menchik, eine Engländerin tschechischer Abstammung, allen anderen Damen dermaßen überlegen, daß es sie begreiflicherweise auch zu Herrenturnieren zog. Und diese »verdammte Amazone« wußte nicht nur den Leu zu wecken, sondern oft genug kräftig zu zausen und zu zerren. Capablanca sprach von ihr als der einzigen Frau, welche wie ein Mann spiele. Er konnte sich in seiner Souveränität diese anerkennenden Worte leisten, im Gegensatz zu etlichen anderen, denen angst und bange wurde, wenn sie dieser Dame allein am Schachbrett gegenübersitzen mußten, ohne den Panzer männlicher Stammtisch-Herablassung.

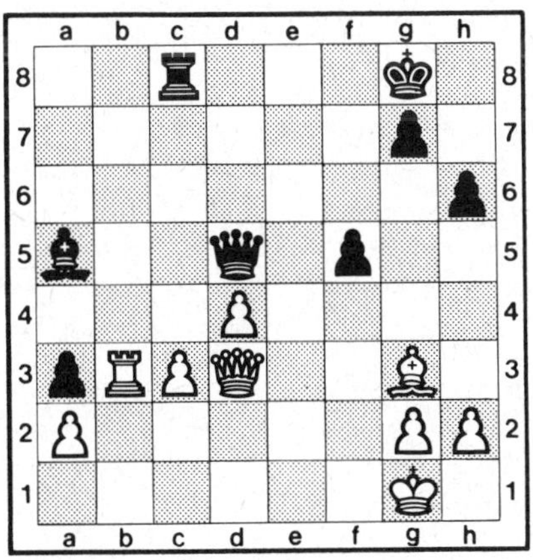

Und da Angst einen Halt bei Gleichgesinnten und -betroffenen suchen läßt, schlug der österreichische Meister Bekker beim Turnier zu Karlsbad 1929 einen »Vera-Menchik-Club« vor, dem angehören sollte, wer gegen sie eine Niederlage oder ein Remis erlitt. Schlug's vor und wurde prompt erster Kunde der damals 23jährigen Vera.

Manche wehrten sich mit, manche ohne Erfolg gegen die Aufnahme in diesen Zirkel zweifelhafter Reputation, zu dessen prominentesten Mitgliedern Euwe, Reshewsky und Flohr zählten.

Beim Turnier in Moskau 1935 schien auch die Eintrittsstunde des schwedischen Großmeisters Stahlberg geschlagen zu haben.

**Frage**

Mit welchem Kraftzug hätte Vera als Schwarze hier ihren Gegner zur Zwangsmitgliedschaft verpflichten können?

# 31 Wer hat Angst vor Maja?

»Verzeihung, aber das ist nicht Maja Tschiburdanidse, sondern Bobby Fischer in einem Rock«, sagte der bulgarische Großmeister Inkiov über die damals 12jährige Maja. Und da nur schachliche und keine anderen Proportionen angesprochen waren, durfte Maja dies mit stolzgeschwellter Brust hören.

Bobby selbst wäre vermutlich anderer Meinung gewesen, schließlich behauptete er ja, jeder Frau eine Figur vorgeben zu können. Bis zum Beweis des Gegenteils sagt sich so etwas natürlich leicht, zumal auch Bobbys Nachfolger als Weltmeister schachlichen Begegnungen mit dem anderen Geschlecht aus dem Wege geht. Verbirgt sich hier unter der männlichen Überheblichkeit vielleicht ein gerüttelt Maß Angst, es könnte ein Zacken aus der Krone fallen?

Heute haben sich bereits eine ganze Reihe von Schachdamen aufgemacht, die Männerschachwelt zu erobern. Maja, die bereits im zarten Teenageralter von 17 Jahren den WM-Thron der Damen bestieg, ließ ihrem verheißungsvollen Buch »Ich spiele gegen Männer« auch Taten folgen. Beim Internationalen Großmeisterturnier in Dortmund 1983 mußte das manch ein Herr der Schöpfung am eigenen Leibe bzw. am eigenen König erleben. Zu Beginn des Turniers wurde noch voll lästerlichem Übermut vereinbart, ein jeder, der gegen Maja verliere, müsse eine Runde Bier zahlen. Es wurde manche Runde, in der Schadenfreude für den anderen, eigenes ängstliches Bangen und Hochachtung für Maja mitschwangen.

Eines ihrer Opfer war der ungarische Großmeister Csom.

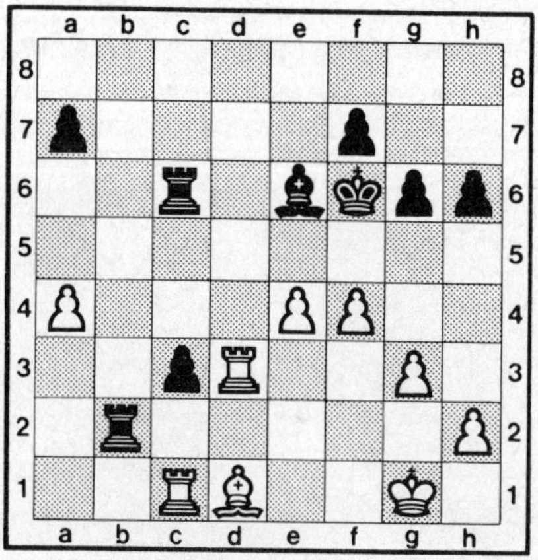

**Frage**

In der Diagrammstellung machte Maja als Schwarze mit ihm kurzen Prozeß. Was zog sie?

# 32 Furchtlose Pia

Als ich Pia Cramling anläßlich der Schacholympiade 1978 in Buenos Aires kennenlernte, war sie 15 Jahre jung und doch schon eine wesentliche Stütze des schwedischen Damenteams. Einmal besuchten wir zusammen das dortige Planetarium und spielten unter dem künstlichen Sternenhimmel etliche Partien miteinander; schon damals war ich geradezu verblüfft über ihr großes Talent und gleichzeitig angetan von ihrer natürlichen Bescheidenheit.
Die Schachsterne sind ihr wohlgefällig geblieben. Mit ihren jetzt 19 Jahren (1982) ist sie die beste Spielerin der westlichen Hemisphäre.
Beim Lloyds Bank-Meisterturnier 1982 in London mischte sie auch in starker Männergesellschaft prächtig mit und erfüllte sogar eine Internationale Meisternorm des sogenannten »starken« Geschlechtes, welchselbes Attribut sie mit ihrer herzerfrischend-unbekümmerten Spielweise arg in Zweifel stellte. So mußten die Großmeister Hort (CSSR) und Keene (England) Pias schlauem Köpfchen Tribut zollen und sich mit nur einem halben Pünktchen davontrollen. Fast noch schlimmer wäre es Vizeweltmeister Kortschnoi ergangen:

Weiß: Pia Cramling
Schwarz: Viktor Kortschnoi

| | | | | | |
|---|---|---|---|---|---|
| 1. | **e4** | **e5** | 20. | **Lxd8** | **Dxd8** |
| 2. | **Sf3** | **Sc6** | 21. | **Lxa8** | **Dxa8** |
| 3. | **Lb5** | **a6** | 22. | **Sg5** | **a5** |
| 4. | **La4** | **Sf6** | 23. | **Dc2** | **Sf6** |
| 5. | **d4** | **exd4** | 24. | **Sc6** | **Te8** |
| 6. | **0–0** | **Le7** | 25. | **h3** | **a4** |
| 7. | **Te1** | **0–0** | 26. | **Td1** | **h6** |
| 8. | **e5** | **Se8** | 27. | **Sxe6** | **Txe6** |
| 9. | **c3** | **dxc3** | 28. | **Tb1** | **Sd7** |
| 10. | **Sxc3** | **d6** | 29. | **Tb4** | **De8** |
| 11. | **exd6** | **cxd6** | 30. | **Dxa4** | **Sc5** |
| 12. | **Sd5** | **Lf6** | 31. | **Db5** | **Kh7** |
| 13. | **Le3** | **Le6** | 32. | **Td4** | **Tg6** |
| 14. | **Lb6** | **Dd7** | 33. | **Kh2** | **De1** |
| 15. | **Tc1** | **Lxb2** | 34. | **Db2** | **Df1** |
| 16. | **Tc2** | **Lf6** | 35. | **Tg4** | **Sd3** |
| 17. | **Sb4** | **Ld8** | 36. | **Dc2** | **Se1** |
| 18. | **Txc6** | **bxc6** | 37. | **Df5** | **Sxg2** |
| 19. | **Lxc6** | **Dc8** | 38. | **Se7** | **Se3** |

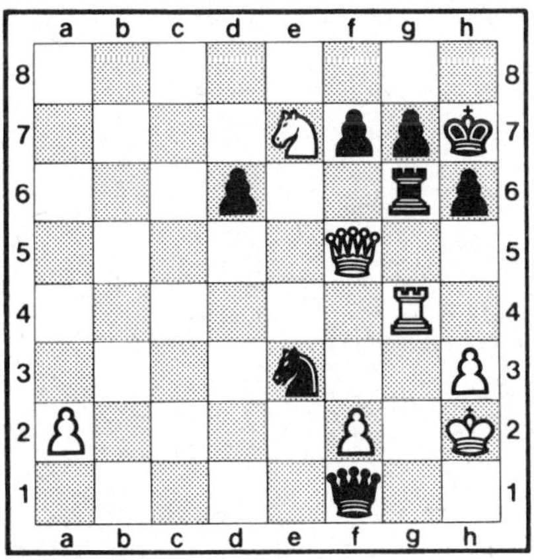

**Frage**

Und hier ließ sich Pia von Kortschnois letztem Schwindelversuch betören und fraß unbedacht den offerierten Pferdebraten, wonach sich ihr großer Gegner in ein ewiges Schach retten konnte: 39. fxe3? De2+ 40. Kh1 De1+ 41. Kh2 De2+ 42. Kh1 remis.
Wie hätte Pia in der Diagrammstellung den berühmten Skalp erobern können?

# 33 Die schöne Salzburgerin

Vermutlich werden die wenigsten ZEIT-Leser sich für die Zeitschrift Penthouse interessieren – trotzdem sei diesmal der Hinweis auf das Septemberheft von 1983 gewagt. Dort prangt Brigitta Cimarolli aus Salzburg, 24 Jahre jung, als Penthouse-Mädchen des Jahres 1983. Das begehrte Fotomodell hat in puncto der schwer meßbaren Schönheit alle Rivalinnen ausbooten können; dies darf man ihrem makellosen Körper zugute halten.

Auf jenem sitzt aber in diesem Fall sinnigerweise noch ein schlaues Köpfchen, welches mit Lust und Akribie Schachgeheimnisse durchforstet. Brigitta ist Salzburger Landesmeisterin und eine der stärksten Spielerinnen Österreichs, obwohl sie erst mit 19 Jahren das Schachspiel erlernte.

Die Herren der Schöpfung betrachten eine Begegnung mit einer Dame meist mit gemischten Gefühlen – zumindest am Brett. Gegen eine Frau zu verlieren, ist für viele Schachmänner ein besonderer Alptraum. Weltmeister Karpow bot jedenfalls Brigitta bei einem Simultanwettkampf schnell Remis an.

Ihr Gegner in der nachfolgenden Partie der Salzburger Clubmeisterschaft 1979 (sie spielte damals erst ein halbes Jahr) rührte seither nie mehr eine Figur an; der Name dieses Opfers weiblicher Emanzipation sei diskret verschwiegen.

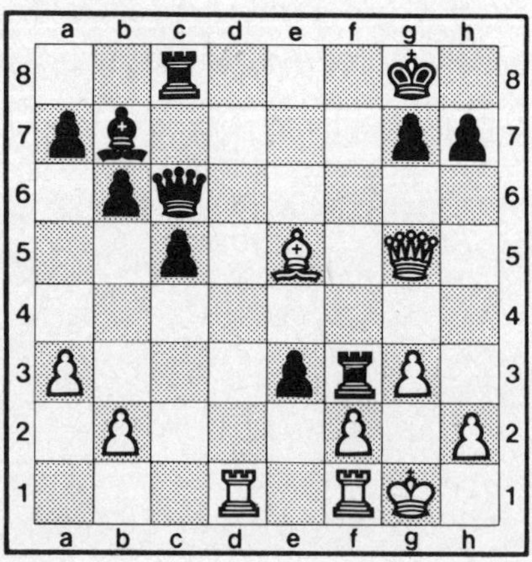

Weiß: N. N.
Schwarz: Brigitta Cimarolli

| | | | | | |
|---|---|---|---|---|---|
| **1.** | **d4** | **Sf6** | **12.** | **Dxc3** | **Tc8** |
| **2.** | **c4** | **e6** | **13.** | **Sf3** | **Sxe4** |
| **3.** | **Sc3** | **Lb4** | **14.** | **De3** | **exd5** |
| **4.** | **Ld2** | **c5** | **15.** | **Sxe5** | **dxe5** |
| **5.** | **d5** | **d6** | **16.** | **cxd5** | **f5** |
| **6.** | **e3** | **Sbd7** | **17.** | **Lxe4** | **fxe4** |
| **7.** | **g3** | **b6** | **18.** | **0–0** | **Dxd5** |
| **8.** | **Lg2** | **Se5** | **19.** | **Tad1** | **Dc6** |
| **9.** | **Dc2** | **Lb7** | **20.** | **Lc3** | **Tf3** |
| **10.** | **e4** | **0–0** | **21.** | **Dg5** | **e3** |
| **11.** | **a3** | **Lxc3** | **22.** | **Lxe5** | |

**Frage**

Wie setzte Brigitta ihren verdutzten Gegner nun kurzerhand matt?

# 34 Bäuerin erobert (Schach-)Bauern

Flaubert schrieb aus dem Orient: »Man wird auf Reisen nicht glücklich.« Diese Einsicht war die Geburtsstunde des Fernschachs, bei dem man am häuslichen Herd auf seinen vier Buchstaben sitzenbleiben und doch mit der geheimnisvollen, weiten Welt kommunizieren kann.

Fernschach-Worldcup V, Gruppe 58: Unter den 22 Teilnehmern sind 21 Herren der Schöpfung aus UdSSR, USA, Jugoslawien, Argentinien, Norwegen, der DDR usw., sowie eine Frau aus Kronacker. (Zur Ortsbestimmung: dieser Weiler liegt dort, wo sich Fuchs und Hase gute Nacht sagen.) Hier verbringt die bayerische Meisterspielerin Anna Schmelmer ihre Tage zwischen Radieschenernten, Gänsehüten, Kuchenbakken, der sowjetischen Schachzeitung »64« und ihren Fernpartien. Am Schluß stehen neun Siege und ein Unentschieden (da hat doch so ein Widerling widerstanden) zu Buche: für die Männer eine niederschmetternde Bilanz.

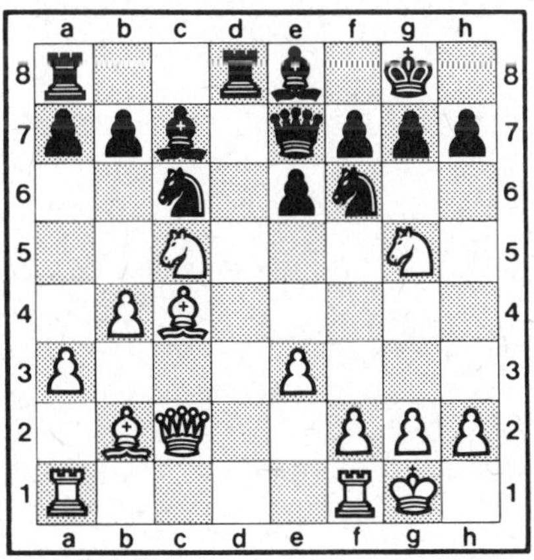

Und doch haben all die Männer in schützender Ferne einen großen Vorteil – sie brauchen nicht, wie ein Münchner Meisterspieler beim Turnier um den Silberpokal in Bad Aibling, Aug in Aug der Schmelmer-Bäuerin gegenübersitzend, von allen Wogen der Angst und Enttäuschung durchspült, nach der »schmählichen« Niederlage schwören, nie wieder Schach zu spielen.

Doch offenbar birgt solch ein Tête-à-tête mit Anna nicht nur Schrecken: Sie lernte ihre beiden Lebensgefährten beim Klötzeschieben kennen. – Doch von der trauten Harmonie rasch zurück zu einer exemplarischen, weiblichen (Fern-)Bestrafung (siehe Diagramm).

**Frage**

Mit seinem letzten Zug Sg5 hatte sich der Holländer Smit als Weißer erdreistet, Annas König mit der Drohung Lxf6 nebst Dxh7+ (zu) naherücken zu wollen. Mit welchem klassischen Konter unter Bauerngewinn zeigte sie, daß der weiße Monarch weit mehr Grund zur Besorgnis hat?

# 35 Das deutsche Fräulein-Wunder

Noch vor einigen Jahren waren unsere Schach-Damen rechte Aschenbrödel – bei gemischten Länderkämpfen konnten wir Herren der Schöpfung uns nur redlich bemühen, den negativen Damensaldo auszugleichen. Doch wie's im Märchen und im Leben oft so geht, wie aus dem Nichts tauchten plötzlich Prinzessinnen auf und – verteufelte Emanzipation! – lassen uns nun nur allzuoft in ihrem Schatten wandeln.
Zum Beispiel ist da Gisela Fischdick, von kesser Denkungs- und Spielart. In der Damenwelt braucht sie niemanden zu fürchten, doch das Interzonenturnier in Tiflis im September 1982 war trotzdem ein schwerer Gang: Außer mit ihren Rivalinnen mußte sie noch mit armenischer Kost und Mentalität kämpfen. Der sie begleitende Bundestrainer Samarian konnte mit seinen Medikamenten zwar ihre Darmverstimmung besänftigen, aber vor dem Kampf mit der armenischen Vertreterin Gurieli war selbst der wenig furchtsamen Gisela etwas bange.

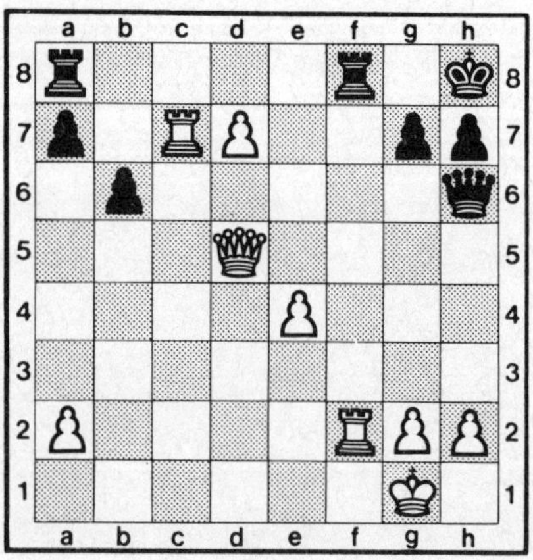

Als Gurieli nämlich zwei Runden zuvor verloren hatte, hatte ein feuriger Landsmann ihrer Gegnerin coram publico lautstark den Tod gewünscht.
Gisela rutschte dann das Herz aber doch nicht in die Hosen – bzw. in den Rock; sie bezwang die armenische Klippe und kurz darauf in einer wunderschönen Angriffspartie die spätere Turniersiegerin Margareta Muresan aus Rumänien.

Weiß: Gisela Fischdick
Schwarz: Margareta Muresan

| | | | | | |
|---|---|---|---|---|---|
| **1.** | **e4** | **c6** | **19.** | **Tfe1** | **Ld5** |
| **2.** | **d4** | **d5** | **20.** | **Tab1** | **Sg6** |
| **3.** | **exd5** | **cxd5** | **21.** | **f3** | **Tdb8** |
| **4.** | **c4** | **Sf6** | **22.** | **Tb2** | **Se8** |
| **5.** | **Sc3** | **e6** | **23.** | **Tc1** | **Dd8** |
| **6.** | **Sf3** | **Lb4** | **24.** | **Le4** | **Lxe4** |
| **7.** | **Ld3** | **0–0** | **25.** | **fxe4** | **Sxd6** |
| **8.** | **0–0** | **dxc4** | **26.** | **cxd6** | **e5** |
| **9.** | **Lxc4** | **Dc7** | **27.** | **Tc7** | **b6** |
| **10.** | **Ld3** | **Lxc3** | **28.** | **dxe5** | **Sxe5** |
| **11.** | **bxc3** | **Sbd7** | **29.** | **Dd5** | **Dg5** |
| **12.** | **La3** | **Te8** | **30.** | **Tf2** | **De3** |
| **13.** | **Sd2** | **Sb6** | **31.** | **Dxe5** | **Dxa3** |
| **14.** | **c4** | **Ld7** | **32.** | **T2xf7** | **De3+** |
| **15.** | **c5** | **Sbd5** | **33.** | **Tf2** | **Dh6** |
| **16.** | **Sc4** | **Lc6** | **34.** | **Dd5+** | **Kh8** |
| **17.** | **Sd6** | **Ted8** | **35.** | **d7** | **Tf8** |
| **18.** | **Dd2** | **Se7** | | | |

**Frage**

Wie versetzte Gisela nun ihrer Gegnerin den Gnadenstoß?

# 36 Ja, bei dem Vater!

»Niemand fragt mich, warum ich besser als 19 Millionen Jugoslawen spiele – immer wollen sie nur wissen, warum ein paar hundert Männer besser spielen als ich«, beklagte sich einst die jugoslawische Meisterin Milunka Lazarevic. Vermutlich waren die Frager Männer, denen die Emanzipation jugoslawischer (Schach-)Weiblichkeit nicht Herzensanliegen war.
Glücklicherweise sind die Verhältnisse in unserem Vaterlande ganz anders, blickt hier seit geraumer Zeit die männliche Schachwelt stumm-respektvoll zum obendrein noch schöneren Geschlecht empor; gelegentliche ironische, neidgeborene Entgleisungen werden im Keim durch die besseren Ergebnisse der Damen erstickt.
Kein Wunder also, daß beim Zonenturnier der Damen im März 1985 die »eingedeutschte« Stepanka Vokrálova sich für das Interzonenturnier qualifizierte und die 19 Jahre junge Anja Dahlgrün aus Hamburg dies begehrte Ziel nur um ein lumpiges Pünktchen verfehlte. Allerdings, ganz ohne männlichen Beistand wagte auch Anja nicht den Weg ins feindliche Frauenleben; der Internationale Meister Stefan Kindermann, der weiblichem Bitten meist schwer widerstehen kann, bereitete sie auf diese internationale Prüfung vor.
National ist Anja schon längst arriviert; bei der Deutschen Meisterschaft 1984 gelang ihr dabei gegen Ute Späte ein Juwel.

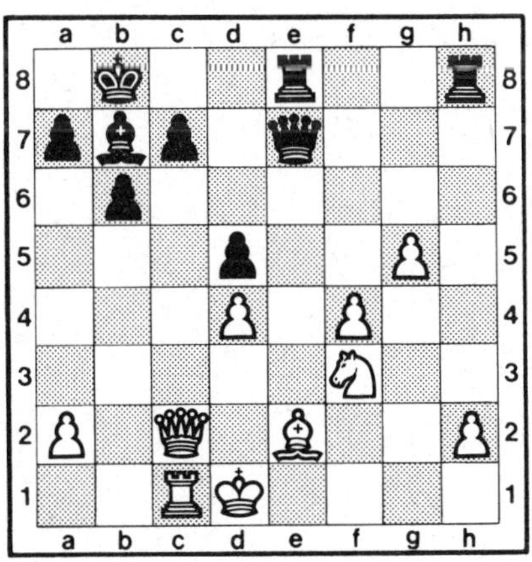

**Frage**

Anja als Schwarze lenkte den nach e5 strebenden Schimmel f3 mit einem tiefdurchdachten Opfer ab, um danach mit einem versteckten Läuferzug ihre Herr- bzw. Frauschaft in der e-Linie matt-trächtig zu unterstreichen.
Wundern Sie sich über den Mut der jungen Dame? »Natürlich« stammt auch der von einem Manne: Anjas Vater ist ein Meister des Königsgambits.
Nun wünsche ich allen ZEIT-Männern viel Pech beim Lösen.

# 37 Fünf Teufel für Papa

»Eine gescheite Frau hat Millionen geborener Feinde – alle dummen Männer«, stellte Marie von Ebner-Eschenbach fest. Ein schwerer Stand also für Barbara Hund, die einzige deutsche Schachgroßmeisterin. Doch die kluge Frau baut vor; wird sie einmal einen Schachspieler heiraten? »Am Ende werde ich's wohl kaum verhindern können, jene oft gestellte Frage zu bejahen«, antwortet sie in geradezu hübnerianischer Weise.
Vermutlich wird sie nicht als einzige der Familie Hund in solch einen (Schach-) Apfel beißen – ebenso wie ihre Eltern, die sich selbstredend beim Schachspiel kennenlernten, spielen auch ihre drei Schwestern hervorragend. Stellen Sie sich Familie Hund bei einem Turnier vor! Da wird das spanische Sprichwort »drei Töchter und eine Mutter, vier Teufel für den Vater« variiert zu »fünf Teufel für die Gegner«.
Doch wie fing's mit Oberteufelin Barbara an? Im September 1959 wurde Mutter Juliane Zweite der Deutschen Damenmeisterschaft, 13 Tage später, am 10. Oktober, wurde Barbara geboren. »Unklar blieb bis heute, ob meine Mutter so gut spielte, weil ich ihr bereits half, oder ob ich das Schachspiel damals erst erlernte.«
Bei solcher Lage der Dinge hatte ihre niederländische Gegnerin A. van der Giessen beim Turnier Wijk aan Zee 1981 natürlich nichts zu lachen. In welch unerquicklicher Stellung sie landete, sehen Sie im Diagramm.

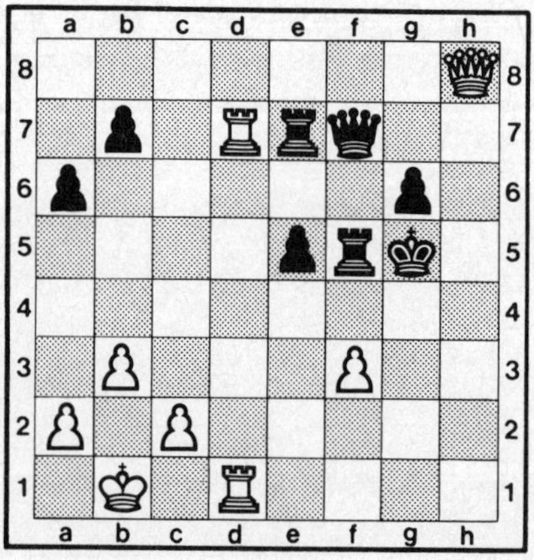

**Frage**

Barbara, die die weißen Steine führte, hätte nun ein (Magnet-) Matt in vier Zügen ansagen können. Allerdings ist so etwas wenig fein und obendrein »(un-)barbarisch«. Wie sagte doch Mutter Juliane lächelnd-resignierend: »Wenn ich für jedes Wort von Barbara eine Mark erhielte und davon leben sollte, müßte ich eine permanente Fastenkur machen.«
Barbara schritt also lautlos zur Tat. Wie?

# Großmeister

Ursprünglich sollte dieses Kapitel »Angelsächsische Großmeister« überschrieben werden. Nach einigem Zaudern wurden aber doch Dr. John Nunn in den hinterwärtigen Teil des Buches befördert (siehe Nr. 89) und die Engländer Speelman und Flear sowie der Neuseeländer Chandler für ein künftiges Buch mit weiteren ZEITmagazin-Geschichten aufgespart. Es sollte der Eindruck vermieden werden, es gäbe in der Schachwelt keine anderen Könner als Deutsche, Russen und Angelsachsen. (Wobei um die Reihenfolge dieser Aufzählung natürlich gewürfelt worden wäre. Bis sie gestimmt hätte.)
Schach wird auf der Welt gespielt, so weit es Menschen gibt – auf den Philippinen wie in Portugal, auf Island wie in Australien; sogar in China sind seit Ende der Kulturrevolution, während welcher das bourgeoise Spiel im Untergrund verschwinden mußte, Schachmeister wie Pilze aus dem Boden geschossen, von deren Spielstärke z. B. der Autor dieses Buches sich beim Hannoveraner Mephisto-Turnier 1983 deutlicher überzeugen lassen mußte, als ihm lieb war. Jede Wette, daß sogar in Forschungsstationen in der Antarktis und von Kosmonauten im Weltraum Schach gespiel wird; wenn auch letzteres sich vorläufig wohl auf sowjetische Kosmonauten beschränkt.
Noch weitaus bunter als das Nationalitätengemisch, dem auf internationalen Turnieren oder Schacholympiaden heute zu begegnen ist, sind aber die Persönlichkeiten der Spieler. Und zwar erst recht, wenn es sich um Spielerpersönlichkeiten handelt, wie es bei Großmeistern gewöhnlich der Fall ist. Denn je weiter sich ein Individuum differenziert, je mehr es gesehen, erlebt, gefühlt und gelernt hat, desto ausgeprägter wird seine Individualität; und je weiter es vom Mittel- bzw. Durchschnittswert der »anonymen Masse« absticht, desto bemerkenswerter und interessanter wird es für dieselbe.
Kein Wunder also, daß unter Leuten, die es in einer so hoch spezialisierten und (hm) unendlich schwierigen Sache wie dem Schachspiel zum Großmeister gebracht haben, sich reihenweise solche finden, die zumindest für die »anonyme Masse« der Schachfans bemerkens- und beobachtenswert sind.
(Die Anführungszeichen sollen andeuten, daß es sich bei der »anonymen Masse« um etwas handelt, das sich bei schärferem Hinsehen als nicht vorhanden herausstellt; nämlich als eine größere Anzahl von Personen, von denen jede einzelne sehr wohl ihren Namen und ihre höchstpersönlichen Charakteristika besitzt. Dies am Rande, um in der verehrten Leserschaft nicht unnötigen Unmut zu erzeugen.)
Von den vielen Spielerpersönlichkeiten, die heutzutage in den Turniersälen anzutreffen sind, seien nun einige vorgestellt.

# 38 Soldat Schwejk

»Wir sind schon zu alt. Die jungen Leute sind so ährgeizig und wärden immer stärker.« Dieses und manch anderes Klagelied hörte ich vom damals 36jährigen, für Porz spielenden tschechischen Großmeister Vlastimil Hort auf der Fahrt nach Meran, wo er 1983 seinem damaligen Bundesliga-Mannschaftskameraden Robert Hübner gegen Kortschnoi sekundierte. Erst im Ratskeller zu Bozen weckten Wein, Schweinebraten und Gesang seine fröhlichen, spezifisch böhmischen Lebensgeister.
Wahrhaft nicht mager von Statur, strahlt er Gemütlichkeit aus; glaubt man seinem Wehklagen, scheint er keiner Fliege ein Leid antun zu können. Aber Vlastimil ist einer der stärksten Spieler der Welt und sähr ährgeizig: Mit besonderer Inbrunst widmet er sich seinen jüngeren Gegnern. Beim Internationalen Turnier in Dortmund 1982 war er zwar stets müde, waren die Gegner stark und das Läbän schwär – der ungeschlagene Turniersieger hieß am Ende indes Vlastimil Hort.

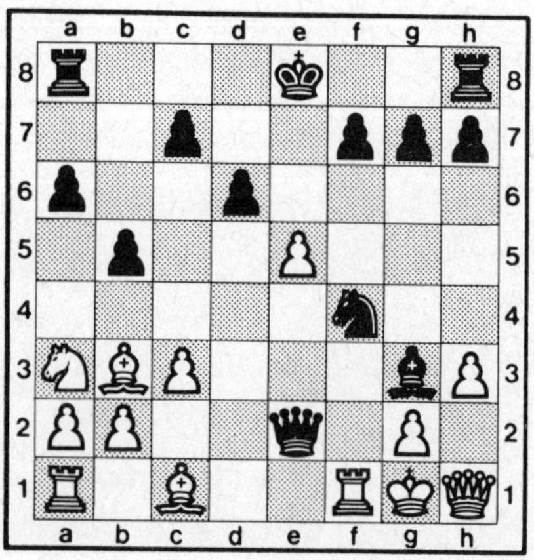

Gegen den jungen deutschen Großmeister Eric Lobron brachte er ein Springeropfer, um die weiße Dame zur wehr- und wertlosen Eckensteherin zu degradieren, und setzte dann zu noch Schlimmerem an.

Weiß: Lobron
Schwarz: Hort

| | | | | | |
|---|---|---|---|---|---|
| 1. | **e4** | **e5** | 10. | **Dxf3** | **exd4** |
| 2. | **Sf3** | **Sc6** | 11. | **Td1** | **Se5** |
| 3. | **Lb5** | **a6** | 12. | **Dg3** | **Sh5** |
| 4. | **La4** | **Sf6** | 13. | **Dh2** | **d3** |
| 5. | **0–0** | **b5** | 14. | **f4** | **Lh4** |
| 6. | **Lb3** | **Le7** | 15. | **fxe5** | **Lg3** |
| 7. | **d4** | **d6** | 16. | **Dh1** | **Dh4** |
| 8. | **c3** | **Lg4** | 17. | **Txd3** | **Dxe4** |
| 9. | **h3** | **Lxf3** | 18. | **Td1** | **Sf4** |

Prosaisch gewann Hort nun nach 19. Lxf7+ Kxf7 20. Lxf4 Lxf4 21. g3 De3+ 22. Kf1 Lxe5, war aber brummig, weil sein junger Gegner so »unkooperativ« gewesen sei, keines der schönen Mattbilder zugelassen zu haben. Der Ästhet Hort hoffte vor allem auf 19. Sa3 De2 20. Tf1, wonach die Diagrammstellung entstanden wäre.

**Frage**

Welch bildhübsches Matt in zwei Zügen hatte er hier vor Augen?

# 39 Lieber Schach als Fisch

Lubomir Kaválek – noch Student der Theaterwissenschaften, aber schon Schachgroßmeister – hielt verbotswidrig am Wenzelsplatz in Prag. Als gar die Prüfung seiner Papiere noch die Berufsbezeichnung »Student« enthüllte, schloß sich mit sozialistischer Logik die Frage an, wie er als solcher zu einem Auto käme. Die Antwort, er sei auch Schachspieler, brachte das Faß zum Überlaufen: »Wenn Sie mich veräppeln wollen, werde ich anders mit Ihnen verfahren!« Vor solch humorlos-prosaischem Alltag entfloh Lubomir dann schließlich nach Amerika.
Dort lebt er zwar als Schachprofi, kann aber gelegentliches »Mausen« bei seiner alten Liebe, Theater und Film, nicht lassen. Als er freilich im Film »Ragtime« seines Freundes und Landsmannes Milos Forman auf dem Markt Fische verkaufen sollte, sagte er ihm am Ende des ersten Drehtages: »Mach du Deine Filme, ich geh' wieder Schach spielen.« Dabei gelingen ihm zuweilen Poesiestücke wie das folgende gegen Portisch beim Hoogoventurnier 1975 in Holland, für welches er wegen seines kühnen Damenopfers den Preis für die spektakulärste Partie erhielt.

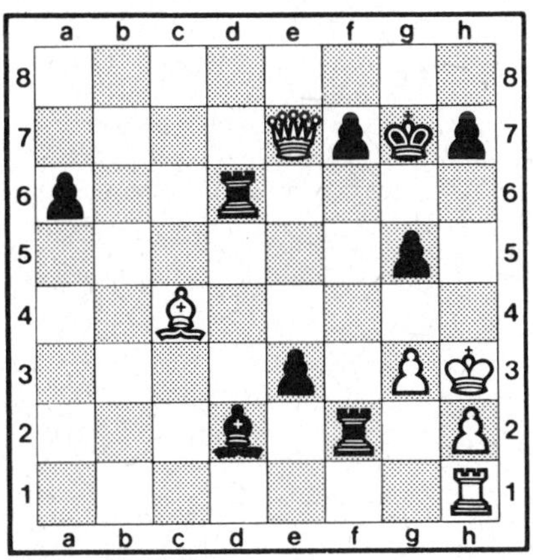

Weiß: Portisch
Schwarz: Kaválek

| | | | | | |
|---|---|---|---|---|---|
| 1. | d4 | Sf6 | 19. | Sc7 | Lc3+ |
| 2. | c4 | g6 | 20. | Kf1 | Lb7 |
| 3. | Sc3 | Lg7 | 21. | Sxe8 | Lxc6 |
| 4. | e4 | d6 | 22. | Sc7 | Tad8 |
| 5. | f3 | c6 | 23. | Tac1 | Ld2 |
| 6. | Le3 | a6 | 24. | Sd5 | Lxd5 |
| 7. | Ld3 | b5 | 25. | cxd5 | Sxb6 |
| 8. | e5 | Sfd7 | 26. | Tc5 | Sxd5 |
| 9. | f4 | 0–0 | 27. | g3 | Td6 |
| 10. | Sf3 | Sb6 | 28. | Kg2 | Tfd8 |
| 11. | b3 | S8d7 | 29. | Txd5 | Txd5 |
| 12. | a4 | bxc4 | 30. | Lc4 | Tf5 |
| 13. | bxc4 | c5 | 31. | Db3 | Tf2+ |
| 14. | a5 | cxd4 | 32. | Kh3 | Td6 |
| 15. | Sxd4 | dxe5 | 33. | Db8+ | Kg7 |
| 16. | Sc6 | De8 | 34. | Da7 | g5 |
| 17. | axb6 | exf4 | 35. | Dxe7 | |
| 18. | Sd5 | fxe3 | | | |

**Frage**

Wie erzwang Kaválek hier Remis durch ewiges Schach?

# 40 Kommt, ihr jungen Hüpfer!

»Blinde werden wieder sehen, Krüppel und Lahme wieder gehen.« Und der 56jährige Arthur Bisguier wird die U.S. Classic Championship 1986 vor weiteren 390 Teilnehmern gewinnen. Wo gibt es das sonst schon außer im Schach!? Stellen Sie sich vor, eines 400-Meter-Läufers einziges Training über viele Jahre sei der tägliche Gang zum Milchmann, und plötzlich rennt er in einem entscheidenden Lauf den 30 Jahre jüngeren davon! Manche Schachgehirne rosten offenbar nicht.

Hierzulande haben wir ein treffliches Beispiel im 60jährigen Wolfgang Unzikker, der gerade seinen x-ten Schachfrühling erlebt und in der Schachbundesliga am 1. Brett seines Vereins 1836 München kräftig Hiebe verteilt (fragen Sie zum Beispiel den Weltklassespieler Tony Miles!). Wolfgang trinkt nicht, Wolfgang raucht nicht – und bleibt trotzdem jung!

Doch zurück zu Arthur, der durchaus eine gesellige Tafelrunde liebt. Zu nachtschlafender Stunde, wenn seine jungen Rivalen bei der dritten, anstrengenden Turnierpartie am selben Tag eines »Marathon-Opens« vor Erschöpfung nur noch benebelt aufs Brett stieren, dann lebt er auf. In der entscheidenden Partie des oben genannten Turniers mußte er gegen den 30 Jahre jüngeren Großmeister Sergei Kudrin antreten – 30 Jahre Vorsprung an Ausdauertraining, das wog natürlich schwer zugunsten von Arthur Bisguier.

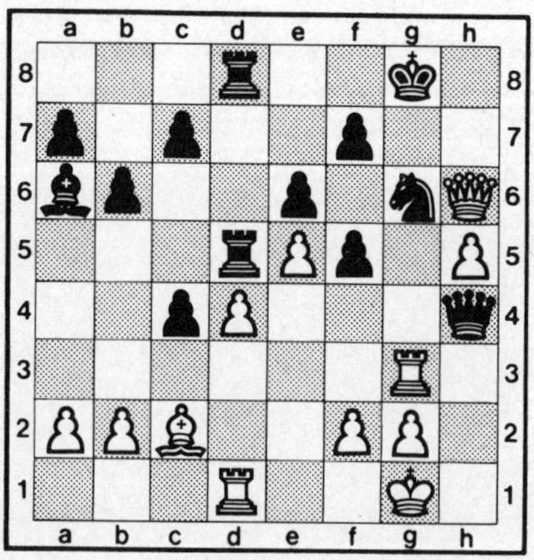

**Frage**

Der Mehrspringer von Kudrin als Schwarzem ist zwar gefesselt und angegriffen, doch muß Weiß am Zug seine Freßlust zügeln: der Gaul ist momentan noch unbekömmlich. Guter Rat scheint teuer – es sei denn, amerikanische Großmeister kurz vor dem Pensionierungsalter oder ZEIT-Leser (welche notfalls auch jünger sein dürfen) nehmen sich der Sache an. Bei der Lösung bitte bedenken: Schachgöttin Caissa will erst Opfergaben, und zwar möglichst unerwartete, bevor sie ihr Füllhorn über die Sterblichen ergießt.

# 41 Felix America!

»Spieglein, Spieglein an der Wand, wer ist der Schönste im ganzen Land?« Diese Eigenfrage des 25jährigen (1985) Yasser Seirawan ist Dichtung, Wahrheit aber ist seine Unterteilung der Schachgeschichte in zwei Epochen: »B. S.« und »A. S.« – im Klartext: »Before Seirawan« und »After Seirawan«.

Aber selbst das mag man dem Kronerben Bobby Fischers nicht krummnehmen – er verbindet aufs gefälligste seinen durch nichts zu trübenden amerikanischen Optimismus mit dem sprühenden Temperament seiner arabischen Herkunft, stülpt über seinen »very good body« (Spassky) eine stets makellose Schale. Bereitwillig weiht er 1983 Weltmeister Karpow, der Ökonomie sozialistischer Prägung studiert hat, vor einer wichtigen Turnierpartie in die Börsenkurse des Herald Tribune ein und empfiehlt dem eifrig Lauschenden den Kauf von Platinaktien, bereitwillig schenkt er sein strahlendes Lächeln den Schönen seines jeweiligen Gastlandes, um dafür aber während der Partie(n) nur noch Augen und Sinn für die bestmögliche Aufstellung seiner Figuren zu haben.

Vor kurzem (1985) qualifizierte er sich als erster Yankee nach Bobby Fischer für das Kandidatenturnier zur Weltmeisterschaft; zumindest für ihn selbst ist es nur noch eine Frage der Zeit, bis er um die höchste Schachkrone kämpft. Einmal besiegte er seinen Börsenschüler Karpow schon, einen anderen, heute in den USA lebenden, russischen Großmeister, Sergei Kudrin, bestrafte er in der Diagrammstellung von der US-Meisterschaft 1981 fürchterlich für dessen Bauernraub auf a2.

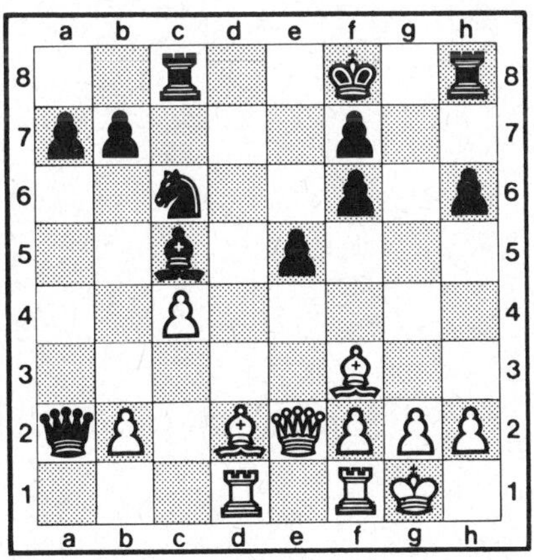

**Frage**

Seirawan eroberte hier zwangsläufig eine Figur durch einen Demaskierungszug, nach welchem die schwarze Dame im Bannstrahl eines tückischen Abzugsangriffes steht.

# 42 Investieren Sie richtig!

Spiel für Narren – königliches Spiel, Spiel für Weltfremde – Spiel für Führungskräfte, schallt es kreuz und quer aus der überklugen Welt. Und mittendrin sitzt der Schachspieler gedankenverloren vor seinem Brett, schiebt den Turm von e1 nach d1 und weiß in seinem schlichten Gemüt gar nicht, daß ihm bei all den verwirrenden Meinungen eine Identitätskrise zustünde.
Nicht so Bent Larsen. Der dänische Großmeister weiß, daß Schach ein rationales Spiel ist; ihm sind romantische Floskeln, wie sie dem Schreiber dieser Zeilen gelegentlich unterlaufen, fremd. Ich könnte mir Bent Larsen sofort als Top-Manager eines Industrieunternehmens vorstellen, wenn es das Schicksal mit ihm nicht anders gemeint, sprich: ihn mit einer Schachbegabung sondergleichen ausgestattet hätte.
Bent Larsen, dieser inzwischen in Argentinien lebende vielsprachige Kosmopolit, ist bei politischen und wirtschaftlichen Fragestellungen der kühle analytische Denker, auf dem Schachbrett aber auch der unermüdliche Kämpfer, dem nur bei tabula rasa das Wort »Remis« über die Lippen kommt.
An falscher Bescheidenheit litt er nie, so auch seine konsequente und vor Jahren nicht unberechtigte Feststellung: »Ich bin besser als die Russen, weil ich vom Endspiel mehr verstehe.« Eben in dieser etwas unpopulären Kunst des Endspiels gelang es ihm 1979 in Bled (Jugoslawien), den englischen Großkämpfer Tony Miles in Diagrammstellung zu überwinden.

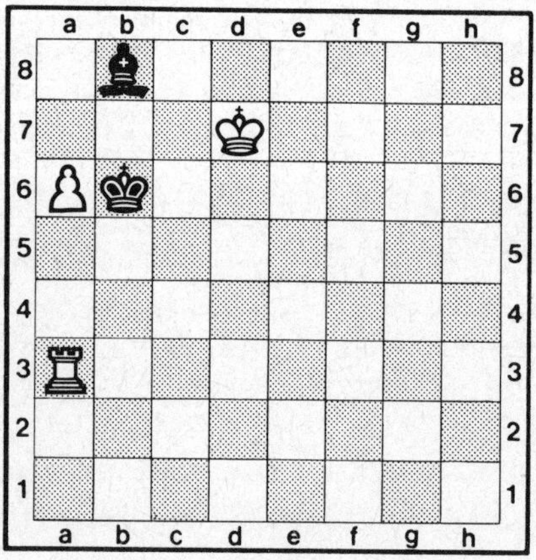

**Frage**

Trotz der materiellen Überlegenheit des Weißen gewinnt nur ein Zug, und zwar eine »Investition«, um in der Wirtschaftssprache zu bleiben.

# 43 Milch am Brett

»Milch ist gesund«: in solcher Eindeutigkeit ist diese Behauptung natürlich inkorrekt. Menschen mit einer Lactoseunverträglichkeit oder einer Vorliebe für Gerstensaft werden das bestätigen.
Tony Miles, der englische Spitzenspieler, der jetzt für Porz in der deutschen Bundesliga spielt, schwört jedenfalls auf jenes Getränk – seine kleinen grauen Zellen arbeiten damit wesentlich besser. An einem berühmten Vorbild mangelt es hierbei nicht: Bobby Fischer wurde auch milchtrinkend Weltmeister.
Weltmeister werden wollte Tony schon, nachdem er die Prämie von 5000 Pfund eingestrichen hatte, die der Mäzen Slater für den ersten englischen Großmeistertitel ausgesetzt hatte, und erst recht, nachdem er als Schwarzer bei einer Europa-Mannschaftsmeisterschaft gegen Karpow mit den »Kaffeehauszügen« 1. . . . a6 und 2. . . . b5 eröffnete und diesen trotzdem schlug – eine schlimme Demütigung für den Weltmeister.
Tony Miles führt heute (1983) eine Garde britischer Großmeister an, die das schachliche »Entwicklungsland« zu einer der führenden Schachnationen entwickelten. Er hat aber auch einsehen müssen, daß Milch allein noch nicht genügt, Weltmeister zu werden, und daß es auch für ihn Angstgegner gibt, wie den hochgradig nervösen, hypermotorischen Amerikaner Walter Browne.
Immerhin aber gelang ihm gerade gegen diesen 1982 bei der Schacholympiade Luzern ein aufsehenerregender Sieg im Stile der alten Meister.

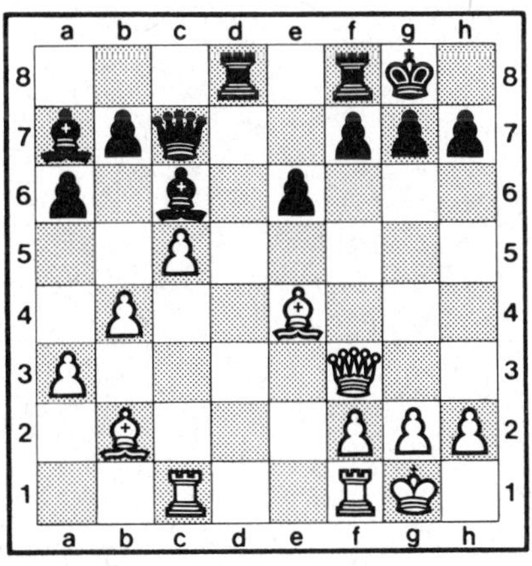

Weiß: Miles
Schwarz: Browne

| | | | | | |
|---|---|---|---|---|---|
| **1.** | **Sf3** | **c5** | **10.** | **Tc1** | **d4** |
| **2.** | **c4** | **Sf6** | **11.** | **exd4** | **Sxd4** |
| **3.** | **Sc3** | **e6** | **12.** | **c5** | **Sxf3+** |
| **4.** | **e3** | **Sc6** | **13.** | **Dxf3** | **Ld7** |
| **5.** | **d4** | **d5** | **14.** | **Ld3** | **Lc6** |
| **6.** | **dxc5** | **Lxc5** | **15.** | **Se4** | **Sxe4** |
| **7.** | **a3** | **a6** | **16.** | **Lxe4** | **Dc7** |
| **8.** | **b4** | **La7** | **17.** | **0–0** | **Tad8** |
| **9.** | **Lb2** | **0–0** | | | |

**Frage**

Offenbar schwante Browne nichts Böses, sonst hätte er seinen letzten »normalen« Entwicklungszug durch einen anderen ersetzt. Miles sah es mit ungläubigem Erstaunen und offensichtlichem Vergnügen. Nach einer letzten vergewissernden Berechnung legte er los. Wie?

# 44 Der Mann der Gegensätze

Bekanntlich ziehen sich Gegensätze an. Was liegt folglich näher, als daß sich eine englische Ballettänzerin mit jemandem vermählt, der mit der Grazie eines Pinguins an ihrer Seite wandelt; oder als daß der ungestüme Sowjet-Dissident Viktor Kortschnoi einen britischen Gentleman mit geschliffener Eloquenz zu seinem Chefsekundanten bei der Weltmeisterschaft 1978 erwählt; oder dieser eingefleischte Engländer glänzend deutsch spricht, Rilke liebt und sich trotz der englischen Küche zum Feinschmecker entwickelte.
Kurzum, ein Multitalent, dieser Raymond Keene. En passant sei noch erwähnt, er ist auch Schachgroßmeister. Zu guter Letzt teilt er noch mit einem Karl-May-Verleger aus der Bischofsstadt Bamberg die Neigung, besonders gerne in exotischen Gegenden zu spielen – so flattert uns eine Blüte seiner Spielkunst aus dem fernen Hongkong zu, wo er sich bei der Commonwealth-Meisterschaft 1984 gegen den Inder Aaron mit kleinen, aber feinen Mitteln ein Übergewicht auf dem Königsflügel verschafft.

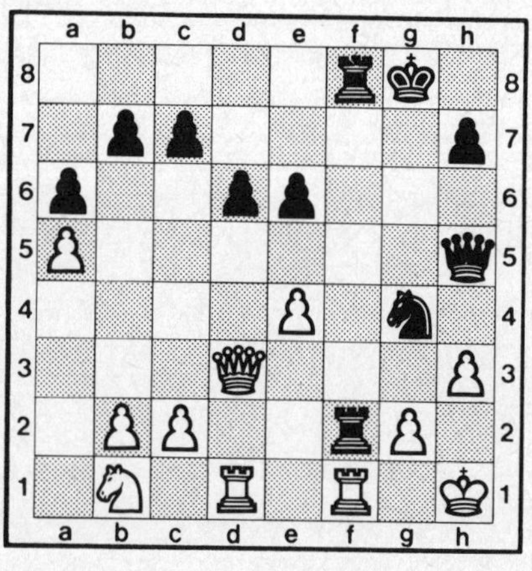


Weiß: M. Aaron
Schwarz: R. Keene

| | | |
|---|---|---|
| 1. | e4 | g6 |
| 2. | d4 | Lg7 |
| 3. | Sc3 | d6 |
| 4. | Le3 | a6 |
| 5. | a4 | Sf6 |
| 6. | f3 | Sc6 |
| 7. | Lc4 | 0–0 |
| 8. | Sge2 | e5 |
| 9. | Dd2 | exd4 |
| 10. | Sxd4 | Sxd4 |
| 11. | Lxd4 | Le6 |
| 12. | Lxe6 | fxe6 |
| 13. | 0–0 | Dd7 |
| 14. | Tfd1 | Tad8 |
| 15. | De2 | Sh5 |
| 16. | Lxg7 | Dxg7 |
| 17. | Dc4 | Df7 |
| 18. | Td2 | Sf4 |
| 19. | Tad1 | g5 |
| 20. | Kh1 | Sg6 |
| 21. | a5 | Se5 |
| 22. | De2 | Dh5 |
| 23. | Tf1 | Tf6 |
| 24. | Tdd1 | Tdf8 |
| 25. | Sb1 | g4 |
| 26. | fxg4 | Sxg4 |
| 27. | h3 | Tf2 |
| 28. | Dd3 | |

**Frage**

Wie konnte Schwarz hier mit einem (Keulen-)Schlag die Partie so schnell beenden?

# 45 Als Opfer ungeeignet

Verkehrt ist unsere Welt, und Blasphemie wird belohnt! Kommt doch da ein (1984) 19 Jahre junger, langhaariger Hippie-Jüngling und schreibt sich als Gewinner in die Annalen der altehrwürdigen Britischen Meisterschaft ein, womit er sogar weltweit der jüngste Großmeister wurde.

An weiteren Verwerflichkeiten ließe sich berichten, daß Nigel Short der Schule wegen unüberwindlicher Antipathie bereits vor Jahren Lebewohl sagte. Gott sei Dank ist er zum Ausgleich aber rundherum natürlich und sympathisch!

Des öfteren ist er bei unserem gemeinsamen Freund Frederic Friedel in Hamburg zu Gast, der schwer seine boshaften Neigungen als Wissenschaftsjournalist unterdrücken kann und seine werten Gäste gern auf kleine Proben stellt. Nigel erweist sich da indessen als ein undankbares Opfer. Mit 15 Jahren setzte er »blind« (ohne Ansicht des Schachbrettes) einen Computer in 20 Zügen matt, wobei sein Hauptaugenmerk gleichzeitig viel mehr auf dem Erlernen des Flohwalzers am Klavier und auf seinen beiden hübschen »Klavierlehrerinnen« ruhte.

Aber nun erst:

Die Nigel völlig unbekannte Diagrammstellung stammt aus einer Partie zwischen Bisguier (USA) und Larsen (Dänemark) im Jahre 1965, also aus einer Zeit, als das englische Wunderkind noch in den Windeln lag und möglicherweise anderes als Schach im Kopfe hatte. Und sie wurde Nigel nicht so mund- bzw. hirngerecht serviert wie den verehrten Lesern, sondern mit uniformen Zehn-Pfennig-Stücken anstelle der Figuren: ein Groschenwirrwarr.

Nach 70 Sekunden fragte Nigel: »Weiß am Zug?«, und nach weiteren 26 Sekunden gab er den phantastischen Entscheidungszug an.

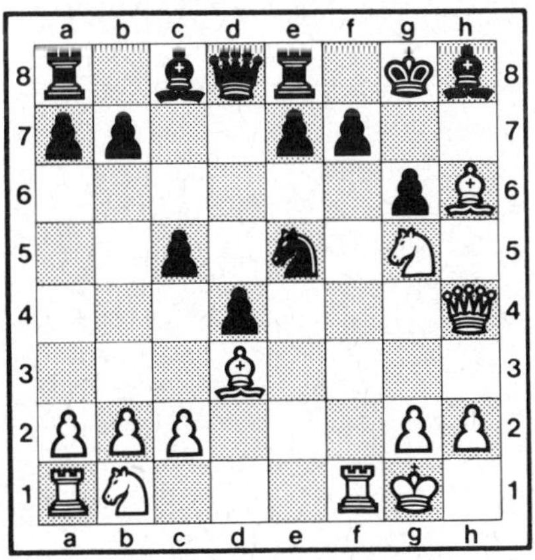

**Frage**

Und der wäre!?

# Russen

Warum klingt mir das Wort »Russe« so einschüchternd nach der wilden Schwarzbärtigkeit eines Rasputin? Warum weckt »Rußland« mir als erstes die Assoziation des endlosen unwirtlichen Landes, in dem eine nicht verwandte Sprache gesprochen, eine unverständliche Schrift geschrieben wird, und in dem ausländische Armeen so lange in die Irre liefen, bis sie erfroren waren? (Was hatten sie dort auch zu suchen.)

Die geographische Entfernung dürfte in erster Linie für die traditionelle Unkenntnis und das fehlende Verständnis alles Russischen verantwortlich sein, die in Deutschland anzutreffen ist. Und heute, wo Entfernungen physisch oder durch Informationsübermittlung überwindbar sind, erschwert die unselige politische Blockbildung das Kennenlernen. Das Fremde aber flößt Angst ein, und wovor jemand Angst hat, da haut er drauf, das ist nun mal eine der Gesetzlichkeiten, die die menschliche Psyche in ihrem gegenwärtigen Entwicklungszustand in sich trägt.

Ein Kennenlernen, ein Abbauen der Fremdheit liegt daher im wohlverstandenen Interesse aller, die ein erneutes Draufhauen lieber vermeiden möchten. Und trotz aller blödsinnigen Assoziationen, die manchem andern wie mir spontan durch den Kopf gehen mögen, dürfen wir erwarten, auch »drüben« prächtige Leute anzutreffen: unabhängig von aller bedauerlichen Unvollkommenheit staatlicher und sozialer Organisation – die übrigens nirgends vollkommen ist. Und um zu wissen, daß da drüben nicht die Kultur roher Tataren herrscht, reicht ein Blick auf die großen russischen Dichter, Musiker und – Schachkünstler.

Seit dem Kriege hatten russische Schachmeister(innen), mit nur zwei Ausnahmen, alle Einzel- und Mannschaftsweltmeistertitel inne; in der Breite zeigten sie sich als praktisch gleichwertig mit den Meistern der ganzen übrigen Welt. Wo immer auf Turnieren Russen auftauchen, gelten sie automatisch wenigstens als Mitfavoriten. Die Schachbegeisterung in der russischen Bevölkerung ist beispiellos; viereinhalb Millionen Vereinsspieler soll es in der UdSSR geben, mehr als Fußballspieler.

Und doch ist auch hier bei näherem Hinsehen wieder nicht alles so, wie es zuerst scheint. Gerade angesichts der Breite der Basis ist die Spitze der sowjetischen Schachpyramide nämlich eher schmal; in der BRD zählen wir derzeit einen Großmeister auf etwa 9000 Vereinsspieler, ein wesentlich günstigeres Verhältnis als in der Sowjetunion. Auch die angeblich so ideale Förderung, die schachliche Talente in der UdSSR erfahren, ist mir fraglich geworden, seit ich mitbekam, wie Lew Polugajewsky (s. Nr. 120) ein Turnier im Westen benutzen mußte, um sich den »Schachinformator« (ein gängiges Theoriebuch) zu besorgen; oder wenn ich bedenke, wie Kortschnoi, Ivanow und Dschindschichaschwili schachlich aufblühten, sobald sie in den Westen übergesiedelt waren.

Dennoch, die Russen bleiben Schachspieler par excellence. Nicht umsonst war es der Zar, der beim Turnier zu St. Petersburg 1914 ex cathedra die ersten Meister zu Großmeistern ernannte; so wie er sonst wohl aus Fürsten Großfürsten schuf.

# 46 Viktor der Schreckliche

Man hielt ihn schon für erledigt und begraben und hatte teils bedauernde, teils hämische Nachgesänge angestimmt: Viktor Kortschnoi, 52 Jahre (1983), einst wegen seines unerbittlichen Siegeswillens und -könnens als »der Schreckliche« gefürchtet, schien passé.
Nach seinem verheerenden Abschneiden in Beverwijk (Niederlande) Anfang 1983 war vom Tribut des Alters zu hören, den auch er entrichten müsse, und man verwies schadenfroh auf den Machtkampf zwischen Ehefrau und Geliebter, dessen Einzelheiten nicht zuletzt dank Kortschnois tolpatschiger Ehrlichkeit beliebtes Tratschthema waren und sind.
Viktor Kortschnoi ist in jedem Sinne unberechenbar, sei es auf dem Schachbrett, sei es jenseits desselben. Heute offene Herzlichkeit, morgen mürrische Gleichgültigkeit. Und dann wieder sein alter Kampfgeist.
Den erlebte Lajos Portisch, der ungarische Vorkämpfer, bei seinem Kandidatenwettkampf zur Weltmeisterschaft 1983 in Bad Kissingen gegen den »alten Herrn«. Mit gleichbleibend guten Resultaten zählte Portisch seit vielen Jahren zur Weltspitze; er galt als klarer Favorit. Doch Bad Kissingen wurde sein Waterloo! Mit 6:3 wurde er zerschmettert. Die nachfolgende dritte Partie ist in ihrer klaren Geradlinigkeit und zugleich der Vielfalt ihrer taktischen Scharmützel wohl die schönste des Wettkampfes.

Weiß: Kortschnoi
(jetzt unter Schweizer Flagge spielend)
Schwarz: Portisch

| | | | | | |
|---|---|---|---|---|---|
| **1.** | **c4** | **c5** | **12.** | **g3** | **Lc5** |
| **2.** | **Sf3** | **Sf6** | **13.** | **Tc1** | **fxg3** |
| **3.** | **Sc3** | **Sc6** | **14.** | **hxg3** | **La6** |
| **4.** | **d4** | **cxd4** | **15.** | **Sxc6** | **Lb7** |
| **5.** | **Sxd4** | **e6** | **16.** | **Sa4** | **Lxf2+** |
| **6.** | **Sdb5** | **d5** | **17.** | **Kxf2** | **Se4+** |
| **7.** | **Lf4** | **e5** | **18.** | **Kg1** | **Lxc6** |
| **8.** | **cxd5** | **exf4** | **19.** | **Lg2** | **Tae8** |
| **9.** | **dxc6** | **bxc6** | **20.** | **Th4** | **f5** |
| **10.** | **Dxd8+** | **Kxd8** | **21.** | **g4** | **f4** |
| **11.** | **Sbd4** | **Kc7** | | | |

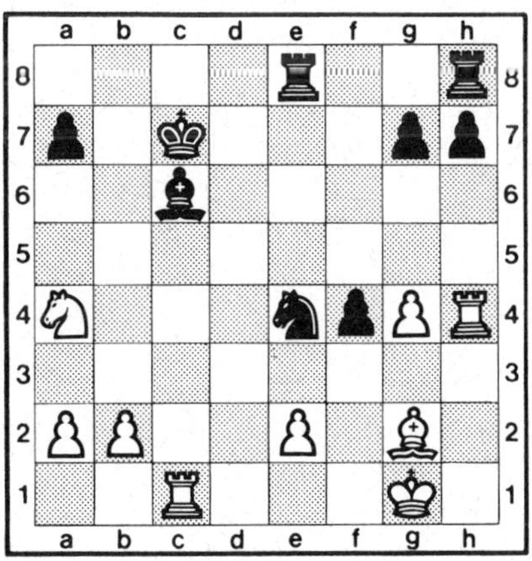

**Frage**

Mit welcher »petite combinaison« à la Capablanca errang Viktor Kortschnoi nun entscheidenden Materialvorteil?

# 47 Der ewige Zweite

Fragen Sie Wolfgang Unzicker nach »dem Gentleman des Schachs«, so wird er ohne Zögern Paul Keres nennen. Und erwähnen Sie diesen Namen Boris Spassky gegenüber, so wird er sein Gesicht wehmütig verziehen: Er mochte Paul Keres sehr und äußert sich mit größter Hochachtung über ihn.
Keres starb schon 1975 mit 59 Jahren an Herzversagen in Helsinki, auf dem Rückweg von einem Turnier in Kanada, das er gewonnen hatte, in seine estnische Heimatstadt Tallinn, ehemals Reval. Er litt sehr an Gicht und ihren Folgeerscheinungen, ohne seine Umwelt je das Ausmaß seiner Beschwerden merken zu lassen.
Obwohl er nie den Weltmeistertitel erringen konnte, immer wieder nur Zweiter wurde, genoß er in seiner Heimat fast die Verehrung eines Nationalhelden. Kennzeichnend für diesen »Helden« ist folgende Begebenheit. Als er 1972 nach dem »Jahrhundertmatch« zwischen Bobby Fischer und Boris Spassky mit letzterem in das Schachlokal einer kleinen deutschen Stadt kam, eilte der Wirt voller Erkennensfreude zuerst auf Spassky zu, um sich dann Keres zuzuwenden: »Sie sind sicher nur als Begleiter mitgekommen und können gar kein Schach spielen!?« Keres dachte an sein letztes Turnier, nickte und meinte selbstironisch: »Nein, ich kann wirklich nicht Schach spielen« – womit er geradezu an die Understatements eines Robert Hübner erinnert.
Zuweilen konnte er es aber doch. In der folgenden Partie aus dem Interzonenturnier Göteborg 1955 erteilt er seinem damals noch sehr jungen »Bewunderer« Spassky eine Lektion.

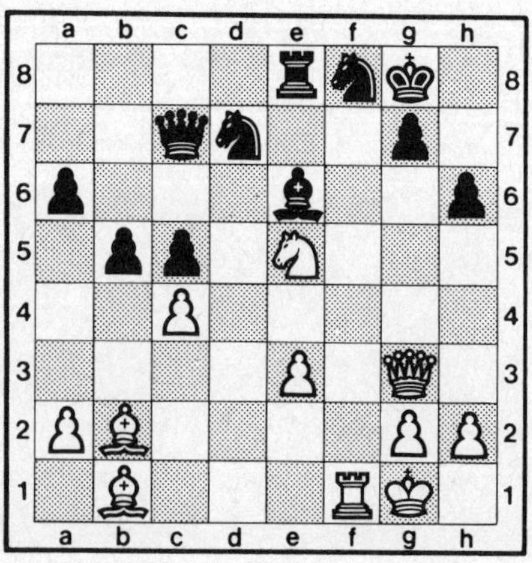

Weiß: Paul Keres
Schwarz: Boris Spassky

| | Weiß | Schwarz | | Weiß | Schwarz |
|---|---|---|---|---|---|
| 1. | **d4** | **Sf6** | 16. | **f4** | **h6** |
| 2. | **c4** | **e6** | 17. | **Sf3** | **Dc7** |
| 3. | **Sf3** | **b6** | 18. | **Sh4** | **Ld6** |
| 4. | **e3** | **Lb7** | 19. | **Lb1** | **Tfe8** |
| 5. | **Ld3** | **Le7** | 20. | **Df2** | **Sf8** |
| 6. | **0–0** | **0–0** | 21. | **Dg3** | **Sh5** |
| 7. | **b3** | **d5** | 22. | **Dh3** | **Sf6** |
| 8. | **Lb2** | **Sbd7** | 23. | **Sg6** | **e5** |
| 9. | **Sc3** | **b5** | 24. | **Sd5** | **Lxd5** |
| 10. | **De2** | **dxc4** | 25. | **fxe5** | **Lxe5** |
| 11. | **bxc4** | **Dc7** | 26. | **Sxe5** | **Le6** |
| 12. | **Tad1** | **Tad8** | 27. | **Dg3** | **Txd1** |
| 13. | **d5** | **a6** | 28. | **Txd1** | **b5** |
| 14. | **dxe6** | **fxe6** | 29. | **Tf1** | **S6d7** |
| 15. | **Sg5** | **Dc6** | | | |

**Frage**

Mit welchem Gewaltstreich wartete Keres nun auf?

# 48 Weltmeister? Nein danke!

»Und nun haben Sie Gelegenheit, in einer Simultanvorstellung gegen David Bronstein zu spielen, gegen den großen Bronstein, der 1951 ein Riesenpech hatte; er brauchte nur die beiden letzten Partien gegen Botwinnik zu remisieren, um den Weltmeistertitel in der Tasche zu haben. Doch er verlor die vorletzte, die 23. Partie.«

So Salo Flohr bei einem Besuch in der schweizerischen Sowjetbotschaft. Doch da bat Bronstein selbst ums Wort: »Großmeister Flohr irrt sich, wenn er Ihnen sagt, daß ich damals Pech hatte. Die Sache war so: Als ich nach 22 Partien klar sah, daß ich Weltmeister werden konnte, da besann ich mich rechtzeitig und sagte zu mir: Wozu hab' ich das nötig, wozu diese Last auf mich nehmen!?«

Koketterie oder Überheblichkeit? Eher wohl einfach ein Bonmot mehr des Kauzes David Bronstein, des Romantikers, dem die Schönheit im Schach wichtiger war als der Erfolg, der schon beim ersten (!) Zug, ohne Rücksicht auf zukünftige Zeitnot, in ein halbstündiges, tranceähnliches Grübeln versinken konnte.

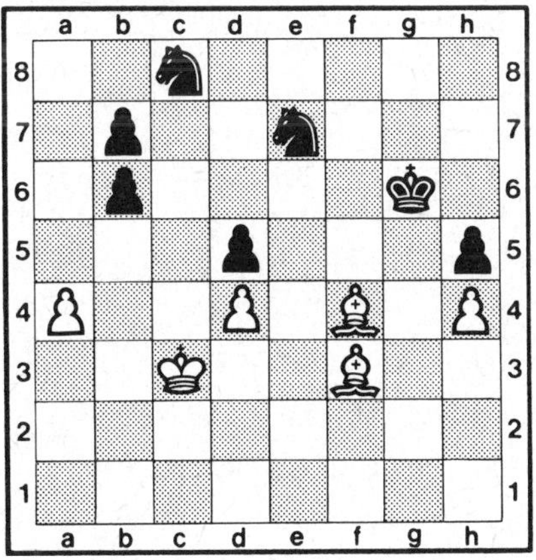

Bronsteins »Richtigstellung« ist nämlich nicht so ganz abwegig, wie sie zunächst klingen mag. Schließlich sagte auch sein damaliger Gegner Botwinnik, daß ihn jeder seiner WM-Kämpfe ein Jahr seines Lebens gekostet habe. Und dessen Nachfolger Petrosjan sprach gar von deren zwei. Was aber Unentwegte wie Karpow, Kortschnoi und Kasparow offenbar nicht davon abhält, munter an ihrer Lebensverkürzung zu arbeiten. Nur Robert Hübner vermied diese tückische Falle gerade noch.

Doch sehen Sie die entscheidende Endspielstellung der erwähnten 23. Wettkampfpartie.

**Frage**

Bronstein als Schwarzer hat sogar einen Mehrbauern, aber sein Gegner das Läuferpaar. Mit welchem feinen Zug führte Botwinnik mit Weiß jetzt eine sogenannte Zugzwangstellung herbei, so daß Bronstein bei jeder denkbaren Erwiderung mindestens einen wichtigen Bauern verloren hätte, ohne dadurch seine aussichtslos passive Stellung zu verbessern, und deshalb lieber gleich aufgab?

# 49 Der Koloß aus Usbekistan

Erstmals sah ich den hünenhaften Igor Ivanow 1979 bei einem Turnier auf Kuba. Beim Baden im Meer, weitab von Lauschern und Abhörgeräten, verriet er mir, daß er lange genug sowjetische Luft geatmet hätte und ihm der Sinn nach Veränderung stünde. Die Luft allein war's wohl nicht: In seiner Heimat warteten nämlich vier Frauen mit ihren Sprößlingen auf ihn.
Da Aeroflot beim Rückflug auf der kanadischen Insel Gander zwischenlandete, wurde Igor eben Kanadier – und machte dort Furore, diesmal vornehmlich am Schachbrett. Er blühte förmlich auf und kletterte sehr schnell weit nach oben in der Weltrangliste. Und dies, obwohl er auch im Westen seinen russischen Trinkgewohnheiten nicht abschwor.
Bei der kürzlich (1982) beendeten Schacholympiade in Luzern schlug er sich die Nächte mit der Bulgarin Lematschko um die Ohren, so daß diese seinem Zauber schließlich erlag und politisches Asyl beantragte.

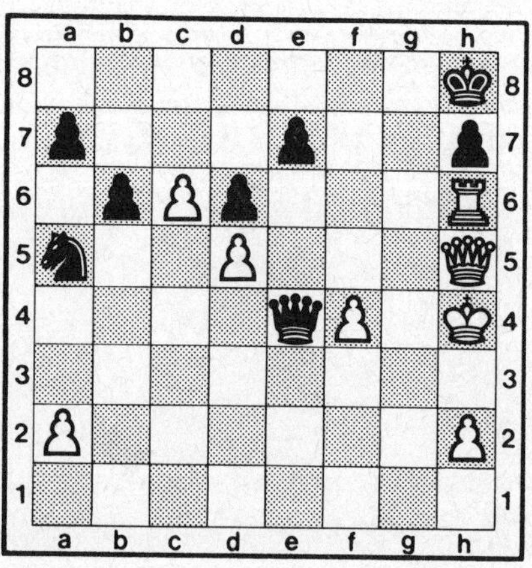

Er selbst saß bei Tage zwar meist mit verhangenem Blick am Spitzenbrett Kanadas, aber er bot auch den ganz Großen Paroli. Zum Beispiel Tony Miles (England), der einen ungenießbaren Bauern fraß, sich den Magen daran verdarb und dann dem Angriffs- und Opferwirbel Igors nur noch staunend zusehen konnte.

Weiß: Ivanow
Schwarz: Miles

| | | | | | |
|---|---|---|---|---|---|
| 1. | **Sf3** | **Sf6** | 21. | **c6** | **Df5** |
| 2. | **c4** | **b6** | 22. | **Td4** | **Df6** |
| 3. | **g3** | **c5** | 23. | **Te1** | **Te8** |
| 4. | **Lg2** | **Lb7** | 24. | **Dd3** | **Kg8** |
| 5. | **0–0** | **g6** | 25. | **Tf4** | **Db2** |
| 6. | **Sc3** | **Lg7** | 26. | **Lg4** | **f5** |
| 7. | **d4** | **Se4** | 27. | **Lxf5** | **gxf5** |
| 8. | **Dd3** | **Sxc3** | 28. | **Dxf5** | **Kh8** |
| 9. | **bxc3** | **0–0** | 29. | **Dh5** | **T7c8** |
| 10. | **e4** | **cxd4** | 30. | **Th4** | **Dg7** |
| 11. | **cxd4** | **d6** | 31. | **Te6** | **Tf8** |
| 12. | **Lg5** | **Sc6** | 32. | **Th6** | **Da1+** |
| 13. | **Tac1** | **Tc8** | 33. | **Kg2** | **Txf2+** |
| 14. | **Tfd1** | **Tc7** | 34. | **Kxf2** | **Tf8+** |
| 15. | **De3** | **Da8** | 35. | **Tf4** | **Txf4+** |
| 16. | **Lh6** | **Sa5** | 36. | **gxf4** | **Dd4+** |
| 17. | **Lxg7** | **Kxg7** | 37. | **Kg2** | **Dd2+** |
| 18. | **c5** | **Lxe4** | 38. | **Kh3** | **Dd3+** |
| 19. | **d5** | **Lxf3** | 39. | **Kh4** | **De4** |
| 20. | **Lxf3** | **Dc8** | | | |

**Frage**

Obwohl sein eigener König nackt am Feldrand steht, konnte Igor nun mit einem einzigen Kraftzug sein Spiel krönen und Albions Spitzenmann zur Aufgabe zwingen.
Was zog er?

# 50 Der georgische Bär

Roman Dschindschichaschwili – das klingt geheimnisvoll und vielversprechend. Und fürwahr, dieser georgische Bär ist sicher nicht aus dem gewöhnlichen Holz braver sowjetischer Bürgerlichkeit geschnitzt. Allerdings ebensowenig aus dem eines israelischen Juden: nach seiner Emigration aus der UdSSR gab er nur ein kurzes Zwischengastspiel in Israel, bevor es ihn über Frankfurt am Main nach New York verschlug, in welchem Schmelztiegel der Vagabunden, Glücksspieler und nicht zuletzt sowjetischer Schachgroßmeister jüdischer Abstammung er seine neue Heimat fand.

Dort gewann er 1984 das große New Yorker Open und damit 18000 Dollar. Und das war auch gut so, denn es gibt allerorten unangenehme Leute, die an der Rückzahlung von Schulden interessiert und laut deren Moralkodex Spielschulden Ehrenschulden sind. Doch »Dschindschi« macht aus seiner Lebensweise kein Geheimnis, er ist zwar ein »Übers-Ohr-Hauer«, aber ein sympathischer, den alle Welt außer einigen Leidtragenden (s. o.) gern mag.

Als man ihn im Land der unbegrenzten Möglichkeiten für das Spitzenbrett der Olympiamannschaft aufstellte, sollte das (er) sich als ein Glückstreffer erweisen. Vor allem dank seiner ausgerechnet »gleichmäßig« guten Leistungen bei gleichbleibend-unstetem nächtlichen Lebenswandel errangen die USA 1984 die Bronzemedaille und schlugen aufgrund seines Sieges gegen Beljawski, den erfolgreichsten Spieler dieser Olympiade, sogar als einzige die UdSSR.

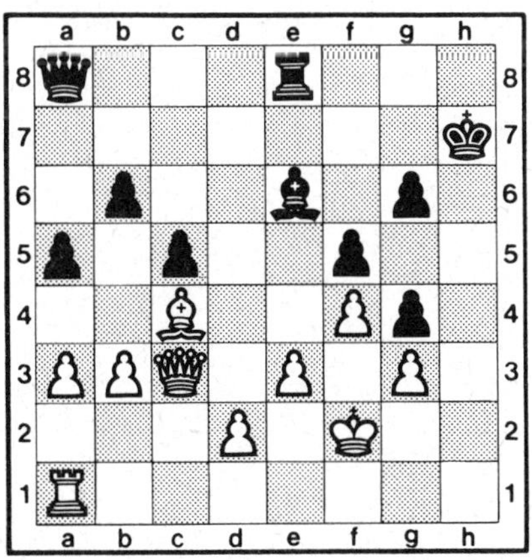

**Frage**

Lauerte hier nicht Beljawskis schwarze Dame im Eck und bewachte das Feld h1 mit Argusaugen, so wäre es nach Th1+ schnell aus. Mit welchem problemhaften Bauernopfer machte sich »Dschindschi« das zunutze und eroberte zwangsläufig die schwarze Dame gegen Turm und Läufer?

# 51 Dick oder dünn – Hauptsache Großmeister

Als der wohlbeleibte Eduard Gufeld aus Tiflis des schwächlichen Knäbleins Anatoli Karpow ansichtig wurde und wahrscheinlich flugs vom Körper- aufs Hirngewicht hochrechnete, meinte er: »Dieser Knabe wird nie Großmeister, er ist zu dünn.« Andere Menschen – andere Kriterien!

Als der frischgebackene Großmeister Gufeld freudestrahlend auf Viktor Kortschnoi zueilte und diesem verkündete: »Jetzt sind wir Kollegen«, versetzte ihm dieser kühl: »Du bist vielleicht Kollege von Damjanovic (einem wenig geachteten Mitglied der Großmeisterzunft), aber nicht von mir.« Auch bei diesen Herren gibt es offenbar eine Rang-, Hack- und Stolzesordnung!

»Großmeister« – das läßt auch an Freimaurer, Zauberflöte und Malteserorden denken, umgibt die Auserwählten mit einer geheimnisvollen Aura – und Privilegien. Ganz fern läge mir, in diesem erlauchten Zusammenhang an schnöden Mammon zu denken, viel eher beispielsweise an Alonso Zapata aus Kolumbien, der von Staatspräsident Betancur einen Orden bekam, oder an den Filipino Eugene Torre, dessen Trauzeuge Ferdinand Marcos persönlich war. Doch unversehens gerät man hier vielleicht in zwielichtige Gewässer. Deshalb zurück zu Eduard Gufeld und seiner »Unsterblichen« gegen Bagirow. Eine Anregung: falls Sie ihm einmal begegnen, sprechen Sie ihn auf diese Partie an! Sie machen ihn glücklich, wecken seine Vorführ- und Fabulierlust und bescheren sich selbst ein funkelndes Feuerwerk prächtiger Opfer, genialer stiller Züge und – last, but not least – Gufeldscher Wortschöpfungen.

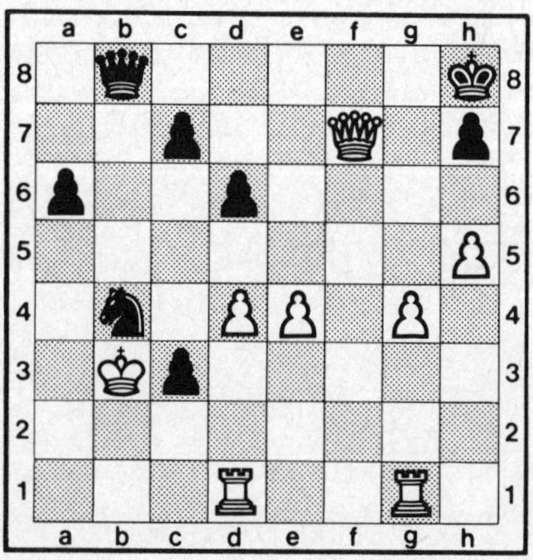


**Frage**

In der Diagrammstellung sehen wir bereits das Ende des Hohen Liedes; Gufeld als Schwarzer konnte hier ein Matt in spätestens sieben Zügen ankündigen. Wie spielte er?

# 52 Diener zweier Musen

Schachwunderkinder gab es einige – Mark Taimanow war sicher keines. Als er mit 12 Jahren durch den Leningrader Pionierpalast geführt wurde, fiel ihm unter allem Trubel ein ganz stiller Saal auf: dort wurde Schach gespielt.
Von diesem Tag an ließ ihn die Schachgöttin Caissa nicht mehr aus ihren Armen, nachdem er schon lange vorher von einer anderen Muse, der Musik, geküßt war. Schon seit Jahren reiste er als Wunderkind anderer Sparte durch die Sowjetunion: er gab Konzerte auf dem Klavier.
Heute kommt es vor, daß Taimanow in der selben Stadt an einem Abend ein Konzert, am nächsten eine Simultanvorstellung gibt. Auf dem Schachbrett lieferte er sein Meisterstück allerdings erst im Alter von 51 Jahren ab, als er 1977 Weltmeister Anatoli Karpow bezwang.
Nach einem sizilianischen Eröffnungs-Adagio spielte der Musikus mit dem Bauernopfer 25. . . . Sb6 und 26. . . . c4 crescendo zum Finale auf.

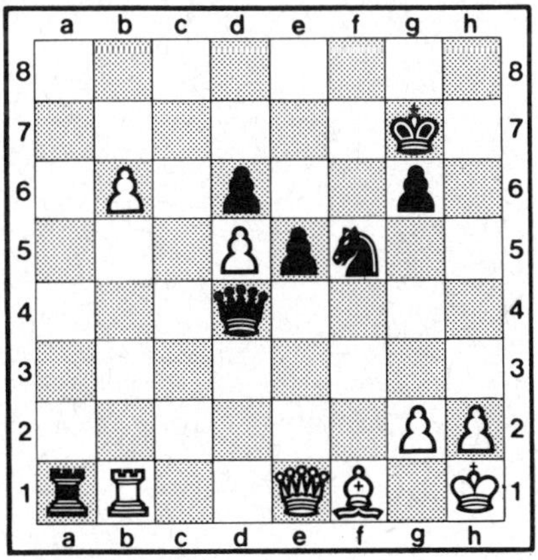

Weiß: Anatoli Karpow
Schwarz: Mark Taimanow

| | | | | | |
|---|---|---|---|---|---|
| 1. | e4 | c5 | 20. | Tc4 | a5 |
| 2. | Sf3 | Sc6 | 21. | Ta4 | Ta8 |
| 3. | d4 | cxd4 | 22. | De1 | Ta7 |
| 4. | Sxd4 | a6 | 23. | b3 | Tfa8 |
| 5. | c4 | e5 | 24. | Tb2 | Dc7 |
| 6. | Sb3 | Sf6 | 25. | Ld2 | Sb6 |
| 7. | Sc3 | Lb4 | 26. | Txa5 | c4 |
| 8. | f3 | 0–0 | 27. | Lf1 | Txa5 |
| 9. | Le3 | d6 | 28. | Lxa5 | Dc5 |
| 10. | Tc1 | b6 | 29. | Lxb6 | Dxb6 |
| 11. | Ld3 | Lc5 | 30. | Kh1 | cxb3 |
| 12. | Dd2 | Le6 | 31. | axb3 | g6 |
| 13. | Sxc5 | bxc5 | 32. | fxg6 | hxg6 |
| 14. | 0–0 | Sd4 | 33. | b4 | Kg7 |
| 15. | Sd5 | Sd7 | 34. | b5 | f5 |
| 16. | f4 | Tb8 | 35. | exf5 | Sxf5 |
| 17. | f5 | Lxd5 | 36. | Tb3 | Dd4 |
| 18. | cxd5 | Db6 | 37. | b6 | Ta1 |
| 19. | Tf2 | f6 | 38. | Tb1 | |

**Frage**

An dieser Stelle brach über den ahnungslosen Karpow, der sich mit seinem fetten Mehrbauern b6 auf dem Siegespfad wähnte, ein ganz phantastischer Fortissimo-Paukenschlag herein, der ihn sofort aufgeben ließ. Was zog Schwarz?

# 53 Wer spielt fürs Wodka-Team?

»Mit 22 fängt das Leben an« – natürlich nicht bei Garri Kasparow, der ist da schon Weltmeister und muß schauen, wie er mit dieser Bürde fertig wird. Sehr wohl aber bei Andrei Sokolow. Dieser blondgelockte Moskauer Jüngling, der jetzt (Februar 1986) im Karussell der WM-Kandidaten unter den letzten vier ist, ähnelt Garri in seinem Freimut. Andrei schaut aus wie ein Botticelli-Engel, als könne er kein Wässerlein trüben, um im nächsten Moment die ehrwürdigen Säulen des sowjetischen Schachs, Smyslow, Kortschnoi und Tal, als Dinosaurier zu bezeichnen.

Und um dem Klischee Tribut zu zollen, läßt er als echter Russe sich zu solcher Wahrheitsfindung gern von Väterchen Wodka anregen – ebenso wie der »Dinosaurier« Tal. Bei einer nationalen Kampagne gegen das Wodkasaufen meinte dieser: »Staat gegen Wodka? Ich spiele für das Wodka-Team.«

Mit diesem Team liebäugelte in früheren Tagen auch Viktor Kortschnoi. Ein Internationales Turnier in Bukarest 1968 gewann er mit 12 Punkten aus 13 Partien – »er spielte wie ein Gott« (Bundestrainer Sergiu Samarian). Und da sich nicht nur die Götter der griechischen Mythologie zuweilen handfest betranken, klafften auch bei »Gott« Viktor in seiner Partie gegen Pavlov (Rumänien) geistige Inspiration und körperliche Standfestigkeit diametral auseinander. Er erwachte erst so halb am Brett, zog ganz schnell, fast ohne hinzusehen, und – gewann eine Glanzpartie.

Leider recht nüchtern scheint er bei seiner Partie gegen den respektlosen jungen Sokolow im Kandidatenturnier (1985) gewesen zu sein – nur sein König (der weiße) torkelte vorneweg.

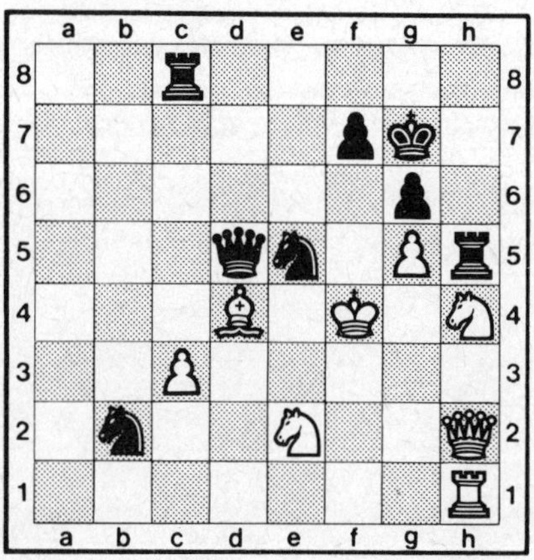

**Frage**

Sokolow als Schwarzer fand hier einen alles andere als Schnapszug, nach welchem Kortschnoi wegen der traurigen Alternative Damenverlust oder Matt in drei Zügen sofort aufgeben mußte. Welcher Zug war's?

# Originale

Was ist ein Original? Bei einem Schriftstück, einem Dokument ist die Frage leicht beantwortet: Das Original ist das Stück Papier, die Tontafel, der Marmor oder der Mikrofilm, auf welchem der Text zum ersten Mal geschrieben wurde; und es bleibt als Original unterscheidbar oder wenigstens identifizierbar, ganz gleich wie oft und wie täuschend ähnlich es kopiert worden ist.
Schwieriger wird die Definition, wo es um Personen geht. Versuchen wir es so: als ein Original gilt uns, an wem wir Besonderheiten z. B. im Äußeren, im Benehmen, im Denken bemerken, die wir an andern nicht wahrnehmen; die nicht aufgesetzt scheinen, sondern offenbar aus der Person selbst stammen und als »Eigenheiten« zu ihr gehören und sie unverwechselbar machen.
Durch seine Eigenheiten fällt ein Original natürlich nicht bloß auf, sondern je auffallender und verblüffender es wirkt, desto mehr weckt es liebevolle Neugierde oder skeptische Distanz, desto mehr reizt es vielleicht auch zum Lachen oder provoziert es Ablehnung. Das Ungewöhnliche hat es nie leicht unter den Menschen, und wer als Original alt werden will, muß innerlich stark sein – oder doch einig mit sich und dem, was ihn für die andern zum Original macht.
In den Grenzbereich zum Kauztum gerät das Original, wenn seinen Eigenheiten ein mehr oder weniger starker Schuß Verrücktheit beigemischt ist. Was aber ist Verrücktheit? Legen wir uns mit Schopenhauer fest, der es als Verrücktheit definiert, wenn die Ordnung von Zeit und Raum gestört ist, die in unserm Kopfe sozusagen das Koordinatensystem unserer Vorstellungen ausmacht, so daß der kausale Zusammenhang der Welt zerreißt? Oder reicht es, jemanden als verrückt zu bezeichnen, wenn er eine goldene Straußenfeder am Hut oder einen Ring durch die Nase trägt? So unverfänglich sich die Berufung auf das »gesunde Empfinden der Mehrheit« hier anbietet, ganz wohl wird einem nicht dabei. Wie, wenn die als verrückt bezeichnete Minderheit umgekehrt wieder die Mehrheit als verrückt empfände – und womöglich Recht hätte!? So gibt es doch Leute, die allen Ernstes behaupten, Krieg könne nur verhindert werden, indem man mehr und mehr Bomben baut; aber wird diese Behauptung weniger verrückt dadurch, daß vielleicht eine Mehrheit sie vertritt?
Heikle Sachen, in die wir uns da verstricken. Wir ahnen schon, wie es kommt, daß manch ein Hochbegabter sich aus dem allzu unüberschaubaren Leben auf das Gebiet des Schachs geflüchtet hat, wo eine geringe Zahl fester Regeln für ein sicheres Fundament unter den Füßen sorgt.
Von den heterogenen Persönlichkeiten, die in diesem Kapitel besprochen sind, gälte Najdorf sicher den meisten als Original, Diemer den meisten als Kauz; Baldur Hönlinger paßte vielleicht eher in ein Kapitel »Große Alte Männer des Schachs«; Eljaschoffs unzerstörbare Selbstschätzung reicht vermutlich, ihn als Orginal zu führen; aber ob Saufen originell ist...? Sehen Sie selbst!

# 54 Der Prophet läßt tanzen

»Wir tragen hier keine Namen, wir sind hier keine Personen. Ich bin Schachspieler. Wünschen Sie Unterricht über den Aufbau der Persönlichkeit?« (Zitat aus dem »Steppenwolf«.)

Wandeln Sie auf Hermann Hesses Schwarzwälder Spuren, so stoßen Sie vielleicht auf einen (1985) 77jährigen, weißbärtigen Propheten, der ergeben lauschenden Ohren nur allzugern die letzten Geheimnisse des Menschseins offenbart. Womit Emil-Joseph Diemer beste Aussichten hat, sich im Standardwerk »Genie und Wahnsinn« bald zu einigen anderen Schachspielern zu gesellen, nachdem ihm amtlicherseits bereits »Prophetenwahn« bescheinigt wurde.

Ein wahrer Prophet hat natürlich auch seine Gemeinde, nur eroberte sich E.-J. Diemer seine BDG (nicht etwa »Bund Deutscher Geflügelgroßhändler«, sondern »Blackmar-Diemer-Gemeinde«) mit Hilfe eines Schachcredos, daß nämlich sein (und des Engländers Blackmar) Gambit 1. d4 d5 2. e4 schnurstracks zum Matt führe. »Ich begann wie ein Hellseher zu spielen . . . Matt zu sehen in Stellungen, wo es keiner meiner Gegner noch nicht einmal ahnte, hat Aljechin immer wieder fragen lassen: Woher nur hat der Diemer das?«

Vermutlich daher, daß er eigener Überzeugung nach eine Reinkarnation des ungarischen Gambitspielers Charousek ist, der sogar literarisch in den »Golem« Gustav Meyrinks einging. »Wer sich in ein solches Gambit mit mir einläßt, der hängt in der Luft, der tanzt nach Marionettenfäden, die ich zupfe!«

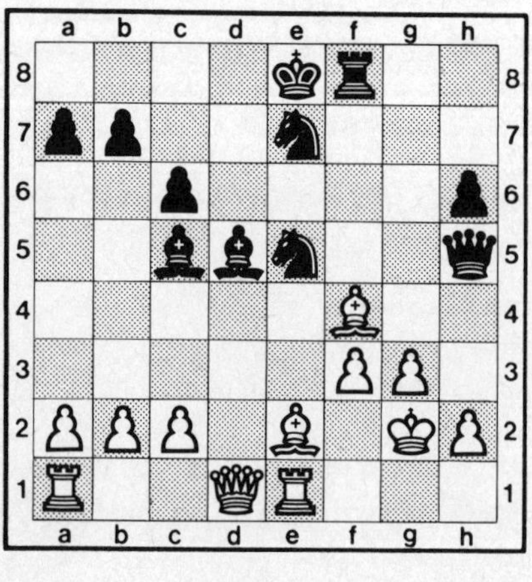

**Frage**

Hier zupfte der allerdings erst 76jährige Diemer alias Charousek als Schwarzer bei einem Turnier gewaltsam seines Gegners Königsstellung auf, um danach schnellstmöglich die »Mattspritze einzutauchen«. Wie spielte er?

# 55 Der Toches macht's

»Wenn ein Schachspieler endlich alles weiß, was er wissen müßte, um Großmeister zu sein, ist es im allgemeinen zu spät, dies zu verwirklichen«, sagte einst ein durch leidvolle Erfahrung inzwischen offenbar alterskluger, aber resignierter Schachfreund. Alles ist eben im großen Buch des Lebens vorherbestimmt, das wußte auch Ezra Glass: »Wennst werden willst a Master, mußt haben a jiddische Großmutter oder den Toches (Hintern) vom L.«

Wohl ihm, mit dem es die Prädestination so gut meinte, daß der immerhin schon 70jährige noch Zweiter bei den Österreichischen Staatsmeisterschaften 1975 wurde. Natürlich stand dieser Erfolg in direktem Einklang mit seinem Talent, doch unverständlicherweise neigte selbst ihm sich nicht immer Caissas Gunst zu.

Solch empörende Ungemach muß aber nicht eine gerechte Bewertung des Geschehens verhindern; was liegt also näher, als daß Meister Glass eine Niederlage auf des Gegners Formular so quittierte: »Ich bekenne mich gefickt, Massel hat Talent besiegt.«

Und da in seinem langen Schachleben – entgegen aller Gerechtigkeit, nur wegen o. g. Vorherbestimmung – sogar mehr als einmal seine glänzende Spielführung nicht triumphierte, konnte er solch einem störrischen Gegner schon mal einen Spruch wie »das Glück ist eine blinde Kuh, sie läuft dem größten Ochsen zu« zur Ermunterung mit auf dessen weiteren Schachweg geben.

Leider muß mancher ohne so verläßliche Stützpfeiler wie genannte(n) Hintern und Großmutter auskommen – ihm mag es dann wie Paul Keres in Moskau 1948 gehen.

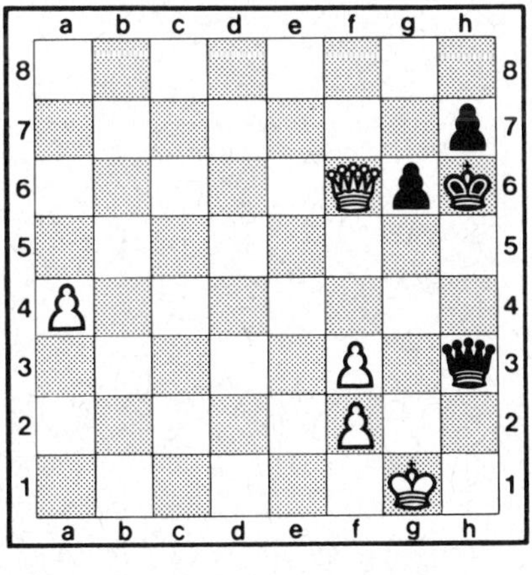

**Frage**

Dieser mußte sich hier als Weißer nach einem überraschenden Zug seines Gegners Cholmow mit Remis begnügen.

Wie wendete Schwarz die drohende Niederlage ab?

# 56 You play »Blitz«?

Warum spielen die Russen so gut Schach? Weil sie in langen kalten Winternächten nicht immer nur Wodka trinken können, sondern in ihrer Verzweiflung auch zum Schachbrett greifen.
So einleuchtend diese Erklärung scheint, so ist sie doch nicht global befriedigend. Denn in Kanada ist es bekanntlich auch kalt, und doch kann man dort meilenweit laufen, ohne auf jemanden mit 64 karierten Feldern im Großhirn zu treffen.
Kanada ist ein schachliches Entwicklungsland. Einer der bekanntesten »Schächer« dort ist ein alter, zottelbärtiger Einwanderer aus Polen, der bei Wind und Wetter in der Gould Street Ecke Yonge in Downtown Toronto sitzt und seine Künste mit ausgehängten, vergilbten Zeitungsartikeln anpreist. Wehe dem Opfer, das sich ahnungslos-unschuldig in die Lektüre vertieft! Es wird zu einer 5-Minuten-Blitzpartie »gebeten« und ist (wenn es sich nicht gerade um einen verkappten Teufel aus Übersee handelt) binnen kurzem seinen Dollar Einsatz los. So hat wieder einer seine Nische im Überlebenskampf entdeckt, und vielleicht nicht die schlechteste!
Doch seit neuestem hat Kanada ein eigenes Schachgewächs, welches nicht nur an Moskauer Straßenecken die Passanten das Fürchten lehren könnte, sondern auch einen glänzenden Einzug in die kontinentalen Schacharenen hält: Kevin Spraggett. Zum zweitenmal hintereinander gewann er 1985 die Commonwealth-Meisterschaft. Ein schöner Sieg, der ihm etwas mehr als einen Dollar einbrachte, gelang ihm dabei gegen den Engländer King.

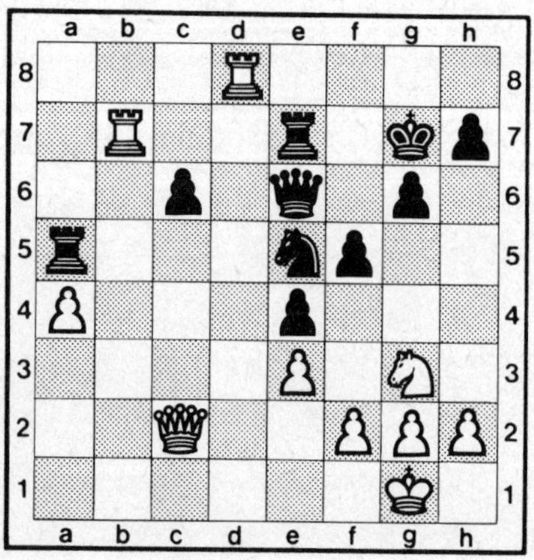


**Frage**

Mit welcher feinen Kreuzfesselung zwang Spraggett als Weißer seinen Gegner zur unmittelbaren Aufgabe?

# 57 Warum nicht Schnaps?

Viele Sportler verbessern ihre Leistungskraft mit Drogen. Doch was soll man einem Schachspieler empfehlen? Anabolika stärken vielleicht die Armeskraft beim Ziehen, aber im Normalfall werden beim Schach andere Körperteile mehr gefordert: zum Beispiel das geduldig ausharrende Hinterteil, aber vor allem der Kopf.
Einige flößen ihm als Denkhilfe einen Vitamintrunk ein. Bobby Fischer hielt es mit der Milch, die meisten regen sich mit Tee oder Kaffee an. Doch niemand spricht vom Schnaps: der in der 2. Hälfte des 19. Jahrhunderts führende englische Meister Blackburne jedenfalls bediente sich gerne dieses Hilfsmittels. Bei einem Simultanspiel trank er seines Gegners Whisky im Vorbeigehen so schnell aus, daß dieser es nicht bemerkte. Blackburne gewann die Partie rasch und bemerkte nachher: »Mein Gegner ließ ein Glas Whisky ›en prise‹ und ich nahm's ›en passant‹. Dieser Fehler verdarb seine Partie.«

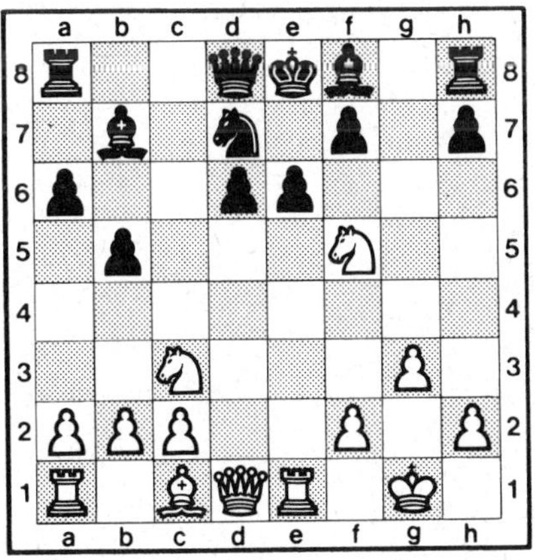

Der deutsche Meisterspieler Georg Kieninger nutzte ebenfalls solche gegnerischen Fehler unbarmherzig aus und gewann viele Partien um Schnapseslängen. Gut inspiriert spielte er auch die folgende Partie 1941 in München.

Weiß: Kieninger ((Wuppertal)
Schwarz: Mross (Berlin)

| | | | | | |
|---|---|---|---|---|---|
| 1. | **e4** | **c5** | 8. | **0–0** | **Sbd7** |
| 2. | **Sf3** | **e6** | 9. | **Te1** | **Sgf6** |
| 3. | **d4** | **cxd4** | 10. | **e5** | **Lxg2** |
| 4. | **Sxd4** | **a6** | 11. | **exf6** | **Lb7** |
| 5. | **Sc3** | **b5** | 12. | **fxg7** | **Lxg7** |
| 6. | **g3** | **Lb7** | 13. | **Sf5** | **Lf8** |
| 7. | **Lg2** | **d6** | | | |

**Frage**

Schwarz hat sich keinen offensichtlichen Schnapszug zuschulden kommen lassen und ist doch schon rettungslos verloren. Warum?

# 58 Unterschätze keinen Lehrer

Schon in der guten alten Zeit mußten die Schulmeister mit ihrer reichlich bemessenen Freizeit kämpfen – schon damals fiel manchem nichts Besseres ein als das Heil- und Suchtmittel Schach; so auch dem Nürnberger Realschullehrer Friedrich Köhnlein. Und dabei kann sich solch ein von bösen Buben geplagtes Lehrergemüt sogar auf Francis Bacon berufen, der Schach als die beste Entspannung pries. Zu diesem Mittel griff Lehrer Köhnlein nicht nur oft, sondern so geschickt, daß er im Jahre 1908 sogar deutscher Meister wurde.
Natürlich kann solch ein Erfolg eines fränkischen Provinzlers ein königlich-bayerisches Gemüt aus der Hauptstadt München erregen und provozieren; so forderte ihn denn der dort heimische Meister Eljaschoff zu einem Wettkampf über fünf Partien heraus.
Die erste Partie gewann Köhnlein. Eljaschoff: »Ich habe einen dummen Fehler gemacht.« – Die zweite Partie gewann Köhnlein. Eljaschoff: »Alle Partien kann man nicht gewinnen.« – Die dritte Partie gewann Köhnlein. Eljaschoff: »Er spielt nicht schlecht.« – Die vierte Partie gewann Köhnlein. Eljaschoff: »Ich habe ihn unterschätzt.« – Die fünfte Partie gewann Köhnlein. Eljaschoff: »Er ist mir ebenbürtig.«

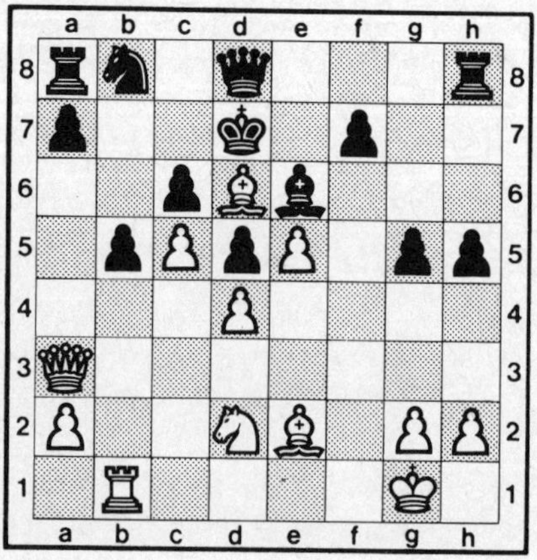

**Frage**

Zugunsten seiner Angriffsstellung hatte Köhnlein als Weißer hier bereits Qualität und Bauer geopfert, um mit seinem nächsten Zug den Wagemut und die materielle Großzügigkeit beamteter Lehrer siegverheißend vorzuführen.
Wie?

# 59 Der letzte Mohikaner

»Es war einmal« – dieser wehmütige Gedanke kommt mir auch beim Schach immer öfter in den Sinn. Heute wird der »Schachbetrieb« weitgehend von »staubtrockenen«, systematisch vorgehenden Profis beherrscht – selbst solch schillernde Farbtupfer wie Kasparow kommen ohne eine Unmenge technischen Know-hows nicht mehr aus. »Damals« hingegen – und das ist so lange nicht her –, gab es Gestalten wie Nicolas Rossolimo, einen der letzten Schach-Mohikaner, dessen Name dem Kenner auf der Zunge zergeht.
Er war kein Anhänger des nüchternen Kalküls, dieser 1910 in Kiew geborene Sohn einer russischen Mutter und eines griechischen Vaters, der mit 20 Jahren nach Paris und 1953 nach New York ging: Er liebte die Abenteuer. Sein Brot verdiente er als Taxifahrer, und doch gewann er dank seines kombinatorischen Naturtalentes etliche starke Turniere, vertrat zweimal Frankreich und dreimal die USA bei Schacholympiaden.

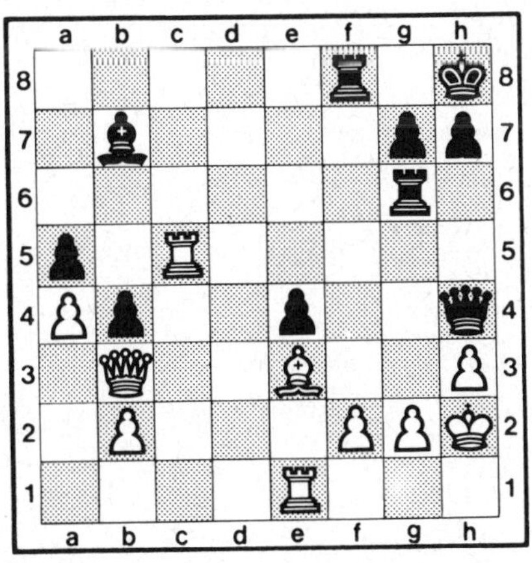

Über den von Capablanca geweissagten Remistod des Schachspiels konnte er nur lachen – bei seinen Partien ging meist einer mit fliegenden Fahnen unter: Futter für die Kiebitze, welches er bereitwillig mit Kommentaren garnierte. Überhaupt redete er gern, am liebsten über Rossolimo. Auch das folgende Schlußspiel entlockte ihm viel Lob über sich selbst.

**Frage**

Zu Recht! Scheinbar steht der damals blutjunge Lothar Schmid als Weißer festgemauert auf der Erden, ahnt der Karl-May-Verleger, diesmal ausnahmsweise in der Rolle des Opfers, noch keinen Indianerüberfall. Nur zwei Züge später, nach dem donnernden Auftakt einer wunderschönen Kombination, gibt er auf. Der Läufer b7, der augenblicklich noch bei seinem eigenen Bauern e4 auf Granit beißt, wird urplötzlich zu einem Riesen mit furchtbarer Fernwirkung.
Was geschah?

## 60 Ohne Dunst keine Kunst

Mit (1986) 80 Jahren spielt Baldur Hönlinger immer noch am Spitzenbrett des Bundesligavereins PSV-BSV Wuppertal, ebenso wie 1949, als er mit diesem deutscher Mannschaftsmeister wurde; und fast noch so erfolgreich wie 1928, als der Jüngling von 23 Jahren am Spitzenbrett Österreichs (bis 1945 lebte er in Wien) bei der Schacholympiade in Den Haag mit 10 Punkten aus 15 Partien brillierte.

Wie macht(e) er das nur? Begnadetes Talent? Unverwüstliche Natur? Die Erklärung ist viel lapidarer: Er macht(e) seinen Gegnern blauen Dunst vor. Das gelang oft (s. o.), aber nicht immer, wie sein Kampfgefährte Dr. Tröger beschreibt: »Bei der Deutschen Meisterschaft in Weidenau 1947 war Baldur Remisenkönig. Er hatte die Angewohnheit, sich die zweite Zigarrenhälfte für schwierige Stellungen zur Anregung des Denkens aufzuheben. Das war den Kiebitzen bald bekannt. Wenn Baldur nachdachte, war sein Brett der Sammelplatz aller Spieler, die kein Krümelchen Tabak ihr eigen nannten und es sich deshalb nicht nehmen ließen, die ruhende zweite Zigarrenhälfte ihrer Bestimmung zuzuführen. Kam dann eine knifflige Stellung, griff Baldur automatisch fehl, in den längst leeren Aschenbecher. Und die Rauchräuber zeichneten für ein weiteres Remis von Baldur verantwortlich, weil: Ohne Zigarrenhilfe keine Gewinnkombination!«

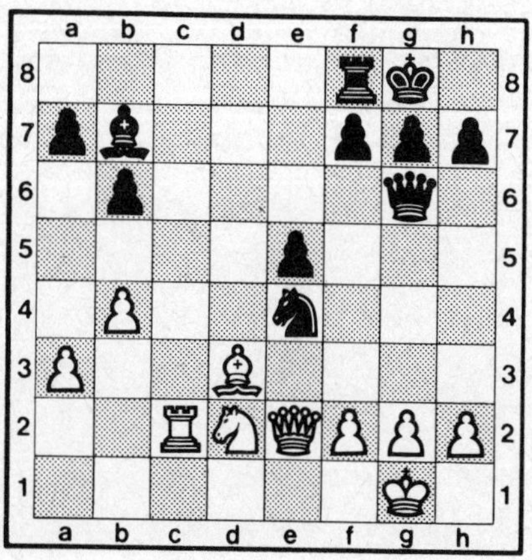

**Frage**

Doch in dieser Stellung von der Olympiade 1928 gegen den Schweden Jacobson hatte Hönlinger als Schwarzer offenbar seine Zigarre griffbereit. Mit welch feiner Kombination löste er die Fesselung des Springers e4 unter Ausnützen von Mattmotiven auf g2 auf und erreichte eine klare Gewinnstellung?

# 61 Das fröhliche Genie

Miguel Najdorf, der 74jährige (1984), früher zur Weltspitze zählende, gebürtige Pole, heutige Argentinier, belebt auch heute noch die Schacharena: als wortgewaltiger Kiebitz.
»Bellende Hunde beißen nicht« – Don Miguel war einem Friedensschluß selten abgeneigt, notfalls »erzwang« er diesen. Als Ex-Weltmeister Euwe in Zürich 1953 eine gleichstehende Partie unverdrossen weiterspielte, ließ sich Najdorf eine Portion Schweizer Käse kommen und verzehrte diese mit solch sicht- und hörbarem Behagen, daß Euwe sich schnellstens mit einer Gegenportion in ein ewiges Schach rettete. Dafür wurde er auch mit einem Lob bedacht: »Botwinnik (der damalige Weltmeister) und Euwe sind große Schachspieler, aber ich bin ein Genie.«
Bei der Schacholympiade 1960 in Leipzig hatte es unser Genie mit dem halb so alten »Zauberer« auf dem Schachbrett, Michail Tal, zu tun, der gerade Botwinnik entthront hatte. Vor der Partie warnte Najdorf den großen »Opferer«, er werde jedes Geschenk dankbar annehmen. Tal versprach daraufhin, ihm etwas anzubieten, und hielt Wort ganz im Gegensatz zum »alten Schwindler«; dieser verzichtete nämlich im 22. Zug wegen Matts auf das Danaergeschenk Läufer f6.

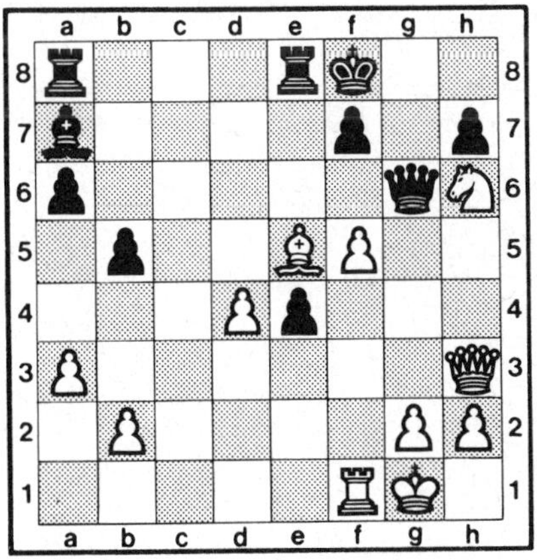

Weiß: Tal
Schwarz: Najdorf

| | | | | | |
|---|---|---|---|---|---|
| **1.** | **e4** | **c5** | **14.** | **Lf2** | **d5** |
| **2.** | **Sf3** | **d6** | **15.** | **exd5** | **Sxd3** |
| **3.** | **d4** | **cxd4** | **16.** | **cxd3** | **Lxd5** |
| **4.** | **Sxd4** | **Sf6** | **17.** | **Sxd5** | **exd5** |
| **5.** | **Sc3** | **e6** | **18.** | **Sf5** | **Lc5** |
| **6.** | **Le3** | **a6** | **19.** | **d4** | **La7** |
| **7.** | **f4** | **b5** | **20.** | **Lh4** | **Se4** |
| **8.** | **Df3** | **Lb7** | **21.** | **Txe4** | **dxe4** |
| **9.** | **Ld3** | **Sbd7** | **22.** | **Lf6** | **Db6** |
| **10.** | **0–0** | **Le7** | **23.** | **Lxg7** | **Tfe8** |
| **11.** | **a3** | **0–0** | **24.** | **Le5** | **Dg6** |
| **12.** | **Dh3** | **Dc7** | **25.** | **Sh6+** | **Kf8** |
| **13.** | **Tae1** | **Sc5** | **26.** | **f5** | |

**Frage**

Warum gab Najdorf hier bereits auf?

# Heroen der Schachgeschichte

Die Kirche in einem Dorfe des Alpenvorlandes füllt uns, wenn wir uns vor sie hinstellen, das ganze Blickfeld aus: sie erscheint so riesengroß, daß die Welt hinter ihr verschwindet. Erst wenn wir zurücktreten, können wir ihre Ausmaße in bezug zur Umgebung setzen, und erst aus einem oder zwei Kilometern Abstand sehen wir, wie winzig sie ist im Vergleich mit den gewaltigen Bergen des Hintergrundes.
Ähnlich verdecken Lärm und Getümmel des Tages die großen Gedanken, Worte und Werke der Vergangenheit; erst zeitlicher Abstand sondert die Spreu vom Weizen: epochemachende Leistungen und Persönlichkeiten werden immer deutlicher hervorragen, während das Eintagsfliegenhafte, das mit Schellengeläut und bunten Girlanden zu Anfang die meiste Aufmerksamkeit erregte, allmählich vergessen wird. Oder so sollte es sein; so könnte es sein. In Wirklichkeit wird freilich das Große beinahe so gründlich aus den Augen verloren wie das Unbedeutende tatsächlich verlorengeht: denn die meisten starren gebannt nur auf heute oder allenfalls auf morgen früh, aber kaum jemand dreht sich einmal um und guckt nach vorgestern. Und wer stets vor seiner Kirche stehenbleibt oder immer nur zu Boden sieht, bemerkt halt die Berge nicht, egal in welch prachtvoller Fernsicht sie sich vor ihm ausbreiten.
Die Zeiten, da große Taten und Gestalten der Vergangenheit den Menschen lebendig bewußt waren und als Maßstab dienten, sind seit langem und scheinen bis auf weiteres vorbei. Wo das Christentum in ungebrochener Herrschaft stand, gab es so etwas in den Vorbildern der Heiligen Schrift und den Heiligengestalten; ganz ausgeprägt scheinen in unserm Kulturbereich aber nur die Menschen des vorklassischen Griechenland aus dem Bewußtsein des Großen und Maßstabgebenden ihrer Vergangenheit gelebt zu haben. Allerdings müssen wir uns davor hüten, aus so fernverklärter Zeit nur das wahrzunehmen, was wir wahrnehmen wollen: es waren ja vielleicht nur 10% der Bevölkerung, die es sich leisten konnten, in ihren Mythen und ihren epischen Heldenfiguren nach zu leben.
Heutzutage wird jedenfalls nicht mehr die Ilias rezitiert, sondern ferngesehen; Odysseus wie Don Quixote wären jedem greifbar, aber kaum jemand greift nach ihnen. Die Helden sind da und warten; aber kaum wer kennt mehr als ihre Namen. Wie weit das nur zu beklagen ist, sei übrigens dahingestellt; die Befreiung von der Starrheit festgelegter Normen ermöglicht zumindest buntere und schnellere Entwicklungen.
Heroen in dem Sinne eines Poles, auf den sich die Kompaßnadel des Daseins ganzer Generationen ausrichtet, gibt es also nicht mehr. In diesem Sinne stimmt auch die Bezeichnung für die Schachheroen nicht, die nun besprochen werden. Sie stimmt aber in der Hinsicht, daß uns diese Meister wie mythisch verklärte Gestalten aus archaischer Zeit anmuten; monumental stilisiert, wie eine 20 Meter hohe Ramsesstatue. Auf einem profanen Open um Preisgelder schachernd können wir sie uns schlecht vorstellen.

# 62 Heute gibt's Kartoffeln

Er war ein guter Deutscher, der »lippische« Louis Paulsen (1833–1891): »Erst die Pflicht, dann das Vergnügen.« Im Klartext: erst die Kartoffel, dann das Schach. Immanuel Kant hätte an ihm seine helle Freude gehabt! Seinen täglichen Fußmarsch vom Gut Nassengrund, der »Zucht- und Prüfungsstation für neue Kartoffelvarietäten«, nach Blomberg von zweimal 25 Minuten konnten die Blomberger zum »Prüfen oder Stellen der Uhrzeiger« benutzen; Louis passierte ohne Ausnahme stets zur selben Zeit auf die Minute genau die markanten Wegstreckenpunkte (Paulussen).
Max Lange erinnert sich 1891: »Neben seiner hohen, stattlichen Figur fiel vor allem sein ungewöhnlich großgewölbter Kopf auf, worin das riesige Gedächtnis mit einem Heer von Gedankengängen thronte... Über die ganze Gestalt schien eine unendlich besänftigende Ruhe ausgebreitet... Keine hastige oder gar unzarte Bewegung wirkte störend, alles ging in ruhigem Ebenmaß und in wohltuendem Frieden, der dann auch auf den Gegner überströmte, vor sich.«
Vermutlich von eben diesem »wohltuenden Frieden« überströmt, saß Adolph Anderssen, der Vater der »Unsterblichen Partie«, mit dem Paulsen in Leipzig 1876 um die Vorherrschaft als weltbester Spieler kämpfte, als Weißer vor der Diagrammstellung.

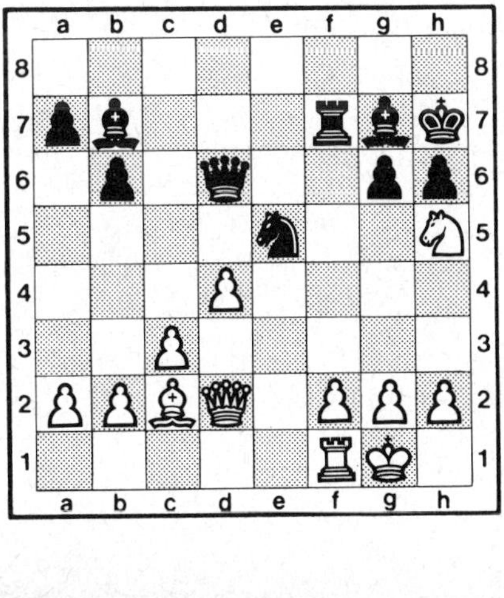

**Frage**

Nun aber wurde er durch einen blitzartigen, äußerst »unzarten« Einschlag aufgeschreckt, nach welchem der schwarze Springer mit einer ganz großen Gabel (-drohung) zum Kartoffelkönig wird. Wie spielte Schwarz?
Indes wurde dem »guten Freund der Familie« der Wettkampfverlust versüßt bzw. verkartoffelt: Eine Sorte wurde auf den Namen Anderssen getauft.

# 63 Der Groß-, Dick- und Breitmeister

Georg Marco war bereits drauf und dran, seine Zeitgenossen mit Salben und Pillen zu traktieren, als er sich besann und abrupt aus dem Lager Äskulaps, des Gottes der Heilkunst, in das der Schachgöttin Caissa überlief. Schwerlich hätte er auch seinen Patienten zu mäßigem Lebenswandel raten können; schließlich erwarb er seinen Beinamen »Groß-, Dick- und Breitmeister« wegen seines redlichen Bemühens, Askese und Abstinenz nicht wuchern zu lassen.
Wie schon die Andeutung seines Habitus vermuten läßt, war er schachlich kein Himmelsstürmer, wohl aber solide und »gewaltig stark«. Sein schachliches Können wurde vermutlich sogar noch übertroffen von seinen rhetorischen Fähigkeiten – »Dampfplauderer« der Wiener Schachszene nannte man ihn.
Seinem eigenen Leben hatte er das Schachspiel als Therapie verschrieben: »Es lenkt ab von grillenhaften Selbstbetrachtungen, zu denen die Gebrechlichkeit der menschlichen Natur so reichhaltigen Anlaß gibt. Die Lust am Kombinieren erheitert das Gemüt...«
Hierzu verhalf ihm freundlicherweise sein deutscher Gegner Jacques Mieses in der folgenden Partie aus dem Turnier zu Wien 1903:

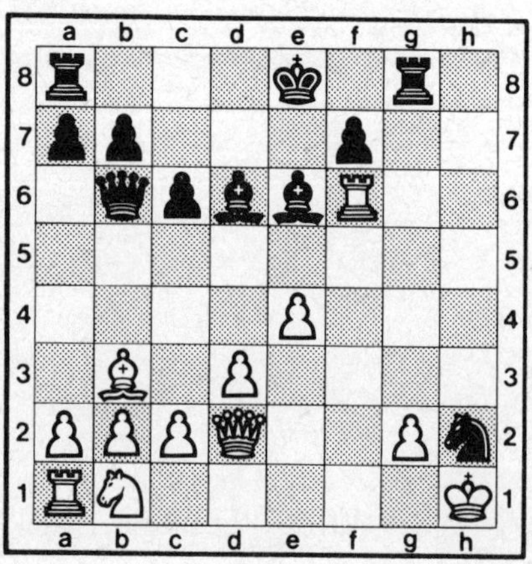

Weiß: Mieses
Schwarz: Marco

| | | | | | |
|---|---|---|---|---|---|
| **1.** | **e4** | **e5** | **12.** | **Ld2** | **Sbd7** |
| **2.** | **f4** | **exf4** | **13.** | **Lc3** | **Db6** |
| **3.** | **Sf3** | **g5** | **14.** | **Dh6** | **Tg8** |
| **4.** | **Lc4** | **g4** | **15.** | **Lxf6** | **Tg6** |
| **5.** | **0–0** | **d5** | **16.** | **Dxh7** | **Sxf6** |
| **6.** | **Lxd5** | **gxf3** | **17.** | **Dh8+** | **Tg8** |
| **7.** | **Dxf3** | **c6** | **18.** | **Dh6** | **Sg4** |
| **8.** | **Dxf4** | **Sf6** | **19.** | **Df4** | **Ld6** |
| **9.** | **Lb3** | **Dd4+** | **20.** | **Dd2** | **Sxh2** |
| **10.** | **Kh1** | **Le7** | **21.** | **Tf6** | |
| **11.** | **d3** | **Le6** | | | |

**Frage**

Mit welchem besonders tückischen Zug erheiterte nun Georg Marco das eigene und verdüsterte das Gemüt des Gegners derart, daß dieser sofort aufgab?

# 64 Viel Feind, viel Ehr!

»Ich kam bereits als außergewöhnlicher Mensch zur Welt, war nämlich zum nicht geringen Erstaunen meiner Eltern mit einem Klumpfuß behaftet, der mich aber an schnellen Fortschritten nicht gehindert hat . . .«, so Dr. med. Siegbert Tarrasch über sich selbst, den »Praeceptor Germaniae«, den »Lehrmeister Deutschlands«, wie ihn die Schachwelt aufgrund seines großen Könnens und seiner klassischen, bis heute gültigen Lehrsätze ehrerbietig nannte.

In seiner selbstherrlich-unduldsamen Art schuf er sich viele Feinde, was indes auf ihn geradezu belebend zu wirken schien. Nicht von ungefähr schrieb er in einem Nachruf auf den großen Meister und Blindspiel-Künstler Pillsbury: »Er hatte keinen einzigen Feind – das ist der einzige Vorwurf, den ich ihm machen muß.«

Zu solchem Selbstvorwurf hatte der Nürnberger Doktor wahrhaft keinen Anlaß. Einer seiner Lieblingsfeinde war der ebenfalls nicht aufs Maul gefallene Aaron Nimzowitsch, der an seinen heiligen, starr-orthodoxen Grundsätzen zu rütteln wagte. Gelegenheit zu drakonischer Bestrafung des Aufmüpfigen durch ein doppeltes Läuferopfer ergab das Turnier zu Petersburg 1914.

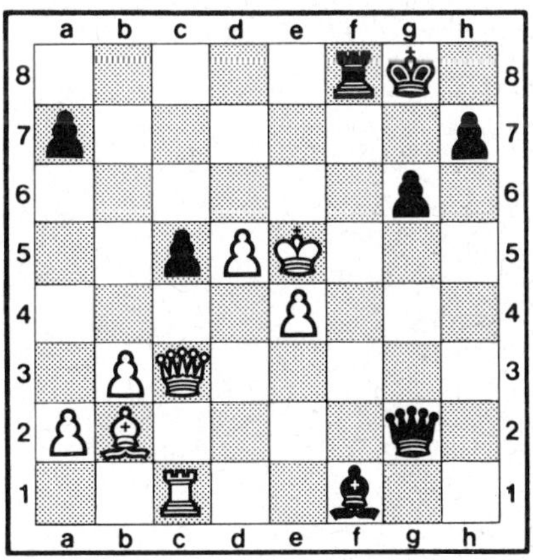

Weiß: Nimzowitsch
Schwarz: Dr. Tarrasch

| | | | | | |
|---|---|---|---|---|---|
| 1. | d4 | d5 | 16. | Lxc6 | Lxc6 |
| 2. | Sf3 | c5 | 17. | Dc2 | Sxd2 |
| 3. | c4 | e6 | 18. | Sxd2 | d4 |
| 4. | e3 | Sf6 | 19. | exd4 | Lxh2+ |
| 5. | Ld3 | Sc6 | 20. | Kxh2 | Dh4+ |
| 6. | 0–0 | Ld6 | 21. | Kg1 | Lxg2 |
| 7. | b3 | 0–0 | 22. | f3 | Tfe8 |
| 8. | Lb2 | b6 | 23. | Se4 | Dh1+ |
| 9. | Sbd2 | Lb7 | 24. | Kf2 | Lxf1 |
| 10. | Tc1 | De7 | 25. | d5 | f5 |
| 11. | cxd5 | exd5 | 26. | Dc3 | Dg2+ |
| 12. | Sh4 | g6 | 27. | Ke3 | Txe4+ |
| 13. | Sf3 | Tad8 | 28. | fxe4 | f4+ |
| 14. | dxc5 | bxc5 | 29. | Kxf4 | Tf8+ |
| 15. | Lb5 | Se4 | 30. | Ke5 | |

**Frage**

Mit welcher schnellstmöglichen Mattführung beendete Dr. Tarrasch hier das Katz- und Mausspiel mit dem weißen Wanderkönig?

# 65 Spät krümmt sich

»Wer nicht spätestens mit 10 Jahren beginnt, wird es nicht zum Meister bringen«, behauptet Karpow »ex cathedra«. So haben wir als gläubige Schachgemeinde es bereits als Dogma verinnerlicht, bis wir von Akiba Rubinstein hören. Dieser polnische Rabbischüler tat die ersten Schachschritte erst mit 16 Jahren, um dann aber in den nächsten fünf Jahren den Talmud in die Schublade zu legen und nahezu ausschließlich im Selbststudium die Geheimnisse des königlichen Spiels zu erforschen. Als der Menschenscheue danach in die Turnierarena trat, galt er binnen kurzem nicht nur als einer der Stärksten, sondern auch der Erfolgreichsten neben Emanuel Lasker.

Beim Turnier in Karlsbad 1907 genügte ihm ein Remis in der letzten Runde zum alleinigen Turniersieg, und sein Gegner Wolf zeigte sich dazu nur allzu bereit. Doch Rubinstein lehnte dessen Offerte ab, überspielte ihn und konnte ihn forciert mattsetzen. Also wollte er das Turnier strahlend mit überlegenem Vorsprung gewinnen? Weit gefehlt! Zum Erstaunen aller holzte er alles ab, bis eine öde Remisstellung entstand, in der er Remis anbot, was natürlich sogleich angenommen wurde. Um eine Erklärung gebeten, sagte er: »Mit Wolf mache ich Remis, wann ich will, nicht wann er will.« Voilà!

Dieser Mann der Grundsätze meinte auch: »Vom Damengambit pflege ich nur Gebrauch zu machen, wenn ich schlechter Laune bin.« Offenbar war er am Tag seiner Partie gegen Rotlevi in Lodz 1907 griesgrämig, denn er wählte diese Eröffnung. Doch vermutlich heiterte sich sein Gemüt spätestens in der Diagrammstellung auf.

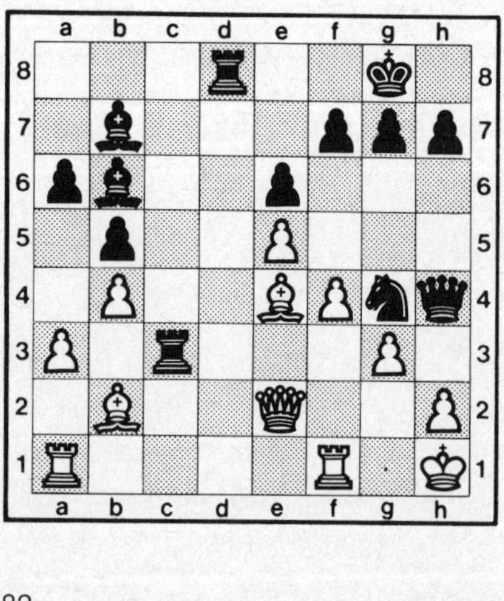

**Frage**

Weiß am Zug schlug nun die auf h4 einstehende Dame. Mit welcher unvergleichlich schönen Kombination beendete Rubinstein als Schwarzer dann seine »Unsterbliche Partie«?

# 66 Zigarre schlägt Kopfstand

»Nimzowitsch spielt Jura und studiert Schach«, hieß es im Berlin des Jahres 1904. Täglich konnte man ihn beim »Studium« im Café Kaiserhof antreffen, hier wurden seine »hypermodernen« Ideen gezeugt und geboren, die zunächst fast überall auf entschiedene Ablehnung stießen.

Noch heftiger protestierten seine Gegner, als er getreu der Maxime »mens sana in corpore sano« während der Turnierpartien mit Kniebeugen begann und diese gar noch mit einem Kopfstand »krönte«.

Nimzowitsch selber verabscheute das Rauchen. Als er einmal verlangte, daß keiner seiner Gegner während der Partien rauchen dürfe, legte sein Feind Bogoljubow sogleich eine riesige Zigarre neben das Brett. Auf Nimzowitschs Beschwerde beschwichtigte ihn der Turnierleiter, »Bogol« rauche ja gar nicht. »Aber er droht zu rauchen«, erwiderte Nimzowitsch, »und bekanntlich ist die Drohung stärker als ihre Ausführung!«

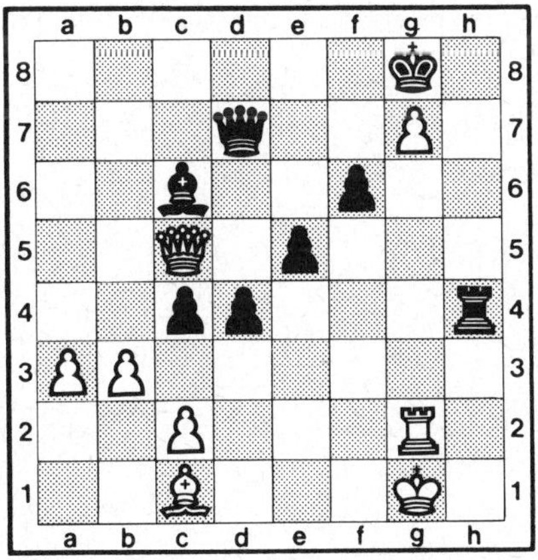

Doch alles ist relativ, und auch eine gewaltig ausschauende Drohung kann sich einmal als Papiertiger entpuppen. In der folgenden Diagrammstellung vom Turnier in Ostende 1907 fand Nimzowitsch als Schwarzer gegen die Drohung Df8+ nebst g8D matt seines Gegners van Vliet einen siegreichen Konterzug.

**Frage**

Was spielte Schwarz?

# 67 Richard der Fünfte

Richard Teichmann, der als Kind sein rechtes Auge verlor, war ein großer, starker Mann und sah mit seiner Augenbinde furchterregend wie ein Pirat aus. In krassem Gegensatz zu seinem Äußeren stand aber seine Friedensliebe, die ihn seine Partien »am liebsten schon nach dem fünften Zug remis geben ließ« (Spielmann). Doch gab es schon um die Jahrhundertwende Unverbesserliche, die sein Remisangebot ablehnten und daraufhin verloren; so landete er mehrmals auf dem fünften Platz und hieß fortan »Richard V.«.

Vielleicht nicht unverbesserlich, aber noch unbelehrt war der durch extrem langes Nachdenken berüchtigte Fritz Sämisch. Als dieser erstmals dem Schachriesen gegenübersaß und brütete und brütete, begann Teichmann zunehmend unruhiger auf seine Uhr zu blicken. Plötzlich schob er die Figuren zusammen, sprach: »Genug des Stumpfsinns! Remis!« und eilte zu seinen geliebten Ringkämpfen im Zirkus.

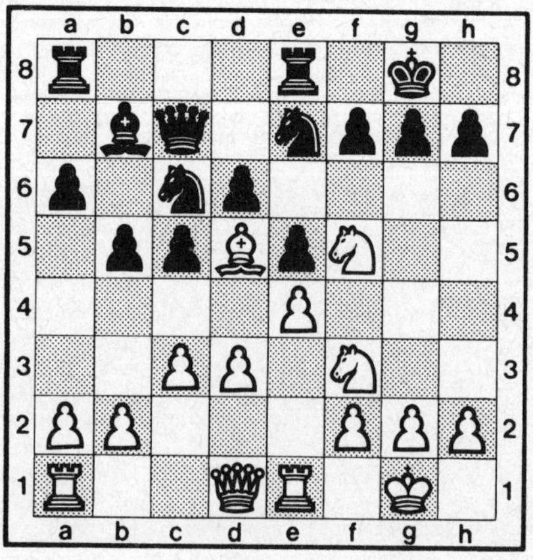


Trotzdem gewann er das Internationale Turnier Karlsbad 1911 vor nahezu der gesamten Weltelite, was Loblieder wie »Bravo, Richard I.!«, aber auch »Unter Blinden ist der Einäugige König« hervorrief.

Einen seiner Hauptrivalen, den Österreicher Schlechter, der vermutlich nach dem fünften Zug das rettende »Ja« zum Remisangebot unterlassen hatte, fegte er in der Diagrammstellung mit einer weitberechneten Opferkombination vom Brett.

**Frage**

Wie spielte Weiß hier?

# 68 Rechtzeitig patzen

Vielleicht haben auch Sie sich schon einmal im Dickicht der Indischen Verteidigungen verirrt oder saßen hilflos einem Orang-Utan gegenüber – der Schuldige, dem Sie Ihre Notlage verdanken, war stets derselbe: Savielly Tartakower, auf den zumindest die Namen dieser Eröffnungen zurückgehen. Mit Vorliebe grub dieser in Rußland geborene und später in Frankreich lebende Sohn österreichisch-polnischer Eltern Bizarres aus, um es seinen Gegnern möglichst unbekömmlich zu servieren.
Vermutlich würde er sich im Grabe herumdrehen, vielleicht auch nur ironisch schmunzeln, wenn er wüßte, daß seine Tartakower-Variante im Damengambit inzwischen zum orthodoxen Lehrgut zählt und zum Beispiel beim Wettkampf Karpow – Kasparow (1985) öfters angewendet wurde. Für ihn war die Schachpartie gewöhnlich ein »Märchen von 1001 Fehlern«, in dem der »vorletzte Fehler gewinnt«. Meist war er der Glückliche mit dem vorletzten Fehler . . .

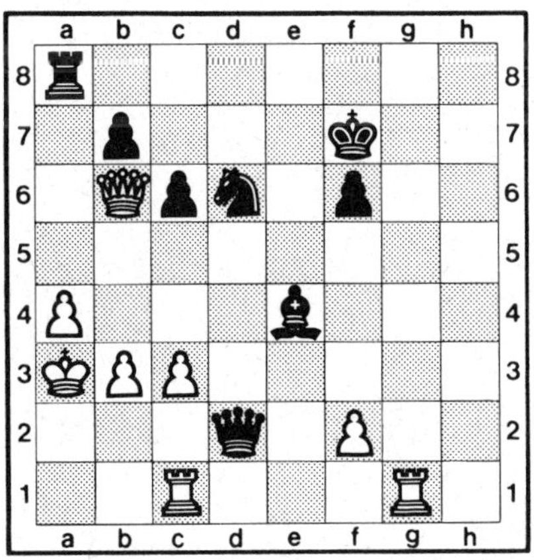

In der abgebildeten Partiestellung vom Turnier in Venedig 1948 zwischen ihm und dem Ex-Weltmeister Dr. Max Euwe war ihm sein Gegner indes mit diesem Schritt offenbar zuvorgekommen. Des Schadens nicht genug, noch ein weiterer Tartakowerscher Aphorismus, »es ist stets besser, die Steine des Gegners zu opfern«, wurde Lügen gestraft.

**Frage**

Denn hier warf Euwe als Schwarzer einen wesentlichen Teil seiner Streitmacht opferfreudig in die Schlacht, um unseren Aphoristen vor die traurige Wahl zu stellen, sich entweder von König oder Königin zu trennen.
Mit welcher forcierten Abwicklung gelang Euwe das?

# 69 Triumph der Jugend

Den süßen Wahn ewigen Jungbleibens kann man wohl in keiner Sportart so lange hegen wie beim Schach; gerade Anfang 1983 warf der 62jährige Russe Wassili Smyslow unseren runde 30 Jahre jüngeren Robert Hübner aus dem Kandidatenrennen zur Weltmeisterschaft. (Obzwar nur per Losentscheid nach unentschiedenem Wettkampf.)
Doch selbst der auf seine geistige Spannkraft mit Recht stolze Smyslow ist ein Knabe gegenüber dem 1954 verstorbenen deutschen Großmeister Jacques Mieses. Über 60 Jahre lang nahm dieser mit wechselnden Erfolgen an internationalen Turnieren teil und gewann dank seiner risikofreudigen Spielweise viele Preise und dank seiner humorvollen Art noch mehr Freunde.
Seine Bonmots waren alles andere als »mies«. Bei einem Turnier in New York wurde er z. B. von einem Amerikaner gefragt: »Are you Mister Meises?« Antwort: »No, I'm Meister Mieses!«

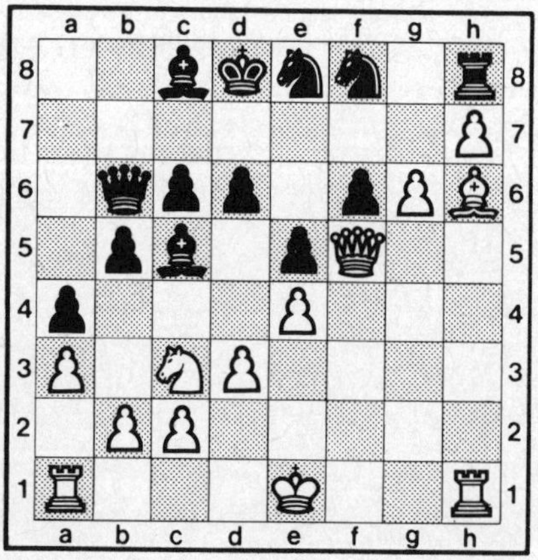

Bei seinem letzten Turnier, in Stockholm 1948, trat der 83jährige Meister Mieses gegen den 84jährigen Holländer van Foreest an. Mieses gewann und meinte: »Die Jugend hat gesiegt!«
Als er 61 Jahre alt war, spielte er folgende Sturm- und Drang-Partie mit einer furiosen Bauernlawine.

Weiß: Mieses
Schwarz: von Gottschalk

| | | | | | |
|---|---|---|---|---|---|
| **1.** | **e4** | **e5** | **14.** | **h4** | **Taf8** |
| **2.** | **Sc3** | **Sf6** | **15.** | **g5** | **Se8** |
| **3.** | **Lc4** | **Lc5** | **16.** | **f6** | **gxf6** |
| **4.** | **d3** | **h6** | **17.** | **Sf5+** | **Kd8** |
| **5.** | **f4** | **d6** | **18.** | **Sxh6** | **Th7** |
| **6.** | **f5** | **c6** | **19.** | **Df5** | **Tg7** |
| **7.** | **Df3** | **b5** | **20.** | **Sxf7+** | **T8xf7** |
| **8.** | **Lb3** | **Db6** | **21.** | **Lxf7** | **Txf7** |
| **9.** | **Se2** | **a5** | **22.** | **g6** | **Tg7** |
| **10.** | **a3** | **a4** | **23.** | **h5** | **Lc8** |
| **11.** | **La2** | **Lb7** | **24.** | **h6** | **Tg8** |
| **12.** | **g4** | **Sbd7** | **25.** | **h7** | **Th8** |
| **13.** | **Sg3** | **Ke7** | **26.** | **Lh6** | **Sf8** |

**Frage**

Zog der alte Haudegen nun brav seine bedrohte Dame weg, oder kam ihm etwas Besseres in den Sinn?

# Berühmtheiten

Napoléon und Robespierre, berühmte Komponisten, ein Dichter in drei Sprachen, ein Künstler, der sein Leben zu seinem größten Kunstwerk machte; der Philosoph, der in der modernen Welt die weitreichendste Wirkung erzeugt hat, der jetzige Papst, ein Fernsehstar, der Erfinder des Blitzableiters und, last but not least, der amtierende Schachweltmeister und derjenige Spieler, der laut Bent Larsen als einziger je seiner Zeit um 200 Jahre voraus war: wenn eine Manege, wie sie auf den hier folgenden Seiten versammelt ist, die verehrte Leserschaft nicht anzieht, welche soll es dann überhaupt tun?

Der Verdacht entsteht, wir hätten es nötig, die verehrte Leserschaft mit verstärkten Stimulantien bei der Stange zu halten. Wir räuspern uns verlegen und überspielen's mit einer Flucht nach vorn, mit der Frage: Wie kommt es, daß Berühmtheit die Menschen so fesselt, ihre Neugier so reizt? Was macht jemanden berühmt?

Wer von vielen gerühmt wird, ist »be-rühmt«. Am berühmtesten ist, wer in aller Munde ist, wer »das Staunen der Welt« ist wie vor Zeiten Kaiser Friedrichs II. von Hohenstaufen. Berühmt zu sein bedeutet, positiv bewundert zu werden. Das negative Gegenstück dazu ist, verabscheut zu werden: berüchtigt zu sein. Jemand kann zu ein und derselben Zeit berühmt und berüchtigt sein, je nach Standpunkt derjenigen, deren Phantasie er fesselt. So heißt Alexander, den wir den Großen nennen, bei den Parsi, den Anhängern der Religion Zoroasters, noch nach 2300 Jahren Alexander der Verfluchte, weil er ihren entfernten Vorfahren die Macht und zum Teil die Heimat nahm.

Berühmtheit entsteht nun, wo zwei Dinge aufeinanderstoßen. Zum einen die in allen Menschen liegende Fähigkeit und Bereitschaft zur Phantasie, zur Neugier, zum Nachahmen; auch daß kein Mensch ohne Berührung mit und Abhängigkeit von den andern existieren kann, gehört in das Bündel von Eigenschaften, das wir die »Ruhmesbereitschaft« nennen könnten: Rilke verkündet das Rühmen (allerdings das »Rühmen der Dinge«) als die eigentliche Aufgabe des Dichters als des Vorbild-Menschen. Zum andern muß diese latente Bereitschaft von außen angestoßen werden; derjenige, dessen Dasein und Wirken in das Leben vieler Menschen eingreift, wird bei ihnen berühmt.

Weil Herrscher, Heerführer, Politiker solch einen spürbaren unmittelbaren Einfluß auf das Leben vieler Menschen haben, genießen sie zunächst durchweg ungleich weitere Berühmtheit als große Künstler, Denker oder Gelehrte. Diese haben demgegenüber den Vorteil, daß ihnen der negative Ruhm, das Berüchtigtsein, durchweg erspart bleibt; und daß ihr Einfluß auf das Leben ungezählter Menschen nicht an die Tage ihrer Tätigkeit gebunden ist. Johann Sebastian Bach, der zu Lebzeiten ein nahezu obskurer Musikus war, berührt und beeinflußt heute ungleich mehr Menschen als seinerzeit Friedrich der Große und August der Starke gemeinsam mit allen ihren Kriegen und Reformen. Er ist berühmter als beide: und mit Recht.

# 70 Das Badewasser wird kalt

»Ich lade Dich, Geliebte,
heut Abend auf ein Schach,
leicht wirst Du matt mich machen,
ich fühle mich schon schwach.«

(Friedrich Rückert)

Dem amerikanischen Staatsmann Benjamin Franklin mag solch eine Stimmung nicht fremd gewesen sein. Viele seiner Schachgegner während seines Pariser Aufenthaltes als Gesandter 1776–85 waren Damen, und zwar nach Franklins eigenem Bekunden sehr charmante Damen. So entschuldigte er sich schriftlich bei einer Madame Brillon, nachdem seine Versunkenheit ins Spiel sie einmal zu lange im Bad festgehalten hatte: »Sagen Sie, liebe Freundin, wie es Ihnen heute Morgen geht. Nie wieder werde ich einer Partie in Ihrem Badezimmer zustimmen. Können Sie mir vergeben?« Ein schlichteres Bürgergemüt könnte da über die Ursache seiner »Versunkenheit ins Spiel« zu rätseln beginnen. Doch wissen wir nur allzu gut um die Reinheit in Gedanken, Worten und Werken von Staatsmännern im allgemeinen und von Benjamin Franklin im besonderen; hinterließ er uns doch eine Schrift über das Schachspiel unter dem Titel »The Morals of Chess . . .« »Man sollte weder singen noch pfeifen, noch auf die Uhr blicken, noch ein Buch zur Hand nehmen, noch mit den Füßen auf den Boden oder mit den Fingern auf den Tisch trommeln . . .« Zu derartigen Überlegungen wurde er wahrscheinlich durch die Sitten im Pariser »Café de la Régence« angeregt, wo er es vorzog, Philidor, dem damals stärksten Spieler der Welt, beim Schachspiel zuzuschauen als dessen seinerzeit sehr beliebten Opern zu lauschen: »Ich nenne das meine Oper.«

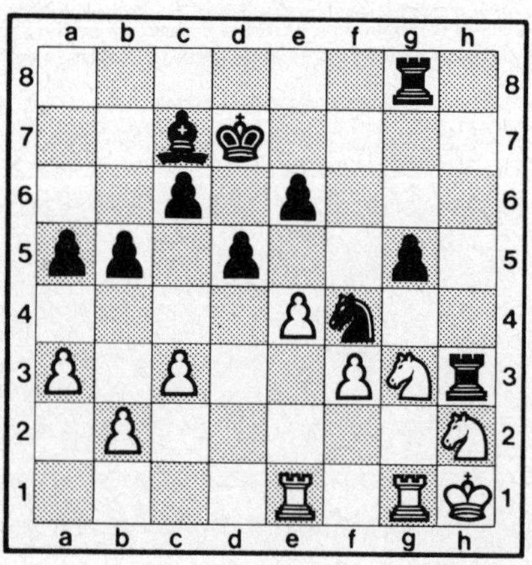

**Frage**

Philidor, mit den schwarzen Steinen, zog hier einem gewissen Captain Smith auf bühnenreife Weise das Fell über die Ohren. Wie gewinnt Schwarz?

# 71 Café de la Régence

Das 18. und 19. Jahrhundert war in Europa die Ära des Kaffeehausschachs, und der Tempel der Schachkunst stand in Paris: das Café de la Régence. Hier spielte der legendäre Paul Morphy blindsimultan an acht Brettern, hier soll eine verkleidete junge Dame gegen Robespierre um das Leben ihres Verlobten gespielt haben, hier saß oft der nach eigenem Bekunden schachbesessene Philosoph und Aufklärer Jean-Jacques Rousseau, um gegen Philidor, einen der ersten großen Lehrmeister des Schachs, zu spielen, und hier verlor Voltaire so manche Partie: »Ich habe auf nichts so viel Fleiß verwendet als auf das Schachspiel, ich liebe es, ich rege mich dabei auf, und Père Adam gewinnt doch immer. . . «

An Sonntagnachmittagen sei es dort so voll, daß die Besucher ihre Hüte aufbehielten, um Platz zu sparen, schrieb das Fraser's Magazine im Jahre 1840. Napoléon hatte dort seinen eigenen Tisch, an welchem er mehr schlecht als recht dieses symbolische Analogon des Krieges betrieb; doch einer seiner Generäle, Alexandre Deschapelles, war einer der besten Spieler seiner Zeit und des Café de la Régence.

1821 gelang ihm gegen seinen ehemaligen Schüler Labourdonnais, den ersten inoffiziellen Weltmeister des Jahres 1834, noch ein schier unglaubliches Mattbild.

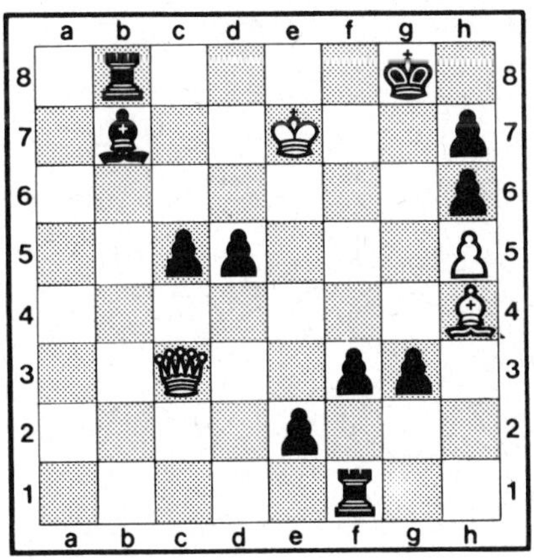

**Frage**

Der schwarze Bauer e2 droht, sich im nächsten Zug mit Schach zur Dame zu verwandeln. Deschapelles mit den weißen Steinen schien schlimmer dran zu sein als Napoléon bci Waterloo. Welchen entscheidenden Coup landete nun aber Napoléons General?

# 72 Marx setzt matt

»Schach ist eine schreckliche Passion. Willst Du jemand zerstören, so lehre ihn Schach. Politiker regieren nicht mehr, Väter kümmern sich nicht mehr um die Familie«, schreibt H. G. Wells im Jahre 1901. Wie so manch kerniger Spruch über das Schach, ist auch dieser cum grano salis zu nehmen, sonst müßte die Welt noch immer der kommunistischen Segnungen harren.

Liebknecht, Thälmann, Lenin und Marx waren allesamt gute und begeisterte Schachspieler, und zumindest Karl Marx zeigte hierbei menschlich-schachliche Schwächen. Liebknecht über seinen Gesinnungsgenossen: »Wenn er in eine schwierige Stellung geriet, wurde er ärgerlich; verlor er eine Partie, war er schrecklich empört.«

Ganze Nächte studierte Marx Eröffnungen, wobei seine Vorliebe dem seinerzeit modernen Königsgambit galt. Dieses schwer bekömmliche Gericht setzt er auch in der folgenden Partie seinem Gegner vor, der keine milde Gabe ausschlägt und bald eine zahlenmäßig deutlich überlegene Streitmacht sein eigen nennt.

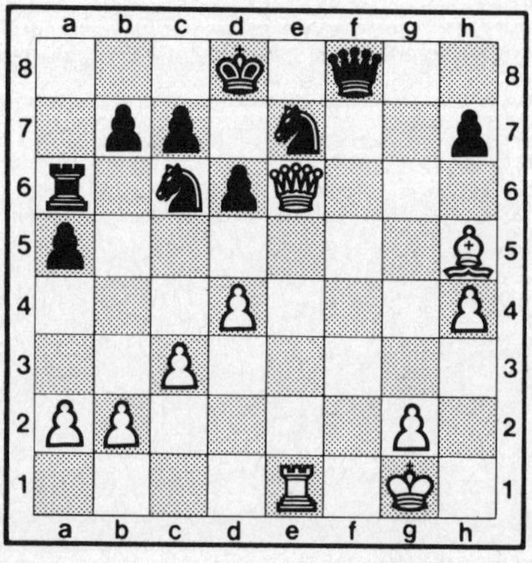

Weiß: Karl Marx
Schwarz: Meyer

| | | | | | |
|---|---|---|---|---|---|
| 1. | e4 | e5 | 14. | Lf6 | Lg5 |
| 2. | f4 | exf4 | 15. | Lxg5 | Dxg5 |
| 3. | Sf3 | g5 | 16. | Sxf4 | Se5 |
| 4. | Lc4 | g4 | 17. | De4 | d6 |
| 5. | 0–0 | gxf3 | 18. | h4 | Dg4 |
| 6. | Dxf3 | Df6 | 19. | Lxf7 | Tf8 |
| 7. | e5 | Dxe5 | 20. | Lh5 | Dg7 |
| 8. | d3 | Lh6 | 21. | d4 | S5c6 |
| 9. | Sc3 | Se7 | 22. | c3 | a5 |
| 10. | Ld2 | Sbc6 | 23. | Se6+ | Lxe6 |
| 11. | Tae1 | Df5 | 24. | Txf8+ | Dxf8 |
| 12. | Sd5 | Kd8 | 25. | Dxe6 | Ta6 |
| 13. | Lc3 | Tg8 | | | |

**Frage**

Die Reihen haben sich gelichtet, der Kanonendonner scheint verhallt. Mit welchem subtilen Manöver nutzte Karl Marx nun aber die unglückliche Lage des steckengebliebenen schwarzen Königs aus und demonstrierte damit die Überlegenheit des lebendigen Geistes über die tote Materie?

# 73 Ein matter Bolero

Was ist edler, Geige oder Klavier? Natürlich die Geige – immerhin sprach David Oistrach mehrere Jahre nicht mehr mit dem ehemaligen Schachweltmeister Botwinnik, nachdem letzterer sich zur Behauptung verstiegen hatte, Schachspielen sei kein schlechterer Beruf als Geigespielen. Hingegen ließ Friedrich Gulda seinen Flügel zugeklappt und das ausverkaufte Wiener Konzerthaus sich grün und blau warten, um ein wenig länger beim Schachkampf Kortschnoi – Petrosjan zu kiebitzen – »der Herr Kortschnoi ist so interessant.«
Sind Schach und Musik gar seelenverwandt? Selbst die Frage ist schon mit Vorsicht zu genießen – mißtrauen Sie Michail Tal, der in ihrem Stil Botwinnik mit Bach, Keres mit Chopin, Larsen mit Prokofjew und Bobby Fischer mit … einem Computer vergleicht. Beim letzten Vergleich erkennen wir die Bescherung – alles nicht seriös.
Oder doch!? Immerhin verbindet den leidenschaftlichen Kämpfer Bent Larsen viel mit dem Komponisten Sergei Prokofjew. Dieser, ein vorzüglicher Schachspieler, der mit 11 Jahren im Simultan dem damaligen Weltmeister Emanuel Lasker ein Remis abtrotzte und mit 16 Jahren gar Capablanca schlug, meinte: »Schach ist … eine Welt von Kampf, Plan und Leidenschaft.«
Leidenschaftlich-kämpferisch machte er in einem Wettkampf mit Oistrach viermal remis bei einem Verlust. Planvoll und leidenschaftlich zauste er seinen Komponistenkollegen Maurice Ravel. Am 14. März 1924 spielten die beiden einen damals noch ultra-modernen »Nimzo-Inder« miteinander – wie er heute zwischen Karpow und Kasparow aufs Brett kommen könnte.

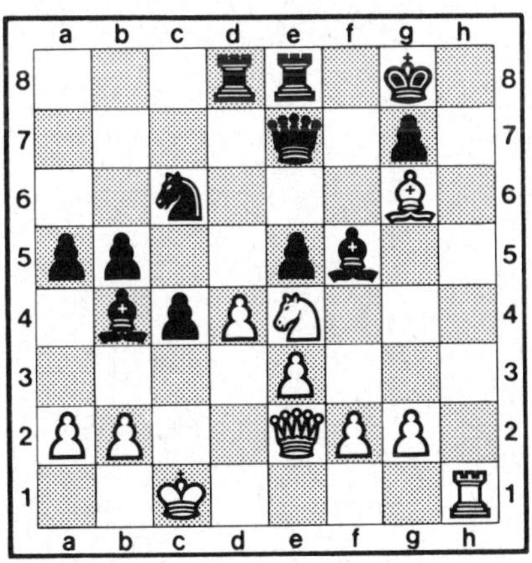

**Frage**

In dieser Stellung leitete Prokofjew als Weißer ein vierzügiges Mattfinale ein mit einem Paukenschlag. Was zog er?

# 74 Lolita und nichts als Probleme

Nabokov? Ach ja, »Lolita«. – Richtig, doch Lolita »first but least.« Nabokovs Liebe galt vor allem Schmetterlingen (er war berühmt als Spezialist für die Blauen Schmetterlinge der Rocky Mountains) und dem Schachspiel, und hier dem Komponieren von Schachproblemen.

»Die Hand des Konstrukteurs langt nach einem Bauern im Kasten, schließt sich um ihn, während der Geist noch darüber nachdenkt, ob ein Zug pariert, ein Loch gestopft werden muß, und wenn sich die Faust wieder öffnet, ist vielleicht eine Stunde verstrichen, in der glühenden Gehirntätigkeit des Tüftlers zu Asche verbrannt.«

»... Ich erinnere mich an ein bestimmtes Problem, dessen Komposition ich monatelang versucht hatte ... Der Löser würde zunächst auf ein täuschendes Spielmuster hereinfallen, welches der Problemkomponist unter größten Mühen als Falle eingeführt hatte. Die falsche Fährte, der unwiderstehliche Versuch ist: Bauer nach b8, um ihn in einen Springer zu verwandeln, und auf ein Abzugsschach von Schwarz durch d7–d6 oder d7–d5 sind zwei schöne Mattbilder die Folge, doch ...«

»Schließlich findet der nun mit allen Wassern gewaschene Löser den Schlüsselzug wie jemand, der über Vancouver, Eurasien und die Azoren von New York nach Albany fährt.«

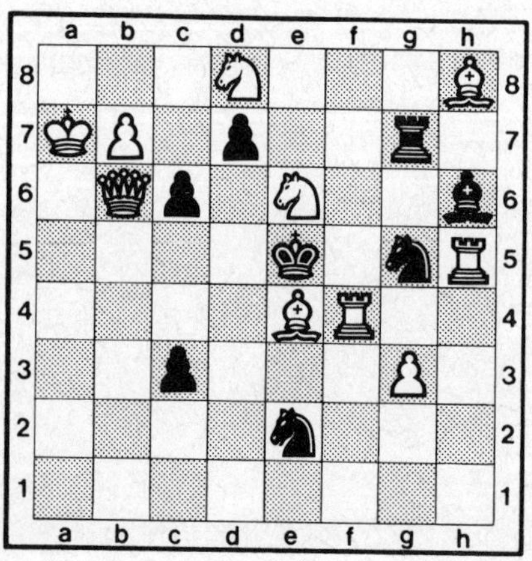

**Frage**

Weiß zieht und setzt im zweiten Zug matt!

# 75 Kunst hin, Schach her

»Schach-Kunst? Blödsinn, dem bolz' ich jetzt die Emma raus (= dem tausche ich jetzt die Dame ab)!« Und fluchtartig und frustriert verläßt der Musenjünger den (Kaffeehaus-)Ort seiner unangebrachten Frage, um sich wieder an Marcel Duchamp aufzurichten: »Alle Schachspieler sind Künstler.« Das klingt doch gleich viel freundlicher. Doch kaum versinkst du wieder in wohlige Kunstträume, ereilt dich von eben jenem Duchamp die nächste Enttäuschung: »Schach ist ein gewalttätiger Sport ... Wenn es überhaupt etwas ist, dann ist es Kampf.« Das kommt davon, wenn du dir als Gewährsmann einen surrealistischen Maler aussuchst – widersprüchlich ist er wie das Leben selbst.
Marcel Duchamp – immerhin Mitglied der französischen Mannschaft bei der Schacholympiade 1930 in Hamburg mit Weltmeister Aljechin am ersten Brett –, dachte er bei seiner letzteren Äußerung vielleicht just an diesen Aljechin, der bei seinem Weltmeisterschaftskampf mit Euwe sich eine Katze auf den Schoß setzte, um den »Katzenfeind« Euwe zu entnerven, dachte er an »la belle vie des artistes« und an dessen Gegensatz zum Psychoterror unter Schachspielern?
Pas du tout – er ließ schließlich zum Ärger von André Breton die Malerei zugunsten des Schachspiels bleiben, er fand das Milieu bei den Schachspielern viel sympathischer als bei den Künstlern. Besonders sympathisch sind natürlich auch für Kunstheroen unterlegene Gegner, besonders wenn man sie gewalttätig hinrichten kann.

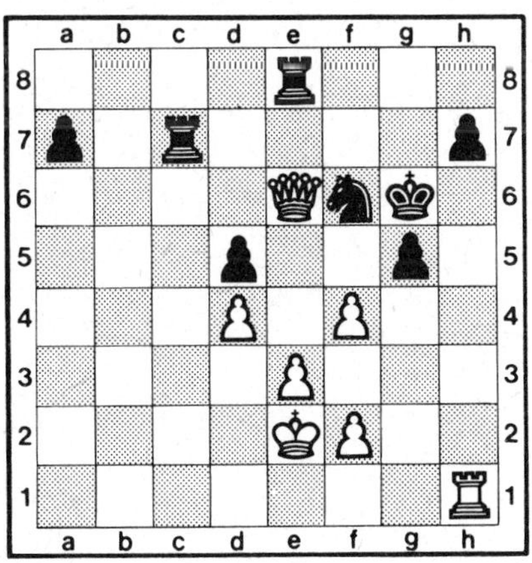

**Frage**

Und das konnte hier Marcel Duchamp als Weißer in seiner Partie gegen den französischen Meister Kahn aus dem Turnier zu Paris 1932. Und zwar wie?

# 76 Päpstliche Jugendsünden

Des Herren Wege sind seltsam: Zuweilen darf sogar ein Schachspieler auf dem Stuhle Petri Platz nehmen. Jüngstes Beispiel ist der gewesene Schachproblemautor Karol Wojtyla, besser unter seinem jetzigen, angenommenen Namen Johannes Paul II. bekannt. Dabei wußten die Kirchenväter eigentlich nie, ob sie das Schachspiel verdammen oder beneiden sollten.
So entrüstete sich Kardinal Damiani 1061 in einem Brief an den Papst über einen Florentiner Bischof, der dem Laster des Schachs verfallen war. Da dieser solchermaßen seine Hand, die den Leib des Herrn hält, und seine Zunge, den Mittler zwischen Gott und dem Volk, beschmutzt hatte, mußte er zur Strafe nach dem Talionsprinzip dreimal den Psalter mit lauter Stimme sprechen sowie die Füße von zwölf Armen waschen und ihnen Almosen geben. Offenbar verfehlte die Buße nicht ihre Wirkung: der reuige Sünder wurde später selber Papst. Témpora mútantúr . . . : der Dominikanermönch Jacobus de Cessolis verwandte im 13. Jahrhundert das damals sehr volkstümliche Schach mit seinen Figuren und Regeln, um seine Moralpredigten symbolisch zu erläutern; diese Predigtsammlung war jahrhundertelang nach der Bibel das meistverbreitete Buch.
Unserem jetzigen Papst mag es so leichter fallen, sich zu seinen »Jugendsünden«, dem Verfassen von Schachproblemen, sogar mit Stolz zu bekennen. Und schämen muß er sich des hier präsentierten reizenden Verwirrspiels gewiß nicht.

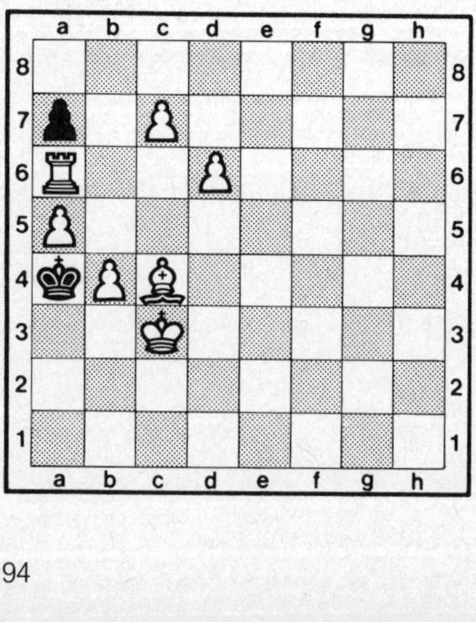

**Frage**

Zur richtigen Lösung sollte man bedenken, daß Opfer dem Herrn wohlgefällig sind. Da der Papst auch auf dem Schachbrett streng zölibatär denken dürfte, wird sich also der Bauer c7 sicher nicht in eine Dame verwandeln, aber vielleicht in etwas weniger »Anstößiges«!?
Schließlich sollte man hier einmal **nicht** der heiligen Theresia von Avila trauen, welche schreibt: »Wer nicht schachbieten kann, wird auch nicht mattsetzen können.«
Manchmal sind stille Züge eines (künftigen) Papstes eben doch besser als dröhnende Schachgebote.
Weiß setzt in drei Zügen matt!

# 77 Schlappi nein – Petra ja!

Was ist der Unterschied zwischen »Schlappi« (bürgerlichen Namens Klaus Schlappner, Fußballtrainer von Waldhof Mannheim) und Petra Schürmann? Nun, er ist grundlegend: »Schlappi« erhielt seine Einladung zum Münchener Simultan mit Weltmeister Garri Kasparow (27. Dez. 1986) zu spät und muß seine Schachbegierde bis zur nächsten Gelegenheit zügeln, während Petra Schürmann als einzige Dame zwar mit Bangen, doch auch mit tapferem Lächeln schließlich Garri gegenübersaß.
»Eigentlich war es die größte Frechheit meines Lebens, mich da hinzusetzen.« Gott sei Dank, daß die Frechheit siegte – und immerhin pochte auch in ihrem Umkreis manch »starkem« Mann wie Ephraim Kishon, Dr. Robert von Weizsäcker, Ralph Siegel, dem Münchner Bürgermeister Zehetmeier usw. ein beklommen Herz.
Was gefällt Petra Schürmann beim Schach? »Das Vorausdenken, logisches Planen, Fehlen des Glücksfaktors, vor allem aber das Spiel als Welt im Kleinen, in dem es auch die Gegenzüge der anderen einzukalkulieren gilt.«
Gegen Kasparow hatte sie mit den schwarzen Steinen die im Diagramm gezeigte Stellung.

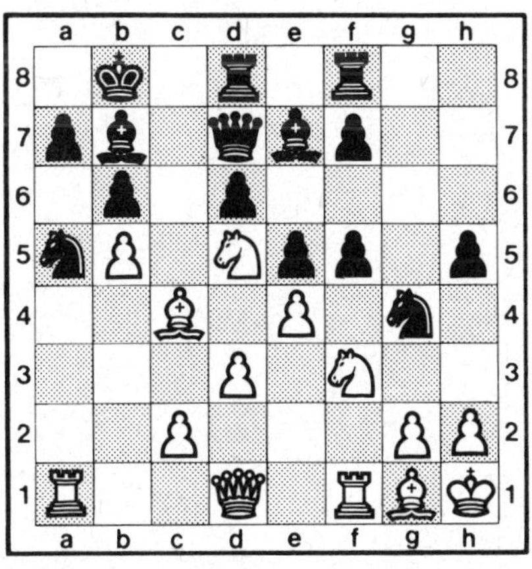


**Frage**

Scheinbar saß Petra wohlverschanzt in einer sicheren Festung und hatte alle Gegenzüge des Weißen einkalkuliert; z. B. führen Zerschlagungsopfer auf b6 zu nichts. Doch ab und zu sieht ein Weltmeister doch noch etwas weiter als ein Fernsehstar. Auf jeden Fall fand er hier eine andere durchschlagende Möglichkeit, sich Bahn gegen den schwarzen König zu öffnen – und zwar?
Indes, eine wahre Dame verzeiht: Trotz seines rabiaten Überfalls auf dem Brett hatte sie »menschlich den denkbar besten Eindruck« von Garri und würde für eine Wiederholung jede Skitour oder Party absagen.
Herrliche Münchener Partyzeiten brechen an – ohne Schach geht da nix mehr!

# Schach-Politiker

Vor den Karren dieses Kapitels sind zwei verschiedene Arten von Zugtieren gespannt, nämlich – Pardon lieber Horst, eben merk' ich, Du bist auch dabei.
In den Käfig dieses Kapitels sind zwei verschiedene Arten königlicher Großkatzen gesperrt, nämlich Mähnenlöwen und Sibirische Tiger (sozusagen). Der Gattungsname »Schach-Politiker« paßt so recht auf keine von beiden; er ist eine Chimäre, wie sie uns die moderne Gentechnologie in Zukunft häufiger bescheren mag: Vorderteil wie Hinterteil kennt man irgendwoher, für sich genommen stimmen sie auch und sagen was aus, aber vor dem Ganzen des neuen Geschöpfs stehen wir ratlos da, kratzen uns den Kopf und wissen nicht, was wir damit anfangen sollen. Derweil aber stolziert das Mosaikwesen hinaus, vermischt sich mit der Biosphäre, und um die Integrität der Schöpfung ist's getan.
In unserem Fall beschränken sich die unangenehmen Konsequenzen zum Glück auf das verständnislose Stirnrunzeln des/der Lesers/Leserin, der/die der Kapitelüberschrift ansichtig wird. Wir können frei nach Morgenstern erklären:

Das raffinier-
te Tier
tat's um der Systematik willen.

Denn in ein- und denselben Käfig sollten Löwen und Tiger hier nun mal bugsiert werden, und auf einen Käfig gehört eine säuberliche Aufschrift, wie zu einem Kapitel eine Überschrift.
Um schachspielende Politiker handelt es sich also und um Funktionäre der Schachwelt. Welches die Löwen sind und welches die Tiger, sollen sie untereinander ausraufen. Den Unterschied zwischen beiden erläuterte ein Frechdachs kürzlich so: »Politiker folgen dem Parkinsonschen Gesetz, sie werden so lange befördert, bis sie auf einem Posten sitzen, für den sie nicht taugen, und da bleiben sie dann und blokkieren alles auf ewig. Mit Schachfunktionären verhält es sich umgekehrt: Sie taugen nichts als Schachspieler, bis sie sich in Schachfunktionäre verwandeln und als solche doch mehr oder weniger funktionieren.« Von den Leistungen unserer Politiker möge sich der Keckling anderswo überzeugen; der zweite Teil seiner Theorie wird durch die hier vorgeführten Leistungen von Schachfunktionären »am Brett« widerlegt.
Im übrigen soll sich niemand wundern, daß Spitzenpolitiker, die doch von früh bis spät verplant sind und angeblich kaum 5% ihrer Zeit für das Entwerfen langfristiger Perspektiven zur Verfügung haben, es nebenher schaffen, sich ans Schachbrett zu setzen. Auch sie brauchen hie und da eine Entspannung, ein Vergnügen, einen geistigen Stimulus und seelische Regeneration. Wünschen wir ihnen und uns, daß sie alle ihre Fehler am Schachbrett machen!

# 78 Bonner Winkelzüge

»Seltsam – ich regiere die Welt vom Indus im Osten bis zum Andalus im Westen – und komme nicht mit den Figuren auf einem kleinen Schachbrett zurecht« (Al Ma-Mun, 768–833). So mag auch manch hiesiger Politiker 1976 während eines Wettkampfes mit Bonner Journalisten gedacht haben.

Aber wozu gibt es begabte Söhne!? Und als der damalige Bundeskanzler Helmut Schmidt als »Kapitän« der »politischen« Schachspieler zustimmte, nahm Vater Richard von Weizsäcker seinen Sohn Robert mit ins Treffen. Letzterer fuhr denn auch wie der Wolf in die Lämmerherde alias Journalistenzunft und machte ihnen klar, daß Papier und Tinte (bzw. Fernschreiber) doch geduldiger seien als Läufer und Springer. Nach sieben solcher Streiche forderte ihn der zweite Riese im Politikerlager heraus, Egon Bahr, bis dahin gleichfalls mit »weißer Weste« (rein schachlich wohlgemerkt). Doch diesmal vernachlässigte der Entwicklungsexperte seine eigene Entwicklung – all sein Sinnen und Trachten galt einem Turmgewinn. Diese Operation gelang, doch leider kam ihm dabei die Dame abhanden.

Robert von Weizsäcker war damals in einschlägigen, sprich Schach-Kreisen, wohlbekannt – im Nahschach in der Bundesliga, im Fernschach in der Meisterklasse, wo er alle seine Turniere gewann. Studien- und berufshalber legte er sich dann aber schachliche Abstinenz auf, und als er Ende Dezember 1985 (siehe Nr. 79!) in München in einer Simultanvorstellung von Weltmeister Garri Kasparow antrat, schien es reichlich ungewiß, ob er diesem werde Paroli bieten können.

Unter den Augen, allerdings ohne Einflüsterungen seines präsidentialen Vaters (»mein Sohn spielt besser als ich«) entstand die Diagrammstellung.

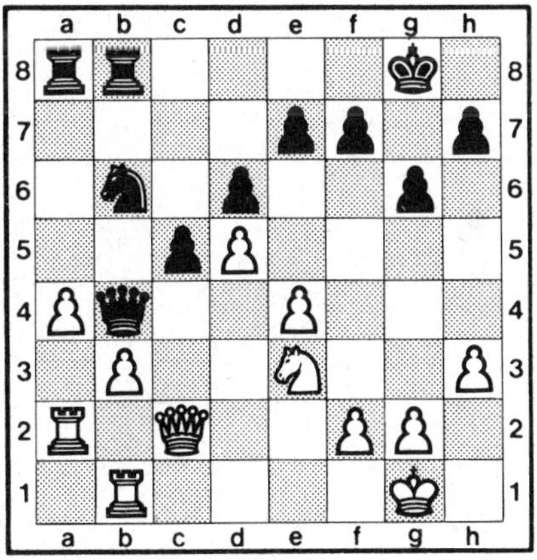

**Frage**

Mit welchem starken Zug nützte R. v. Weizsäcker als Schwarzer hier eine Fesselung aus, wonach einem sichtlich unzufriedenen Kasparow nichts übrigblieb, als schleunigst in das ihm angebotene Remis einzuwilligen?

# 79 Hans im Glück

Der bekannte Kolumnist W. Lippmann meinte, ein Schachspieler als amerikanischer Präsident sei am besten befähigt, mit den Russen zu verhandeln. Schach setze ähnliche geistige Eigenschaften voraus wie die Politik.
Hans Koschnick war 20 Jahre lang Bürgermeister der Freien und Hansestadt Bremen, bejubelt und beneidet als »Hans im Glück«, aber auch geschmäht. Recht so, warum muß einer auch Politiker werden! Vor seiner Bürgermeisterei hatte er noch Zeit für das Schachspiel, in den Jahren 1958 bis 1963 war er eine »willkommene Verstärkung« (Egon Ditt) der 1. Mannschaft des SK Bremen-Ost, der sogar die Vorrunde zur Deutschen Mannschaftsmeisterschaft erreichte. Und Koschnicks stolzes Ergebnis: 5,5 Punkte aus 6 Partien!
Doch dann das Malheur: Er wurde zum Senator für Inneres gewählt, war mit 34 Jahren der jüngste Landesminister der BRD. Aktives Schach, ade! Da hielt er es wohl mit Carl Maria von Weber:

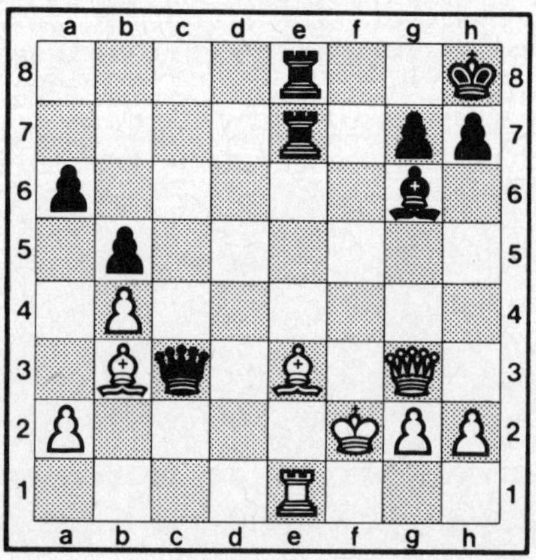


»Deutsch sein heißt, eine Sache um ihrer selbst willen tun.« Also ganz tun! Oder wollte er nur schauen, ob sich die Bremer Bevölkerung ähnlich leicht und willig wie die Schachfiguren regieren lassen!?
Öfters ging aber (Gott sei Dank) doch noch sein Spieltrieb mit ihm durch, für eine Blitzpartie – möglichst mit Kontra und Re – war er gern zu haben. Ein Glück, daß er im heutigen Bremen regierte und nicht im München des 15. Jahrhunderts, wo beim Schachspiel amtlicherseits nur ein Tagesverlust bis zu 24 Pfennigen erlaubt war.
Aber vielleicht gewann er ja auch da noch immer, ähnlich wie im zarten, vorpolitischen Alter von 22 Jahren, als ihm gegen den nachmaligen deutschen Meisterspieler Egon Ditt »une jolie petite combinaison« (Capablanca) gelang.

**Frage**

Natürlich läßt es sich mit vollen Hosen gut stinken, und Hans Koschnick als Schwarzer mit Qualitätsplus hatte hier bereits zwei durchschlagende Möglichkeiten, den Kampf sofort zu beenden. Dennoch will so etwas erst gesehen sein.
Welche beiden Entscheidungszüge hat Schwarz zur Verfügung, und welcher davon ist der stärkere, der in der Partie gespielt wurde?

# 80 Lern Schach, mein Herz!

Wenn es bei hohen Politikern jeder Couleur sumpft, filzt, flickt und stinkt, freut man sich von Herzen, einen (Neu-) Bundespräsidenten und einen (Alt-) Bundeskanzler zu sehen, die über allen Parteienhader hinweg traut nebeneinander am Schachbrett sitzen, um dem simultan spielenden Meister zu trotzen.

Da können allerdings Zwischenfälle passieren wie seinerzeit, als der (damals noch) Bundeskanzler eben genüßlich seine Pfeife schmauchte, zufrieden mit seiner Stellung gegen den Internationalen Meister Mathias Gerusel, und vom Ruf zu einer Krisensitzung aufgeschreckt wurde. Für derartige Notlagen gibt es indes Ministerialdirigenten in der Welt, die können die Partie dann übernehmen – z. B. einer namens Olsson. Kommt der Urvater dieser Partie nach Entkrisung zurück und erfährt von inzwischen stattgehabtem Friedensschluß, so bleibt ihm nur der Kommentar: »Ich habe Ihnen ja auch eine gute Stellung hinterlassen!« Quod erat demonstrandum.

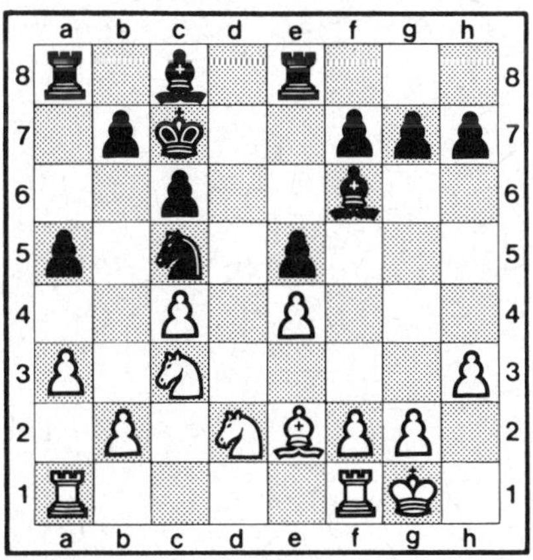

Aber selbst solche hohe Herren sind zuweilen den Gesetzen der Statistik unterworfen, nach welcher die Gegner des Simultanspielers nur etwa 10% der möglichen Punkte erreichen. Und ist einer in der glücklichen Lage, mit Puschkin (in einem Brief an seine Frau, 1832) sagen zu können: »Ich danke Dir, mein Herz, daß Du Schach spielen lernst, das braucht man in jeder wohlsituierten Familie«, so muß bei künftigem Simultananlaß vielleicht »sein Herz«, Loki sei sie genannt, durch ein Remis dafür sorgen, daß die Punkteausbeute der Familie dann wieder einmal über den statistisch zu erwartenden 10% liegt. Gegen Großmeister Lothar Schmid, bei der eingangs erwähnten Gelegenheit, tat sie das nämlich nicht.

**Frage**

In dieser Stellung zeigte sich Lothar als Schwarzer seinem Namensvetter im schachstrategischen Filigranspiel überlegen. Mit welch feinem Zug wies er auf die Schwäche der Felder d4 und f4 hin?

# 81 Fernöstliche Taktik

Der Filipino Florencio Campomanes ist ein Meister orientalischer Taktierkunst. Manche drücken dies auch etwas derber aus, so der schottische Meister David Levy mir gegenüber im Jahre 1978: »Wie kannst du mit solchem Gesindel noch Umgang pflegen!?« Den besonderen Zorn des Bücherschreibers Levy hatten sogenannte Raubdrucke englischsprachiger Schachbücher erregt, die im fernen Manila erschienen waren. Campomanes konterte: »Wie sonst könnte ich das Kulturgut Schach auch bedürftigen Bevölkerungskreisen nahebringen?«
Und ging als guter Hirte daran, diesen Schachsegen missionarisch auch in andere Entwicklungsländer zu tragen.
Da nun bekanntlich Dank der Welt Lohn ist und zum Beispiel Senegals Stimme im Weltschachbund FIDE ebensoviel zählt wie die der großen Sowjetunion, wurde aus dem »Gesindel« 1982 der neue Präsident dieser mehr oder weniger ehrenhaften Vereinigung. Seitdem steuert er dieses Ungetüm allen Unkenrufen zum Trotz mal behut-, mal gewaltsam durch ost-westliche Klippen.
Wie geschickt er nicht nur abseits der, sondern auch auf den 64 Feldern ist, zeigte er bei einem Turnier in Norwegen 1983. Draufgängerisch stürzte er sich auf seinen Gegner und gönnte diesem von Beginn an keine Verschnaufpause.

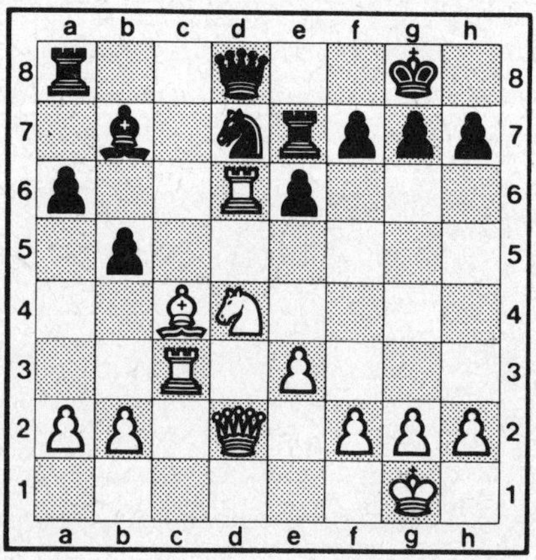

Weiß: Campomanes
Schwarz: Eriksen

| | | | | | |
|---|---|---|---|---|---|
| **1.** | **d4** | **d5** | **11.** | **De2** | **cxd4** |
| **2.** | **c4** | **e6** | **12.** | **Sxd4** | **Lb7** |
| **3.** | **Sc3** | **Sf6** | **13.** | **Tfd1** | **Sd5** |
| **4.** | **Lg5** | **Le7** | **14.** | **Lxe7** | **Sxc3** |
| **5.** | **e3** | **0–0** | **15.** | **Txc3** | **Txe7** |
| **6.** | **Sf3** | **Sbd7** | **16.** | **Sb5** | **Lc6** |
| **7.** | **Tc1** | **Te8** | **17.** | **Td6** | **a6** |
| **8.** | **Ld3** | **dxc4** | **18.** | **Sd4** | **Lb7** |
| **9.** | **Lxc4** | **c5** | **19.** | **Dd2** | **b5** |
| **10.** | **0–0** | **b6** | | | |

**Frage**

Mit welchem tiefdurchdachten Opfereinschlag überraschte der fernöstliche Taktiker jetzt seinen norwegischen Gegner?

# 82 Unser Präsident

Eine Begegnung mit Berlins Polizeidirektor Alfred Kinzel war nicht jedermanns Sache; zu leicht ging man geschlagen und geschunden nach Hause. Also ein übler Wüterich? Ebendies – zum Glück nur in Caissas Reich. In Berliner Schachkreisen galt sein Name etwas – bis er 1975 Präsident des Deutschen Schachbundes wurde. Denn es gibt eine alte Regel, nach welcher steigende Würde des Amtes direkt proportional dem Verkümmern des Schachverstandes ist.

Doch wie schon Goethe feststellte: Schach ist ein Probierstein des Gehirns – und unser Präsident liebt zwar klare Regeln, doch welch diebische Freude für einen ehemaligen Gesetzeshüter, sich gelegentlich auch über diese hinwegzusetzen. Das Ostseekreuzfahrtturnier im September 1982 bot ihm Gelegenheit nachzuweisen, daß das hohe Amt seinem Schachverstand keinen Abbruch getan hatte. War die See stürmisch oder friedlich, war Marianne Strauß nahe oder weit weg (die Affäre, von der gemunkelt wurde, sei hier nochmals ins Reich der Fabel verwiesen), »el presidente« behielt stets die Übersicht und zog all seinen Gegnern das Fell über die Ohren, ein wahrhaft 100prozentiger Erfolg.

Ob ihm die freien Partien mit dem Kapitän der »Astor« so gut bekommen waren? Ob der ihm womöglich ein Schiffsschachgeheimnis verriet? Fast will es in der folgenden Partie so scheinen: Wie mit Zauberhänden knackt der jugendliche 70er aus Berlin den Riegel um den weißen König. Wehe den Lästermäulern, die Funktionärsdasein und Schachverständnis als unvereinbare Größen betrachten!

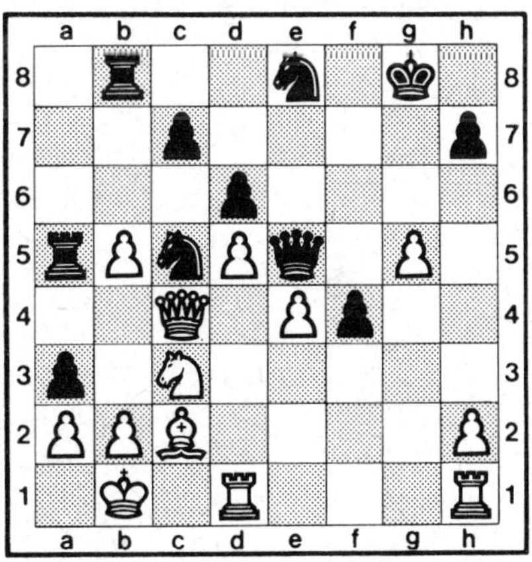

Weiß: Hoffmann
Schwarz: Kinzel

| | | | | | |
|---|---|---|---|---|---|
| 1. | **d4** | **Sf6** | 15. | **Lxg7** | **Sxg7** |
| 2. | **c4** | **g6** | 16. | **Kb1** | **a4** |
| 3. | **Sc3** | **Lg7** | 17. | **Tdf1** | **b5** |
| 4. | **e4** | **d6** | 18. | **Sxb5** | **Lxb5** |
| 5. | **Ld3** | **e5** | 19. | **cxb5** | **Tfb8** |
| 6. | **d5** | **0–0** | 20. | **Sc3** | **Dh4** |
| 7. | **f3** | **Sh5** | 21. | **g4** | **f4** |
| 8. | **Sge2** | **f5** | 22. | **Tc1** | **De7** |
| 9. | **exf5** | **gxf5** | 23. | **De2** | **Ta5** |
| 10. | **Le3** | **Sa6** | 24. | **Df1** | **Se8** |
| 11. | **Dd2** | **Sc5** | 25. | **g5** | **e4** |
| 12. | **Lc2** | **a5** | 26. | **fxe4** | **De5** |
| 13. | **0–0–0** | **Ld7** | 27. | **Dc4** | **a3** |
| 14. | **Lh6** | **Df6** | 28. | **Tcd1** | |

**Frage**

Wie konnte Schwarz nun die geballte Wucht seiner Türme zur Geltung bringen und den Bauernschild vor dem weißen König zerstören?

# 83 Der Vater des Fräuleinwunders

Sergiu Samarian, der Bundestrainer im Deutschen Schachbund, hatte es schon immer mit den Frauen – früher als rumänischer Damentrainer, nun hierzulande, wo er sich mit besonderer Hingabe dem Training des schönen Geschlechts widmet. Unter seiner Obhut und Führung stiegen die rumänischen Damen zur Weltspitze auf, und die deutschen erwachten aus ihrem einstigen Mauerblümchendasein zu einem wahren Fräuleinwunder. In der Weltrangliste der Damen rangieren sie inzwischen höher als die deutschen Spieler in der der Herren. Im Gegensatz zum Berliner Schachphilosophen Junk, der der Frau eine naturbedingte Unfähigkeit zuschrieb, in den Geist dieses Spieles einzudringen und dieses Buch mit sieben Siegeln jemals aufschlagen zu können, glaubt Samarian an »seine« Frauen, glaubt er sogar, daß in absehbarer Zeit eine Frau den Weltmeister der Männer wird herausfordern können. (Und zwar nicht zum Jux, sondern mit Aussicht auf Erfolg!)

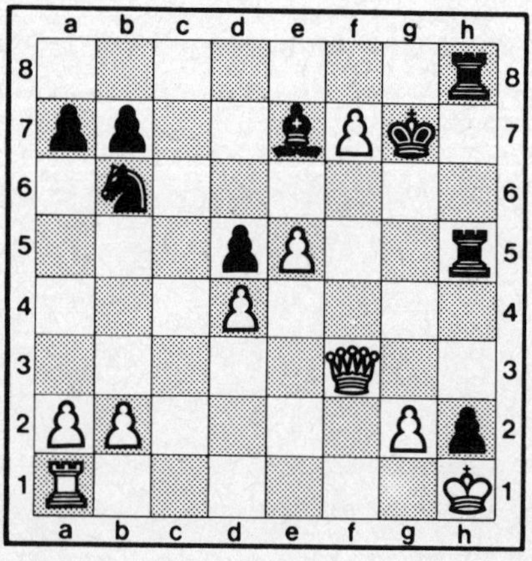

Obwohl ein Mann, spielt auch er sehr erfolgreich. In der folgenden Partie aus einem Turnier in Berga (Katalonien) stürmt er ungestüm auf seinen Widerpart, den deutschen Meisterspieler Backwinkel, los, wobei er zwei Figuren für den Angriff opfert, der so durchschlagend ist, daß ihn Schwarz auch durch Herausgabe seiner Dame nicht mehr zu bremsen vermag.

Weiß: Sergiu Samarian
Schwarz: Paul Backwinkel

| | | | | | |
|---|---|---|---|---|---|
| **1.** | **e4** | **e6** | **14.** | **Db1** | **Kf8** |
| **2.** | **d4** | **d5** | **15.** | **Sg5** | **Kg7** |
| **3.** | **Sd2** | **Sf6** | **16.** | **Sxf7** | **Kxf7** |
| **4.** | **e5** | **Sfd7** | **17.** | **Lxg6+** | **Kg7** |
| **5.** | **Ld3** | **c5** | **18.** | **Sg3** | **Le8** |
| **6.** | **c3** | **Sc6** | **19.** | **Lxe8** | **Dxe8** |
| **7.** | **Se2** | **cxd4** | **20.** | **f5** | **h4** |
| **8.** | **cxd4** | **Sb6** | **21.** | **fxe6** | **hxg3** |
| **9.** | **0–0** | **Ld7** | **22.** | **Tf7+** | **Dxf7** |
| **10.** | **f4** | **g6** | **23.** | **exf7** | **gxh2+** |
| **11.** | **Sf3** | **h5** | **24.** | **Kh1** | **Th5** |
| **12.** | **Ld2** | **Sb4** | **25.** | **Df1** | **Le7** |
| **13.** | **Lxb4** | **Lxb4** | **26.** | **Df3** | **Tah8** |

**Frage**

Eine jungfräuliche Kamikaze-Dame brach jetzt den letzten schwarzen Widerstand. Wie ging es weiter?

# 84 Früher spielte er auch Schach

Dem Glücklichen schlägt zwar keine Stunde, wohl aber einem Schachfunktionär – irgendwann spielt dieser seine letzte Turnierpartie und widersteht danach auch heftigstem Bitten und Betteln, die Perlen seiner Schachkunst noch einmal unters gemeine Volk zu streuen. Um so mehr ist es natürlich des Chronisten Pflicht, ein Abschiedsgeschenk des der Turnierarena Entrückten der Nachwelt zu erhalten, zu deren Erbauung und Belehrung.

Obwohl der Geschäftsführer des Deutschen Schachbundes, Horst Metzing – in grauer Vorzeit einmal Zweiter der Deutschen Jugend-Fernschachmeisterschaft – noch im besten Schach- und Mannesalter von 36 Jahren (1985) ist, ist er bereits unter die Bücherschreiber und Funktionäre gegangen. 1973 bewegte er zuletzt ernsthaft die Klötze, für seinen Verein Berlin-Kreuzberg. Sein Opfer (Gegner von Schach-Offiziellen sind wohl über diesen krassen Fall hinaus als solche einzustufen) war der Zehlendorfer Johannsen, der in der Diagrammstellung vermutlich mit dem nichtsahnenden Frohsinn eines derzeitigen Bundeskanzlers am Brette saß. Die Katastrophe, die nun über seinem Haupte hereinbrach, war aber auch wirklich schwer vorherzusehen.

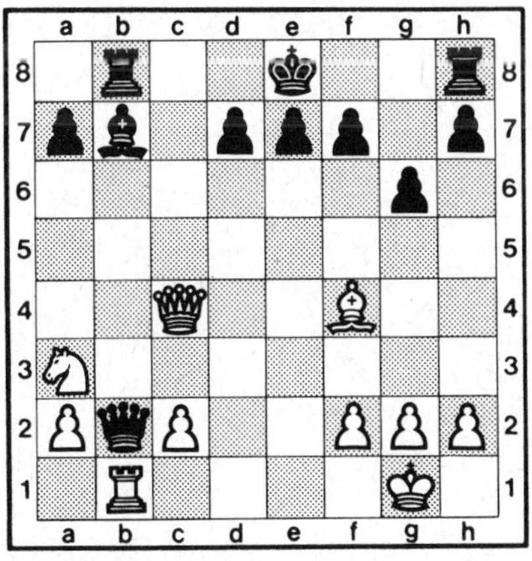

**Frage**

Mit seinem letzten Zug Tb1 hatte Weiß die schwarze (metzingsche) Dame angegriffen. Nach der scheinbar erzwungenen Ping-Pong-Folge 1. ... Dxa3 2. Lxb8 hätte er in der Tat nichts mehr zu fürchten gehabt – im Gegenteil. Unerwartet gab es nun aber eine Schmetterball-Kombination des trotz seines »hohen« Alters noch gefürchteten Tischtennisspielers Horst Metzing (er ermüdet hierin öfters Robert Hübner und H.-J. Hecht vor wichtigen Länderkämpfen). Dabei spielt ein Mattmotiv auf der verletzlichen Grundreihe des Weißen mit dem Turm b8 als Angreifer eine wesentliche Rolle. Welchen doppelten Schmetterschlag zauberte Horst hier auf die Platte?

# Ein bunter Strauß

Hängt nicht an dem Begriff »Wunderkind« etwas vage Zirkus- oder Jahrmarkthaftes, so als hörte man aus der benachbarten Schaubude das rechnende Pferd mit dem Vorderhufe klopfen? Falls dem so ist, muß es sich wohl um ein Relikt aus den Zeiten handeln, da es einem seriösen Könner wie Leopold Mozart eine gute Geschäftsidee schien, seine beiden begabten Kinder in Europa herumzuführen, um sie vor amüsiert staunendem Publikum vierhändig spielen zu lassen; bei mit einem Tuche abgedeckter Tastatur, wie dressierte Äffchen. Gott sei Dank hatte Wolfgangs Genie zu viel Durchschlagskraft, um sich von solch vergeuderischer Vermarktung ersticken zu lassen. Aber wer zählt die glänzenden Talente, die in dem Korsett vorzeitiger Routine verkümmert, unter dem Druck überzogener Erwartungen zerbrochen, von törichten Salonschmeicheleien zugrundegehätschelt wurden? »Es bildet ein Talent sich in der Stille«; und je größer das Talent ist, desto mehr wird aufs Spiel gesetzt, wenn man ihm die Zeit zur Reife nicht läßt.
Zsuzsa Polgar, mit der dies Kapitel beginnt, ist über solche Gefahren glücklich hinaus. Ihr Vater nahm sie beizeiten aus der Schule, um ihr eine sorgfältig geplante Privaterziehung angedeihen zu lassen; schachlich wurde sie nicht vor der Zeit verheizt, sondern ist kontinuierlich gereift. Sie werden gleich lesen, auf welche letzte Bastion die Herren Großmeister ihre letzte Hoffnung setzen, nicht von Zsuzsa überrannt zu werden. – John Nunn hat es vielleicht über die kritischen Runden geholfen, daß er gleich zwei herausragende Begabungen besitzt: wann immer an dem einen Bein gerüttelt wurde, hatte er noch das zweite, um darauf zu stehen. Erst spät und aus praktischen Gründen hat er sich beruflich für das Schach entschieden; als Hobby blieb er aber der Mathematik und den Computern treu.
Mit dem »Wundergreis« Reshevsky leiten wir über zu ein paar Fällen von Schachblindheit. Es mag die Leser trösten und ermutigen zu sehen, daß auch Ex-Weltmeister Karpow, bislang der erfolgreichste Spieler aller Zeiten, nicht gegen diese Krankheit gefeit ist; ja daß die ganze deutsche Nationalmannschaft kollektiv mit Blindheit geschlagen sein kann.
Wie die unausrottbare Schachblindheit die Fehleranfälligkeit menschlichen Denkens demonstriert, so steckt das Blindspiel, d. h. das Schachspiel ohne Ansicht der Figuren, eine der Grenzen der geistigen Leistungsfähigkeit des Menschen ab. Wir dürfen uns ruhig gegenseitig auf die Schultern klopfen vor Staunen darüber, was die Spezies zustandebringt, der wir angehören und die biologisch eigentlich ja noch gar nicht recht da ist! Daß wir hier aber an eine Grenze stoßen, zeigt sich darin, wie schwer und lange manche Meister im Anschluß an Blindsimultanvorstellungen an Schlaf- und Denkstörungen und Zwangsvorstellungen litten.

## 85 Das Dreimäderlhaus

Der stolze Vater rief Dr. Lindner an: sein achtjähriges Töchterlein, Zsuzsa Polgar, habe alle Probleme in dessen 1947 erschienenem Buch bis auf zwei gelöst: diese seien wohl nicht korrekt. Erstaunen – Entsetzen! 30 Jahre lang waren diese beiden Aufgaben durch Ungarns Schachwelt gegeistert, und weder Autor noch Leserschaft hatten bemerkt, daß sie wegen Druckfehlern inkorrekt waren, bis nun ein kleines Mädchen . . .

Hier könnte das Märchen enden; doch Zsuzsa ist noch nicht gestorben, sie feierte am 19. April 1985 gerade ihren 16. Geburtstag, quicklebendig und schachlich besser denn je. Sie führt heute schon die Weltrangliste der Frauen an, weit vor der Weltmeisterin Maja Tschiburdanidse und dem schwedischen Star Pia Cramling. Der »Stern« läßt wissen, sie nehme mit Vorliebe an Männerturnieren teil und liege mit ihrer Elo-Zahl (Bewertungszahl der Spielstärke) von 2430 knapp unter dem Niveau männlicher Koryphäen wie Dr. Pfleger, Unzicker und Pachmann. Da haben wir (bald) die Bescherung! Und zu alldem will sie auch noch Weltmeister werden – bei den Männern! Da kann die bedrohte Männerwelt nur hoffen, daß Zsuzsa recht rasch älter wird und in Liebe einem Nichtschachspieler verfällt.

Aber selbst diese Hoffnung ist trügerisch! Schon stehen in ihren Fußstapfen ihre Schwestern Sophie mit elf und Judith mit neun Jahren, die abends als Betthupferl gern Meisterkandidaten beim Blitzspiel vernaschen.

Kombinieren ist ihrer aller Lust – in der Diagrammstellung sagte Zsuzsa als 12jährige dem Internationalen Meister J. Horvath ein Matt in drei Zügen an.

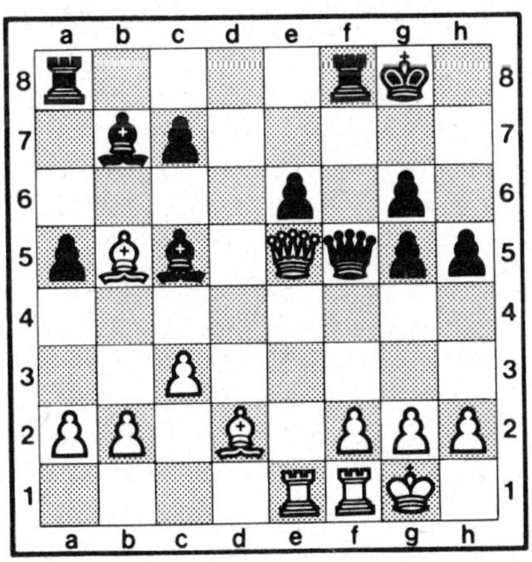

**Frage**

Wo schlug es bei Weiß ein?

# 86 Schach-Kindergarten

»Eine gute Partie«, meinte Ex-Weltmeister Boris Spassky, nachdem er mit Müh und Not den 12jährigen Michael Adams hatte niederhalten können. Dem Weltmeisterschafts-Herausforderer von 1984, Garri Kasparow, trotzte dieser im Uhrensimultan gar ein Remis ab, und andere renommierte Meister waren beim Turnier der Lloyds Bank in London im August 1984 gegen diesen englischen Knaben noch weniger erfolgreich, so daß er eine Elo-Zahl von 2405 zugesprochen bekommen wird: einmalig für dieses Alter! Sein inzwischen 19 Jahre alter Wunderkind-Kollege Nigel Short war erst mit 14 Jahren so weit, und selbst Bobby Fischer dürfte erst in diesem Alter solche Stärke erreicht haben.
Wird bald ähnlich wie in anderen Sportarten ein »Kindergarten« im Schach das Sagen haben und die »großen« (erwachsenen) Meister nach seiner Pfeife tanzen lassen? Einiges spricht dafür, auch wenn »Altmeister« Anatoli Karpow sich mit 33 Jahren (s. o.) noch auf dem WM-Thron behaupten kann. Der Spruch »wenn ein Schachspieler endlich weiß, was er machen müßte, um Großmeister zu werden, ist es im allgemeinen zu spät, um es zu verwirklichen« trifft heute immer weniger zu. Die Jugend hat das Kommando übernommen, obwohl sie glücklicherweise (zu ihrer eigenen Läuterung, wohlbemerkt) zuweilen von Veteranen in biblischem Alter wie Smyslow (UdSSR) oder Najdorf (Argentinien) noch Prügel bezieht.

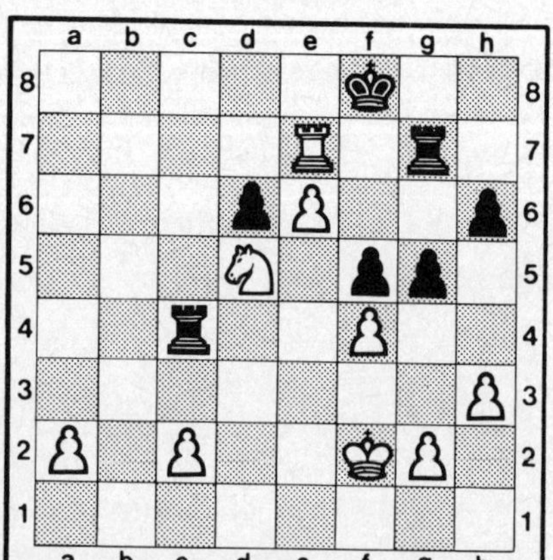


**Frage**

In dieser Stellung hatte Michael mit Weiß, kühn und unwiderstehlich wie der Erzengel gleichen Namens, den immerhin bereits 16 Jahre alten Internationalen Meister Nasser Saeed aus Dubai (einer Schachoase in Arabien) überfahren. Mit welchem kleinen Sidestep erzwang er nun die Entscheidung?

# 87 Trimm dich? Pfui Teufel!

Fragt man den Schach»sportler« Dr. John Nunn, ob er – wie viele Kollegen – auch anderen Sport betreibe, so winkt er entsetzt ab: Wann immer er sich zu solch törichtem Tun habe verleiten lassen, habe er sich dabei und danach schlecht gefühlt. Warum sich quälen!? Wo es doch Spaß genug macht, vielstellige angebliche Primzahlen in Sekundenschnelle als teilbar zu entlarven oder bei Computerspielen die englische Rangliste anzuführen.

Mit 15 Jahren war er der jüngste Mathematikstudent in der Geschichte der Universität Oxford, später wurde er auch der jüngste Assistent. John Nunn lobt sich die Mathematik und das Schach – da gibt es feste Regeln, sicheren Boden unter den Füßen, auf den man sich aus dem trügerischen Sumpf des nie ganz überschaubaren Lebens flüchten kann.

In der folgenden Stellung von der Commmonwealth-Meisterschaft 1985 zwischen ihm als Weißem und dem talentierten Yougster Niaz Murshed aus Bangladesh schien angesichts der schwarzen Drohung Txb2+ noch einiges unklar.

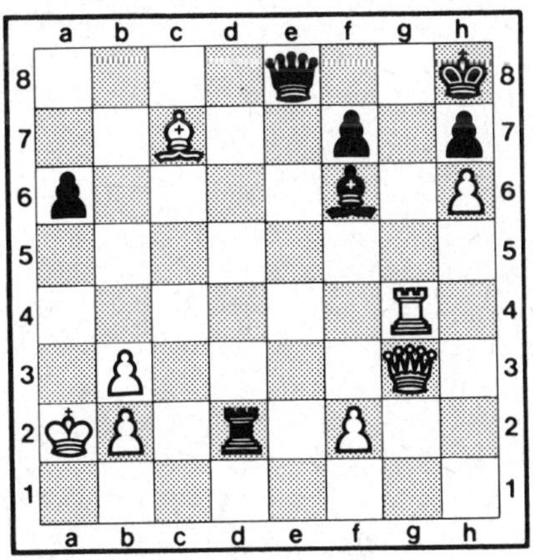

**Frage**

Doch mit einem schönen Opferzug als Auftakt einer versteckten Gewinnkombination unterbrach John die gefährliche Diagonale a1–h8, schuf selbst einen schillernden Reigen von Mattmotiven und heimste damit den Preis für die »beste Partie« ein.

Heimsen Sie mit? Was spielt Weiß am besten?

# 88 Und die Bibel hat doch recht

»Sie spielen Krieg, ich spiele Schach« gab der sechsjährige Samuel Reshevsky 1917 dem deutschen Gouverneur in Polen noch als Lebensweisheit auf den weiteren Lebensweg mit, nachdem er ihn gerade geschlagen hatte. Sprach's und nahm seine Eltern in fremde Länder mit, schlug fortan seine erwachsenen Gegner gleich schwarenweise im Simultanspiel und sicherte seiner Familie damit den Lebensunterhalt.
Doch auch Wunderkinder ereilt das unerbittliche Rad des Alterns und die erstarrte Trauer einer ungelebten Kindheit. So ist der kleine, schmächtige »Sammy« im Alter von 73 Jahren (1985) zwar immer noch ein Riese im Schach, einer der genauso dünn wie Wunderkinder gesäten Wundergreise, doch scheint der amerikanische Opa von heute ähnlich einsam wie einst der kleine Polenjunge. Menschlichen Kontakt unterhält er offenbar mit niemandem als mit Mrs. Reshevsky – die allerdings ist immer an seiner Seite; ihre Erscheinung ist am ehesten mit dem bayerischen Attribut »guat beianand« zu beschreiben. Als einmal der Gegner ihres Schützlings die Zeit überschritt, ohne daß letzterer dies bemerkte, rief sie laut: »Ich fordere den Punkt im Namen meines Mannes!« Die Schachregeln verbieten gemeinhin solche Einmischung, doch ein bibelfester Zuschauer kam ihr zu Hilfe: »Sie handelte ganz rechtens, denn Mann und Frau sind ein Fleisch.«
Beim Kandidatenturnier 1953 in Zürich muß aber wohl das eine Fleisch kurzzeitig getrennt gewesen sein, denn niemand warnte Sammy in der Stellung des Diagramms vor der Katastrophe.

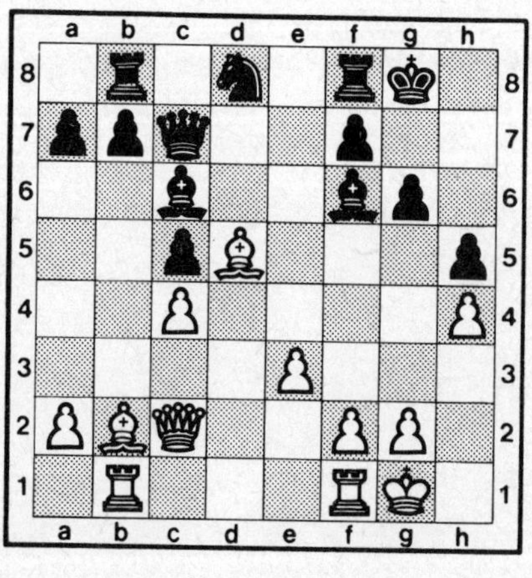

**Frage**

Unglaublicherweise packte aber auch seinen ungarischen Gegner Szabo als Weißen völlige Schachblindheit. Er zog hier Lxf6, statt die Partie durch Matt in zwei Zügen zu beenden – wie Sie es sicher a tempo tun würden!?

# 89 Kneten macht Spaß

Seit vielen Jahren gehört Ulf Andersson zu den besten Schachspielern der Welt. Was Spielfreude und Ausdauer angeht, ist der kleine, stets freundliche und allseits beliebte Schwede vielleicht sogar der Größte. Er kann von Turnier zu Turnier eilen und sitzt doch immer wieder freudig-erwartungsvoll am Brett, spielt in seinem vorsichtig-positionellen Stil endlose »Seeschlangen«, scheut keine ermüdenden Hängepartien, ja scheint in trockenen Endspielen geradezu aufzuleben, um seine still vor sich hin leidenden Opfer zu bekneten.

Als er anläßlich eines Turniers in Südafrika eine Simultanvorstellung gegen Afrikaner gab, dauerten auch hier seine Partien recht lange – Figurengewinne, ja sogar Mattbilder verschmähte er. Statt dessen belagerte er lieber vereinzelte Bauern, um diese trotz aller Gegenwehr schließlich zu erobern. Gefragt, ob er die schnelleren Gewinnmöglichkeiten übersehen habe, antwortete Ulf: »Nein, aber mir macht es Spaß, Druck auszuüben.«

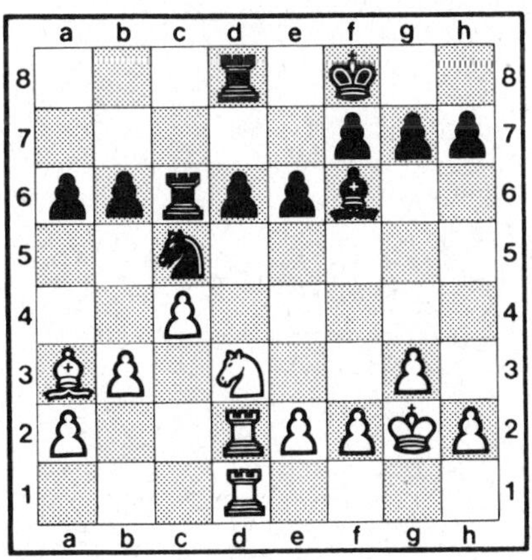

Karpow mußte 1975 seine erste Niederlage als frischgebackener Weltmeister gegen Ulf Andersson hinnehmen – nach 79 Zügen zäher Verteidigung. Es heißt, daß zuweilen auch der gute Homer schlief, warum dann nicht auch Weltmeister Karpow? Das Turnier zu London im Mai 1984 gewann Karpow zwar eindrucksvoll, gleich in der ersten Runde war er aber gegen Andersson wieder am Rande einer Niederlage.

**Frage**

Karpow mit Schwarz hatte hier fehlerhaft 22. ... Kg8–f8 gespielt. Schwer zu glauben, aber wahr, daß nun auch Andersson schachblind war: er setzte mit 23. g4 fort, wonach die Partie schließlich remis ausging.

Sehen Sie den Gewinnzug für Weiß?

# 90 Meister irren nicht

Da schenken doch Ralf Lau's Nationalmannschafts-Kameraden ihm das Buch »Die Kunst der Vereinfachung« mit der liebevollen Widmung »Für den tauschgeilen Ralf.« Warum wohl?
Aus gegebenem Anlaß: Er hat gegen den Schweizer Gobet geschickt abgetauscht und nun eine übersichtliche Stellung ganz nach seinem Gusto. Und zudem Hängepartie, also Zeit genug, sie sorgfältig zu studieren. So stürzt sich denn die gesamte deutsche Mannschaft mitsamt einem Robert Hübner, unter dessen analytischem Scharfblick normalerweise keines Gegners Hinterlist sich unbemerkt hereinschleichen kann, auf diesen Leckerbissen. Fazit: allgemeine Zuversicht auf den vollen Punkt.
Doch dann kommt nach der Wiederaufnahme dieser vermaledeite Zug Dame f5! Jäher Schrecken durchzuckt alle, während ein konsternierter Ralf alle Mühe hat, seine Verbalinjurien auf halbwegs überhörbarem Niveau zu halten. Die sogenannte Crème des deutschen Schachs analysiert viele Stunden und übersieht eine ganz einfache, zu augenblicklichem Remis führende Fortsetzung – folie a tous.
Immerhin kann man uns nicht nachsagen, wir hätten eine falsche Stellung analysiert! Das werfen Sie bitte nur dem jetzt für Frankreich spielenden Ex-Weltmeister Spassky vor.

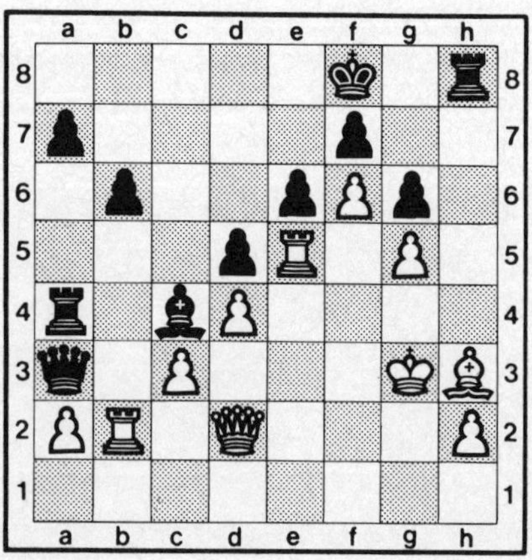


**Frage**

Dies war seine Abbruchstellung als Weißer gegen den Argentinier Panno, ebenfalls bei der Mannschaftsweltmeisterschaft in Luzern 1985. Nur analysierte Boris mit dem schwarzen Turm auf a5 statt – wie wirklich – auf a4.
Scheinbar ist für Weiß kein Durchkommen, und sein Bauer auf a2 droht zu fallen. Boris hatte aber mit seinem Abgabezug noch eine mutige Opferentscheidung getroffen, die den schwarzen König entblößte und ihm in jedem Fall den Sieg sicherte.
Welchen Zug hatte er ins Kuvert gegeben?

# 91 Der weitsichtige Blinde

»Ich wäre geneigt, Ihnen diese gefährlichen Versuche zu verzeihen, wenn Sie dafür 500 oder 600 Guineen erhalten hätten; aber seinen Verstand und sein Talent für nichts zu riskieren, das begreift man nicht«, so der Schriftsteller Diderot 1782 in einem Brief an den Künstler des Blindspiels (d. h. des Schachspiels ohne Ansicht des Brettes) André Philidor.

Diesen Brief nahm sich offenbar der Herausforderer im Kampf um die Weltmeisterschaft (1985), Garri Kasparow, zu Herzen: Er bat für seine Blindsimultan-Vorstellung an zehn Brettern bei der ZEIT um etwas mehr als nur um Speis und Trank.

Doch etwas fehlte ihm selbst jetzt noch: Zeit. Er versuchte sich nämlich dem rasanten Arbeitstempo dieses Verlagshauses anzupassen und spielte als Novum in der Schachgeschichte blindsimultan gegen die Uhr. Verdientermaßen nicht ungestraft! Während in seinen kleinen, grauen Zellen pausenlos Springer vorwärts- und zurückhüpften, wurde sein Essen kalt und sein Gemüt gehetzt und unwirsch.

Bis sich des Teufels Gnade über ihn herabsenkte, bis nämlich der mitspielende Schachcomputer »Mephisto« den »blinden« Garri zu einer brillanten, weitsichtigen Kombination einlud. Diebische jungenhafte Freude huschte über sein Gesicht, als er in der Diagrammstellung (er hatte soeben schon einen Springer geopfert) ein Matt in neun Zügen ankündigte: Er hatte noch schneller und tiefer gerechnet als »Mephisto«.

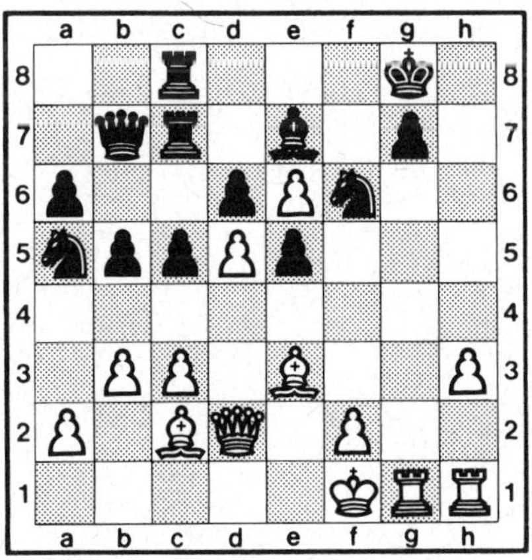

**Frage**

Bum-bum (was in diesem Fall die lautmalende Beschreibung zweier Freilegungsopfer bedeutet), und die noch bescheiden im Hintergrund wartende weiße Dame wird zur königsmordenden Furie. S'il vous plaît?

# 92 Der blinde Seher

»Außer der Philosophie weiß ich kein so gutes Treibmittel des Gehirns als höchstens Schach und Kaffee«, meinte Jean Paul. Fürwahr eine eigenartige Kombination cerebraler Stimulantien, und doch war Fritz Sämisch, der erste Deutsche, dem die FIDE nach dem 2. Weltkrieg den Großmeistertitel verlieh, eine lebendige Bestätigung dieser Mixtur.
Als Grundnahrungsmittel bot er seinem Körper Kaffee und Tabak an. Allerdings fiel auch dieser Pionier einer neuen Ernährungslehre zuweilen in die Hände sogenannter Gutmeinender, die ihm etwas »Richtiges« einflößten – ich selbst quälte den armen Mann einmal mit einem Omelett. Dank seiner Weltabgeschiedenheit beging er solcherlei Diätfehler wohl selten, kupierte sie mit einer höheren Dosis Kaffee und erhielt sich so seine geistige Spannkraft bis ins hohe Alter. Im Schachspiel oder in anregendem Disput voller Lebendigkeit, taumelte er ansonsten selbstvergessen durch den Alltag.

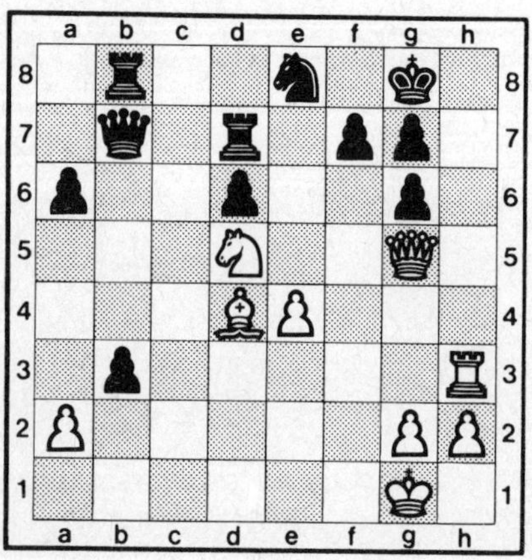

Nicht von ungefähr war er auch ein Meister im Blindspiel und nahm es manchmal mit bis zu 20 sehenden (!) Gegnern gleichzeitig auf.
Die Diagrammstellung stammt aus einer Blindsimultanveranstaltung an acht Brettern in Bern 1949. Der Internationale Meister Brinckmann sagte hierzu: »Viele von uns würden dies mit Vergnügen unter Glas und Rahmen aufbewahren, wenn sie es sehenden Auges gespielt hätten.«

**Frage**

Wie warf Fritz Sämisch hier dem schwarzen König seines Gegenspielers Koller eine unzerreißbare Mattschlinge über den Kopf?

## 93 Bitte, die »Times«!

Die Londoner wollten ihren Augen nicht trauen – der junge Mann spielte gegen 22 Gegner gleichzeitig blind, vergnügte sich nebenbei mit einer Partie Bridge und las The Times. Am Ende konnte er nicht nur sämtliche Schachpartien, sondern auch das Kartenspiel und den Inhalt der Zeitung lückenlos aus seinem Gedächtnis abrufen – vor und zurück!
Der Amerikaner Harry Nelson Pillsbury wurde der »König der Blindspieler« getauft, als er um die Jahrhundertwende während einer siebenmonatigen Tour 150 Blindsimultanvorstellungen gab. Er starb 1906 im Alter von nur 34 Jahren in geistiger Umnachtung – der damalige Weltmeister Emanuel Lasker führte seinen frühen Tod auf »Überbeanspruchung der Nervenzellen« zurück.
Doch es ist eben schwer, der Verlockung des Blindspiels zu widerstehen. Vlastimil Hort, der da auch gerne »schwach« wird, erklärte mir zwei Tage nach einem Blindsimultan, als er die Partien nicht aus seinem Gedächtnis herausbekam: »Nie wieder!« Doch plötzlich kam ihm wohl die Endgültigkeit der Aussage zu Bewußtsein, und er verbesserte sich flugs: »... höchstens einmal pro Jahr!« Und selbst da ließe sich vermutlich mit ihm handeln.
Pillsbury indes sah nicht nur »blind« eine Menge, auch »Aug in Aug« stand bzw. saß er seinen Mann und gewann zum Beispiel das berühmte Turnier zu Hastings 1895 vor Weltmeister Lasker, Steinitz, Tschigorin und Dr. Tarrasch. Unzweifelhaft war er zwischen dem legendären Paul Morphy und Bobby Fischer der genialste Spieler, den Amerika hervorbrachte.
Doch jetzt wieder Augen zu!

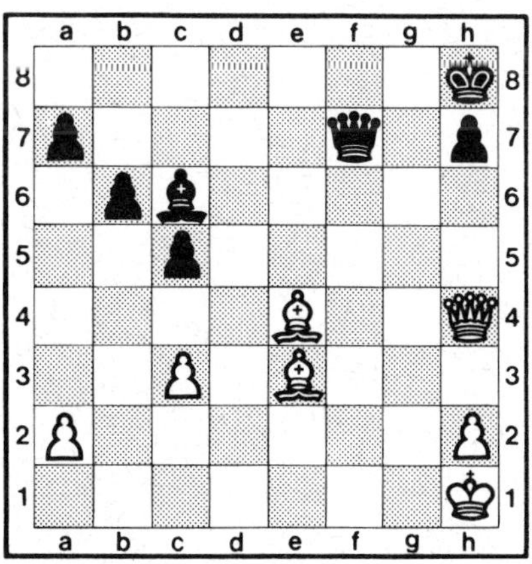

**Frage**

Ein reizendes Finale gelang ihm hier als Schwarzem in der eingangs beschriebenen Londoner Blindsimultanvorstellung. Einen Läufer hat Schwarz weniger, doch ein dreizügiges Mattbild »vor Augen« voraus. Mit welchem eleganten Matadorstückchen wird der weiße König zur Strecke gebracht?

# 94 Eine ZEIT-Bombe

Kraftvoll stürmt der junge Mann in die Arena, herausfordernden Blicks: »Wer wagt es, Rittersmann oder Knapp?« 31 Mutige oder Tolldreiste sind es, die dem Ruf des Nachrichtenmagazins »Der Spiegel« gefolgt sind, in einer Simultanveranstaltung Garri Kasparow, dem (1985) Prätendenten auf den Weltmeisterthron, zu trotzen. Manch einer träumt an diesem Tag wohl insgeheim von dem indischen Sprichwort: »Das Schach ist wie ein See, in dem eine Mücke baden und ein Elefant ertrinken kann.«
Der meisten Mücken Schwimmkünste erweisen sich aber doch als nicht ausreichend, trotz teilweise delikater Nachbarschaftshilfe: z. B. sitzen da der sowjetische Konsul Kulkow und der Hamburger Reeder Stödter, den kaum jemand sozialistischer Neigungen zeihen wird, friedlich nebeneinander und präsentieren sogar im Gleichklang eine identische Eröffnung – zum Schluß geht aber auch diese kommunistisch-kapitalistische Gemeinschaftsfertigung unter.

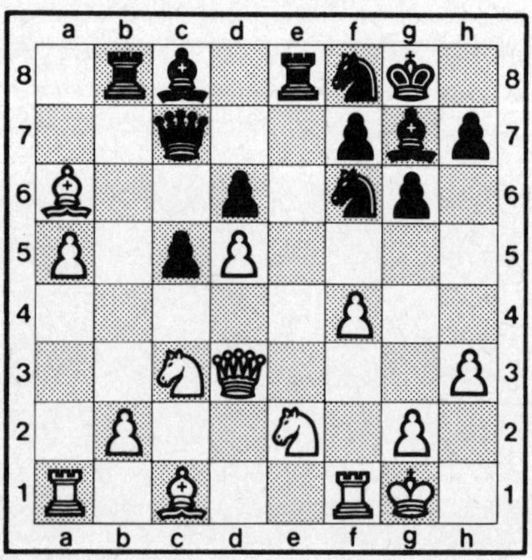

Um so mehr Auftrieb gibt's einige Bretter weiter: Wolfram Runkel von der ZEIT hat ein Wolga-Gambit gewagt, ohne für diesen Frevel bestraft zu werden. Au contraire – siehe Diagramm!

**Frage**

Garri als Weißer hatte der Lockspeise des »vergifteten« Bauern a6 nicht widerstehen können. Listig warf ihm nun Wolfram Runkel noch einen ungenießbaren Happen (welchen?) hin, um danach zwangsläufig den vorwitzigen Läufer a6 zu erobern.
Der senecabelesene Garri schüttelte unwillig sein Haupt, statt sich am Beispiel Egon Bahrs aufzurichten, der bei gleichem Mißgeschick (Figurenverlust) seinen Frohsinn nicht verlor: »Na, wir haben ja noch ein paar andere (Figuren)!«

# Schach, Medizin und Psychologie

Medizin wie Psychologie haben zunächst eine theoretische Seite: da gehören sie beide in den weiten Bereich biologischer Forschung, und speziell in den der Wissenschaft vom Menschen. Das Verfolgen dieses theoretischen Aspektes, d. h. die medizinische und psychologische Forschung, sollte immer den praktischen Aspekt zum Ziele und als Maßstab und im Auge behalten; und das ist die Hilfe für den leidenden Menschen.
Welche Zusammenhänge gibt es nun zwischen Medizin und Psychologie auf der einen und dem Schachspiel auf der anderen Seite? Mit Banalitäten wie Niedergeschlagenheit oder Mißmut nach einer Niederlage oder der akut abführenden Wirkung, die schon der Anblick des Brettes gelegentlich hervorruft, wollen wir uns nicht zufriedengeben. Zunächst erinnern wir uns daher an die Unternehmen eines Münchener Internisten und Psychosomatikers, medizinische Parameter sowie seelische Befindlichkeit im Verlaufe von Schachpartien zu registrieren. Das Ergebnis war eine klare Korrelation zwischen dem Kampfverlauf auf dem Brett und dem Erregungsablauf im Spieler, sowie die Feststellung, daß der psychische und körperliche Streß beim Turnierschach dem entspricht, der bei mittelschweren Sportarten auftritt.
Schön und gut; aber wie ist damit den (not)leidenden Schachspielern zu helfen? Einfach genug: Wenn nämlich Schach ein Leistungssport ist, verdient es auch dieselbe finanzielle Förderung, die anderen Leistungssportarten zuteil werden. An dieser erfreulichen Folgerung muß es liegen, daß die Reihe der Veröffentlichungen über jene, mehrere Jahre zurückliegenden Untersuchungen nicht abreißen will; so daß die Partien, an denen so hilfreiche Feststellungen getroffen wurden, eines Tages bekannter sein mögen als Anderssens »Unsterbliche.«
Daß die Psychologie zur Hebung der Spielstärke behilflich sein könnte, leuchtet gleich ein, wenn man an so störende Phänomene wie Schachblindheit, Übernervosität oder Gehemmtheit gegenüber Angstgegnern denkt. Die hilfreichste Methode wird allerdings für jeden Fall neu gesucht werden müsen; dekonditionierendes Training, Atemübungen, Entspannungstechniken kämen in Frage. Und die Spitzenspieler, für die es sich lohnt und die sich's leisten können, setzen bei ihren Wettkampfvorbereitungen ja immer häufiger auch auf professionelle psychologische Hilfe.
Auch die Medizin hilft dem einzelnen Schachspieler; denn die Vermutung, Schachnarren sei sowieso nicht zu helfen, schieben wir als unfruchtbar beiseite. Körperliches Training, richtige Ernährung, Hilfe zu gesundem Schlaf, eventuell auch medikamentöses Abfangen hinderlicher Übererregung sind da aufzuzählen.
Und nicht vergessen werden soll der generelle Gewinn an Lebensfreude, den das Schach denen bringt, denen's Spaß macht.

# 95 Schach ist Sport

Wir Schachspieler haben es nicht einfach mit unserem Metier – ist es nun Spiel, Sport, Kunst, Wissenschaft oder gar Philosophie und Psychotherapie? Ausnahmsweise einmal nicht weltfremd, liebäugeln wir am meisten mit dem Sport, an dessen vollen Fleischtöpfen man sich am besten labt. Schließlich sind die Reste vom Tische eines reichen Fußballbundes besser als ein hungriger Magen. (Wie z. B. einige Mitglieder der Schachabteilung des FC Bayern München bestätigen könnten.)
Es traten daher (1981) bei einem Internationalen Schach-Medizin-Turnier in der Sportschule München-Grünwald zehn Spieler in die Arena, um sich vor, während und nach den Turnierpartien im wahrsten Sinne des Wortes auf Herz und Nieren prüfen zu lassen. Meine Mitarbeiter und ich wollten genau wissen, was im scheinbar ruhig dasitzenden Körper eines Schachspielers vor sich geht, und untersuchten deshalb EKG, Pulsfrequenz, Hautwiderstand, Atemfrequenz und Blutdruck sowie Blut und Urin unserer meist geduldigen Versuchskaninchen. Und siehe da – es tobt da drinnen der reinste Hexenkessel, genau wie bei anderen Sportlern! Die Gedanken kann man zwar (Gott sei Dank) nicht lesen, doch Angst, Schreck und Erleichterung und überhaupt die Anspannung des Kampfes drücken sich in den physiologischen Parametern aus.
Kein Wunder also, daß in der Diagrammstellung nach dem letzten Zug von Schwarz Dd4–d8 der Puls des Berliners Thomas Grzesik als Weißem freudig auf 115/min, der des Franzosen Marc Leski in plötzlichem Erschrecken gar auf 140/min hüpfte.

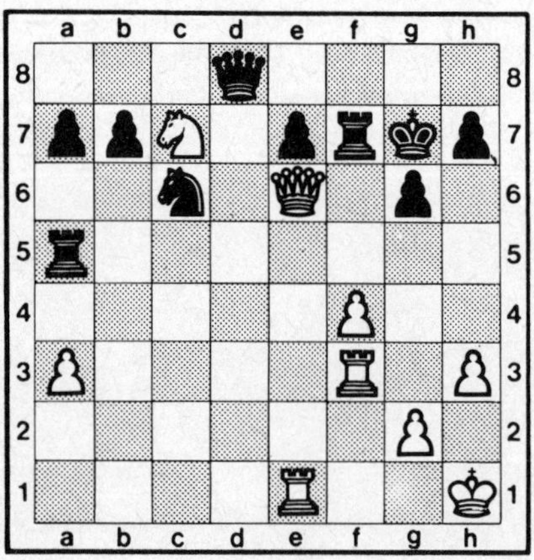


**Frage**

Mit welchem Zug erhielt der Weiße hier augenblicklich eine Gewinnstellung?

# 96 Schach ist gesund

Bei den Anhängern des königlichen Spiels weiß der unbedarfte Zeitgenosse – sprich Nichtschachspieler – oft nicht, ob er sie als schrullig bis leicht verrückt belächeln oder wegen ihrer Fähigkeit zu logischem Denken mit gewissem Respekt betrachten soll. Wenn wir es trotz gewisser Bedenken ausnahmsweise einmal mit dem logischen Denken halten, werden wir sogar erkennen, daß Schach gesund ist. Um zu diesem Schluß zu kommen, brauchen wir bloß die These, Liebe sei gesund (der doch kaum jemand widersprechen wird), zusammenzuschütten mit dem Stefan-Zweig-Zitat »Schach ist wie Liebe (. . . Es kann nicht allein gespielt werden.)« Nur hartgesottene Skeptiker dürften sich dieser Folgerung eines Schachspielers verschließen.
Vielleicht sind diese Unverbesserlichen auch auf den englischen Schriftsteller H. G. Wells gestoßen: »Wenn du jemand vernichten willst, dann nimm keinen Dolch und keine Bombe – das wäre altmodisch oder unzuverlässig – sondern lehre in Schach, impfe ihn damit, und du wirst ihn zerstören.«
Sicher aber waren diese Zweifler nicht im Juni 1984 beim Int. Turnier in Tunja (Kolumbien), als der Kolumbianer Dario Alzate seinen Landsmann Alonso Zapata, immerhin den derzeit besten Spieler Südamerikas, im Handstreich vom Brett fegte. Erkältet begann Dario diese Partie, um sich in ihrem Verlauf allmählich immer wohler zu fühlen. Die entscheidende Besserung erfolgte in der Diagrammstellung.

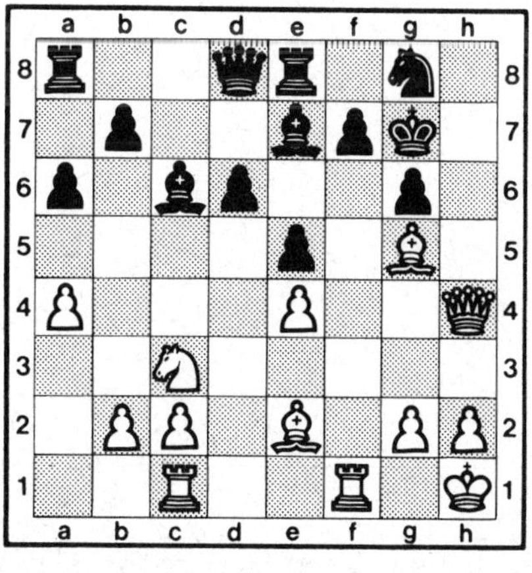

**Frage**

Mit welcher Kombination tat Dario als Weißer Psyche und Körper zugleich etwas Gutes und bewies sich und uns die gesundheitsfördernde Wirkung des Schachspiels? Quod erat demonstrandum!
P.S.: Nur eingefleischt Böswillige werden nun fragen, ob diese Partie auch dem Gegner wohltat.

# 97 Behandlung gefällig?

»Denksport für die Gesundheit« lautete vor geraumer Zeit der Titel einer Folge der Fernseh-Medizin-Sendung »Die Sprechstunde«. Und mit diesem Denksport war ausgerechnet Schach gemeint! Man mag darüber denken wie man will – auf jeden Fall ist die Hinwendung der Ärzteschaft zu diesem »Gesundheitsbringer« im allgemeinen nicht allzu groß. Was allerdings nichts beweist; schließlich wissen Ärzte umgekehrt allerhand Schlaues über den Herzinfarkt zu dozieren und sterben doch statistisch häufiger daran als ihre »dummen« Patienten.

Hingegen ist bekannt, daß Mathematiker einen für das Schachspiel überdurchschnittlich geeigneten Denkapparat haben. Als nun jüngst (1985) bei einem offenen Turnier in Bad Wörishofen der englische Mathematicus und Weltklassespieler Tony Miles auf den Medizinstudenten Hans-Joerg Cordes traf, sprach alle statistische Wahrscheinlichkeit gegen den Jünger Äskulaps.

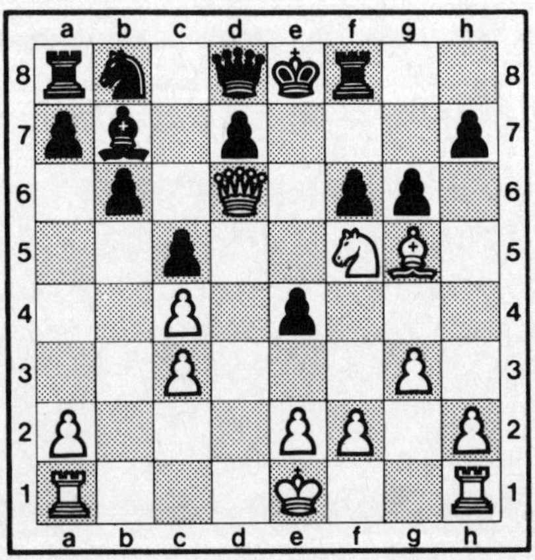

Doch was dann geschah, grenzt schon fast an Majestätsbeleidigung. In einem fürwahr respektlosen Königsangriff stürmte der junge Hamburger auf den löwenmähnigen Helden ungezählter »Opens« ein.

**Frage**

Hier ist schon ein Läuferskalpell auf g5 angesetzt und ein gewaltiges Schlachtroß auf f5 in Operationsstellung gebracht. Doch sind beide bedroht, und es bedarf eines grandiosen Coups des Medikusses in spe, um den zählebigen schwarzen Patienten ein Stück weiter auf dem erwünschten Weg vom Leben zum Tode zu befördern. Dieser mußte froh sein, noch mit dem nackten Leben davonzukommen und vorerst nur einen Teil seiner Eingeweide (man blicke nach b7) herausseziert zu bekommen.

Wie spielte Weiß?

# 98 Arzt und Schach – ach!

Arme Ärzte – schon früher hatten sie es schwer! Sich im Dienst am Nächsten rastlos und selbstlos aufopfernd, bleibt ihnen keine Muße für harmlose, selbstische Vergnügungen wie zum Beispiel das Schachspiel. Und da das früher so war wie heute, fand der 1838 in Gleiwitz geborene Arzt Gustav Neumann erst mit 25 Jahren zum wettkampfmäßigen Schach. Dann allerdings scheinen seine Patienten des öfteren ohne Klistier und Schröpfegel ausgekommen sein zu müssen, denn wir finden ihn bei etlichen Turnieren in Deutschland, Dundee, Paris usw., wo er mit den ganz Großen der damaligen Zeit, mit Anderssen, Steinitz, Blackburne etc. gut mithielt.

Bald begann sich jedoch sein Verstand zu trüben; wie es heißt, aufgrund einer in der Jugend erlittenen Kopfverletzung. Oder wollen Übelmeinende etwa behaupten, an diesem traurigen Schicksal könne das Schachspiel oder Neumanns Arzttum oder eine Verquickung dieser beiden nicht ganz schuldlos sein!?

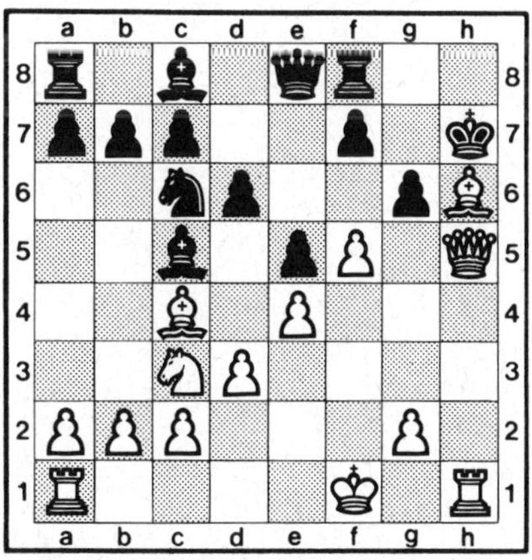

Denen sollte man Villons Ballade von den Lästerzungen entgegenschleudern! Wir hingegen wollen eilig das heikle Thema verlassen und uns der »wunderschönen Exekution« zuwenden, die Neumann als Weißer im Jahre 1863 dem durch sein Lehrbuch bekannt gewordenen Dufresne angedeihen ließ.

**Frage**

Dufresnes letzter Zug war 15. ... g6. »Noch am Grabe pflanzt er die Hoffnung auf!« (Schiller.) Falls nun siegessicher-sorglos 16. fxg6+ folgte, dann gewänne nach dem Abzugsschach 16. ... fxg6+ sogar noch Schwarz. Doch kraftvoll schwang Neumann hier den Narkosehammer und setzte in zwei Zügen matt. Wie?

# 99 Knicki-knacki-nahbeisacki

»Abt Ahi« habe angerufen, wurde mir ausgerichtet. Ich stutzte... Inzwischen ist mir längst die Natur dieses orientalischen »Abtes« klarer und er selbst mir ein guter Freund geworden: der Perser Dr. med. Modjtaba Abtahi. Askese und dogmatische Strenge sind ihm im Gegensatz zu manchen seiner Landsleute weiß Allah nicht auf den Leib geschrieben, vielmehr ist er zumindest beim Schachspiel ein Bruder Immerfroh.

Zwei außereheliche Liebschaften hegt er in seiner Brust: Chirurgie und Schach. Im Unterschied zu seiner Bedachtsamkeit und Genauigkeit beim Operieren zeigt er sich beim Schachspiel als Gestalt aus 1001 Nacht: Da läßt er seiner romantischen Phantasie freien Lauf und entzückt Gegner wie Kiebitze mit unvermuteten Zügen und bei freien Blitzpartien mit pointierten Begleitreden als Zugabe, wie: »es knistert in der Kiste«, »knicki-knacki-nahbeisacki« (angeblich Japanisch für »Oberschenkelhalsbruch«) und dergleichen mehr.

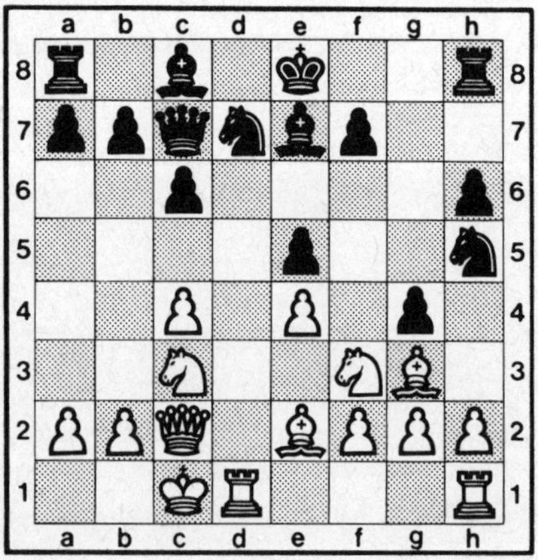

Solch tiefgründige Kommentare beflügeln offenbar unseren persischen Medikus selber so, daß ihm nicht selten Kabinettstückchen gelingen wie in der Spitzenpaarung eines Städtevergleichskampfes Recklinghausen – Dordrecht (Niederlande).

Weiß: Dr. Modjtaba Abtahi
Schwarz: A. van ten Hoff

| | | | | | |
|---|---|---|---|---|---|
| **1.** | **d4** | **Sf6** | **7.** | **Lg5** | **h6** |
| **2.** | **Sf3** | **d6** | **8.** | **Lh4** | **Dc7** |
| **3.** | **c4** | **Sbd7** | **9.** | **Dc2** | **Le7** |
| **4.** | **Sc3** | **e5** | **10.** | **Le2** | **g5** |
| **5.** | **dxe5** | **dxe5** | **11.** | **Lg3** | **Sh5** |
| **6.** | **e4** | **c6** | **12.** | **0-0-0** | **g4** |

**Frage**

Mit welchem Hieb bestrafte jetzt Weiß das überstürzte Vorgehen von Schwarz am Königsflügel?

# 100 Ein Sieger mit vollen Hosen

»Ein Mensch sitzt da, ein schläfrig trüber,
ein andrer döst ihm gegenüber,
sie reden nichts, sie sitzen stumm,
mein Gott, denkst du,
sind die zwei dumm.«

So beginnt ein Schachgedicht von Eugen Roth, und so empfindet vermutlich manch Fernseh-Sportredakteur, dem allenfalls ein Autorennen, womöglich gewürzt durch einen prächtigen Zusammenstoß, den Mund wässern macht. Was hilft da der Hinweis, daß auch durch eines Schachspielers Brust heftige Emotionen wallen, daß sich in seinem Kopf tiefgründige, zuweilen sogar stimmige Berechnungen jagen. Der Zuschauer will etwas sehen! Der stoische Gleichmut etwa eines Portisch gibt da nicht viel her, und leider nicht alle Tage ist ein Glücksfall wie jener auf einer Jugendweltmeisterschaft geschehene zu haben, als ein Spieler in einer entscheidenden Partie bei hoher Zeitnot sich zwischen Partiegewinn und dem vom Intestinum dringend geforderten Sprint zur Toilette entscheiden mußte – und schachlicher Erfolg plötzlich stinken konnte.

Eher zu dienen ist da mit gelegentlichen »Stuhlfallern«. Dabei denke ich weniger an Robert Hübners trockene Replik auf die Frage, ob sich ein Spieler in einer bestimmten Stellung noch retten könne: »Ja, wenn der andere tot vom Stuhl fällt.« Sondern ich denke konkreter an Vlastimil Hort, den einmal ein überraschender Zug von Keres aus heiterem Stuhlwippen heraus umschmiß, oder an den Spanier Juan Bellon, der als Weißer in der Diagrammstellung allerdings nur beinahe vom Stuhl fiel, als sein Gegner, der Kubaner Silvino Garcia, seinen nächsten Zug ausführte.

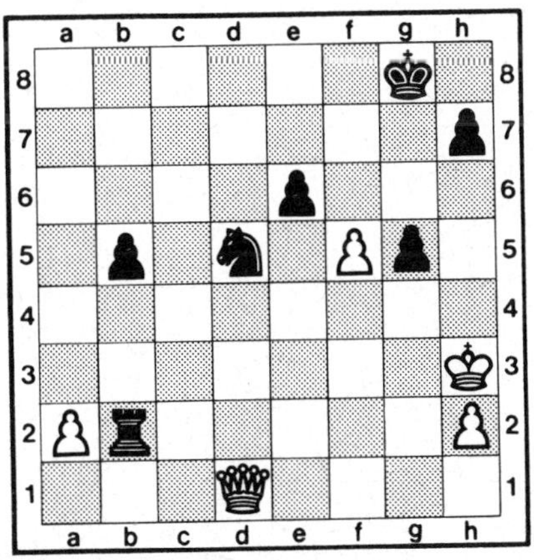

**Frage**

Welcher Zug riß den Weißen nicht nur aus seinen Siegesträumen, sondern ließ ihn sogar unmittelbar aufgeben?

# 101 Psychologie ist alles

Möglicherweise hatte sich Dr. Robert Hübners Diktum, daß bei gleichstarken Gegnern der Erfolg alleinig von der psychologischen Einstellung abhängig sei, bis nach Ungarn herumgesprochen. Jedenfalls brachte denn Andras Adorjan zu seinem Kandidatenwettkampf (1980) gegen selbigen Hübner eigens eine Psychologin mit, was ihn allerdings nicht an gelegentlichen kräftigen Patzern hinderte.

Doch vielleicht hatte es auch gefrommt, und was einem einzelnen recht, mag einer ganzen Mannschaft billig sein. Nachdem die unter sich ziemlich zerstrittenen Ungarn bei der Schacholympiade 1978 in Buenos Aires gewonnen und 1980 in Malta immerhin den Sieg mit der UdSSR geteilt hatten, wollten sie solch stolze, ohne seelischen Beistand errungene Erfolge natürlich wiederholen und versicherten sich für Luzern 1982 der Hilfe eines Psychologen. Die Folge entsprach der Medizinerglosse »Operation geglückt, Patient tot«.

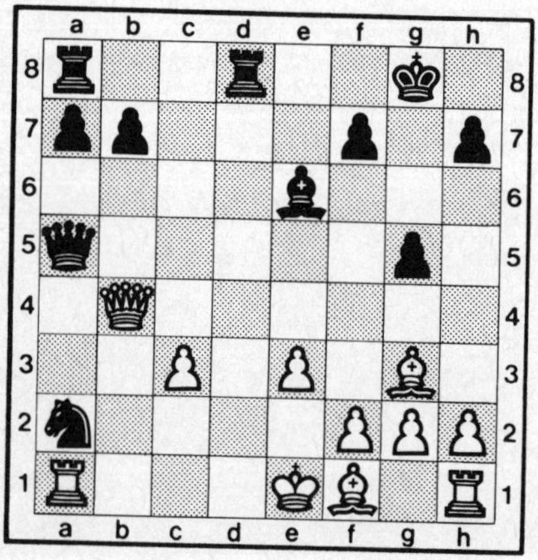

Erst bei der letzten Olympiade in Saloniki (1984) schien aufgrund heftiger Streitereien im ungarischen Team endlich wieder der Weg zum Erfolg geebnet. Ihr großer »alter« Mann Lajos Portisch hatte nämlich nicht mehr unangefochten am Spitzenbrett Platz nehmen dürfen und stapfte dementsprechend oft noch verschlossen-abweisender durch die Halle als sonst; bis ein Rumäne namens Suba sein Gemüt wieder aufheiterte.

**Frage**

Suba als Weißer hoffte hier noch mit einem blauen Auge davonzukommen. Aber der »schönste Zug der Olympiade« ließ ihn sofort aufgeben. Welcher war's?

Trotz der »gesunden Mißstimmung« im Team wurden die Ungarn bei dieser Olympiade übrigens »nur« Vierte.

# 102 Die Daumenschrauben bitte!

»Ein Mensch, was ka Schach spielt, ist ka Mensch. Im Schach sitzt die Intelligenz«, sagt der bucklige Zwerg Fischerle und träumt davon, daß er sich als Dr. Fischer(!) in den Vereinigten Staaten niedergelassen und den »schönen« Capablanca als Weltmeister entthront habe: »Und dieser war gebrochen und untröstlich, er sah aus wie ein alter Mann.«

Elias Canettis Roman »Die Blendung« erschien bereits 1931, zwölf Jahre vor Bobby Fischers Geburt. Doch wenn Fischerle alias Dr. Fischer lediglich davon träumen kann, daß Reporter ihn in seinem Versteck aufspüren, vor ihm niederknien und ihm Zehntausende von Dollars bieten, nur damit er etwas sage, so wurde dies bei Bobby Fischer weitgehend wahr, obwohl auch er in kindlichen Allmachtsträumen gefangen blieb: In einem Luxusschiff wollte er als Weltmeister nach Amerika zurückkehren und sich ein Haus in Form eines Schachturms vom teuersten Architekten bauen lassen. »Ich werde meinen eigenen Klub haben. Den Bobby-Fischer-. . . nein, den Robert-J.-Fischer-Schachklub. Er wird Klasse sein. Turniere im Smoking. Keine Schnorrer.«

Und einem ganz feinen Herrn, dem Psychoanalyticus Reuben Fine, der viel Schlaues über sado-masochistische Tendenzen im Schachspiel geschrieben hatte, servierte er in der abgebildeten Stellung einen so bösartigen Zug, daß es schon einer ausgeprägten Lust am Leiden bedurft hätte, nicht sofort aufzugeben.

**Frage**

Mit welchem Zug bekräftigte Fischer seinen Ausspruch, daß jener Augenblick der größte Genuß für ihn sei, wenn er dem Gegner die Daumenschrauben angelegt habe und dessen Selbstachtung zermalmen könne?

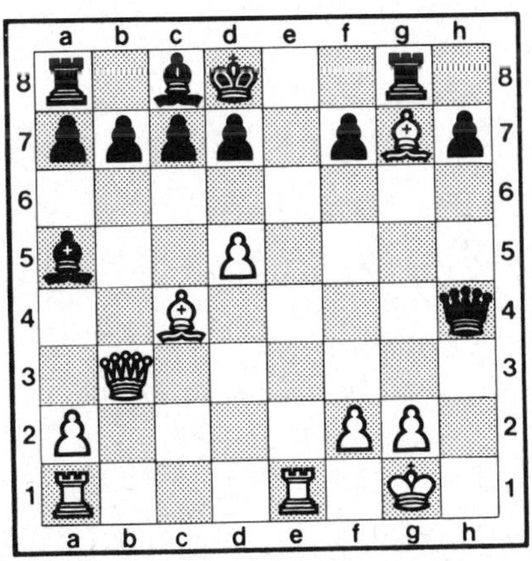

# Freunde

Achill und Patroklos hat's längst erwischt, und Dick und Doof sind von dickem Staube bedeckt, wie er sich in mehreren Jahrzehnten auf Museumsstücken abzusetzen pflegt. Und wenn auch das deutsche Wort »Freund«, dank Hyperion und Konsorten, noch reichere emotionale Obertöne mitführt als das angelsächsische »friend«, so dringt doch mehr und mehr von der geschäftsmäßigen Unverbindlichkeit in unser Wort ein, welche unsere amerikanischen Freunde mit dem ihrigen verbinden.
Zugegebenermaßen dienen Ausdrücke wie »Geschäftsfreund« oder »Schachfreund« nicht nur dazu, sachliche Gegnerschaft und seelische Gleichgültigkeit tükkisch zu bemänteln. Gerade weil man darauf sinnt, den Geschäftsfreund bis auf den letzten Heller zu schröpfen, oder weil man dem Schachfreund wegen einer Niederlage unversöhnlich grollt, ist das euphemistisch angehängte »-freund« so sinnvoll; es mahnt dazu, sich in den Bahnen zivilisierter Wohlerzogenheit zu halten, ohne welche es weder Geschäftsverkehr noch Schachturniere gäbe.
Dennoch läßt sich eine allmähliche Verflachung oder Entleerung oder Veralltäglichung des deutschen »Freund« beobachten. Daß dem so ist, ist nicht weiter schlimm, sondern zunächst nichts als eine wertfreie Feststellung: Wortbedeutungen wie Gefühlsinhalte entwickeln sich nun mal fort wie alles andere in der lebendigen Welt. Je nach Standpunkt mag es gar begrüßenswert erscheinen, wenn das Wort wie die menschliche Beziehung, die es andeutet, von gefühlsduseligem Ballast befreit werden, welchen sie im Deutschen seit Biedermeier und Romantik mitgeschleppt haben.
Andere Länder, andere Sitten. Wenn bei Deutschen und Nordamerikanern bestimmte Nuancierungen von Freundschaft vorwiegen, so sei gleich noch eine Generalisierung gewagt, nämlich daß Freundschaft bei südländischen Menschen ihre eigenen Formen zeigt: Die Vertrautheit kommt schneller und ist rückhaltloser, die Herzlichkeit heftiger bis ins echt Rauschhafte; dafür weniger beständig und ausdauernd. Südländer sind entflammbarer als wir Kälterblütigen, dafür brennen sie schneller ab; wie überhaupt ein dauerndes Hochgefühl physiologisch nicht durchzuhalten ist. Das mehr nach der Form begierige Auge des Südländers braucht den äußeren Anhaltspunkt; es muß den Freund sehen – sobald er aber da ist, wird ein Fest gefeiert und getanzt.
In diesem Kapitel geht es um Freunde von Helmut Pfleger. Nachdem wir durch eine seiner beruflichen Sphären kursorisch hindurchspaziert sind, verdichtet sich hier sein Dunstkreis, bevor er uns im letzten Kapitel dann vollends verschluckt. Auffällig ist, daß die Mehrzahl der hier versammelten Freunde spanisch Sprechende, zumeist Mittel- und Südamerikaner sind. Daß jene gesegneten Teile der Erde unsern Autor besonders faszinieren, ist unschwer zu schließen. Das tut aber seiner Freundschaft zu anderswoher Stämmigen keinen Abbruch. Und es sei versichert, daß Hans-Günther Kestler nicht der einzige Freund ist, den Helmut in Deutschland besitzt. Schon weil er ein Bamberger ist, hat er verdient, den Reigen zu eröffnen.

# 103 Lieber Bratwörscht als Horaz

»Ja, so ein Depp« – dieser Ausruf charakterisiert weniger die akademische Gelehrsamkeit als die kernige Sprache des Bamberger Richters Hans-Günther Kestler. Und in Bamberg ist kein aus weltfremdem Gelehrtenwinkel heraus dozierender Jurist erwünscht, sondern ein »erdnaher« Richter, der dem Volk aufs Maul schaut und seine Sprache spricht.
Schon Kestlers Habitus verströmt weniger das Bild geistig-theoretischer Entrücktheit als barocker, deftiger Sinnenfreude; man ahnt sogleich: das ist ein Mann, dem Praxis über Theorie und Bratwörscht und Schlenkerla-Rauchbier über Horaz und Askese gehen.
Im Schach hätte es der Internationale Meister mit seiner großen natürlichen Begabung bei mehr Ehrgeiz sicher noch weiter bringen können. Doch im Zweifelsfall zog und zieht es ihn eher zu einer gemütlichen Bayerischen Meisterschaft als zu einem internationalen Turnier, bei dem man nichts als hochdeutsche Laute vernimmt oder gar fremdländisch parlieren muß und wo keine Sau schafkopfen kann.
Wie im Leben, so im Schach! Dem trockenen Regelmaß kann er wenig abgewinnen, glückt ihm aber ein Leckerbissen, so soll es die Welt, die in diesem Fall sogar ruhig über das Frankenland hinausreichen darf, erfahren. Ein Beispiel ist seine wundersame Rettung bei der Deutschen Jugendmeisterschaft 1956 gegen den damaligen Kölner Werner Pesch, der heute seine Schachheimat im Bamberger Schachklub 1868 gefunden hat, unter den Fittichen von Meister Kestler als Mannschaftsführer.

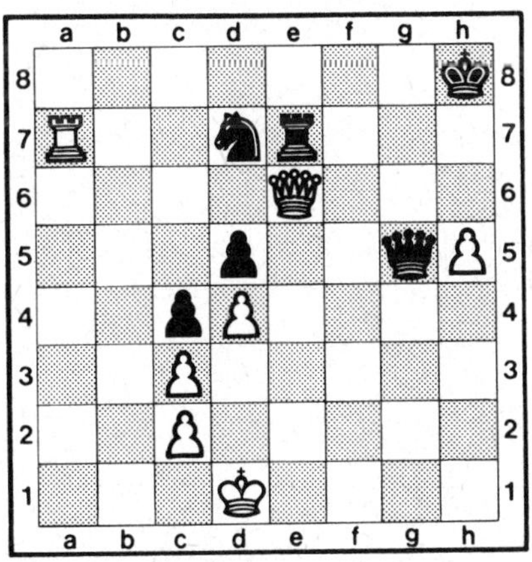

**Frage**

Werner Pesch als Schwarzer glaubte mit seiner Mehrfigur hier natürlich auf Gewinn zu stehen. Doch diese Rechnung war ohne den Wirt H.-G. Kestler gemacht, der sich nach drei weiteren (worunter zwei höchst verblüffende) Zügen ein Remis in die Tabelle eintragen ließ, obwohl seinem König dann (Gott sei Dank!) nur noch Bauern zur Seite standen.

# 104 Köpfchen, Köpfchen

Den »Bayern« (für Nordlichter: gemeint ist natürlich Bayern München) bringt er Siege, mir bringt er ungarische Salami mit – jedem also das ihm Gemäße. Verständlich, daß Zoltan Ribli aus Budapest in München gern gesehen ist. Mit ihm als herausragendem Spitzenbrett konnten es die Schachspieler 1986 einmal mehr ihren übermächtigen Brüdern, den Fußballern, gleichtun und erneut Deutscher Mannschaftsmeister werden.
Selbstverständlich bleiben die naturgewollten Relationen gewahrt, mit dem kleinen Zeh verdient jeder Fußballer mehr als ein Schachspieler, und sei er der Weltklassemann Ribli, mit dem Kopf. Doch Trost spricht uns André Heller zu: »Die wahren Abenteuer sind im Kopf«, heißt es in einem seiner Lieder. Und von solch einem Abenteuer im Kopf des eher schmächtigen, unauffälligen Zoltan will ich berichten. Nachdem er das Dortmunder Großmeisterturnier 1986 gewonnen hatte, kam er mit seiner sympathischen und obendrein noch hübschen Frau, welche auch leidenschaftlich und gut Schach spielt, zu mir nach Hause. Und was hatte er im Gepäck bzw. im Kopf?! Eine nette, kleine Kombination!

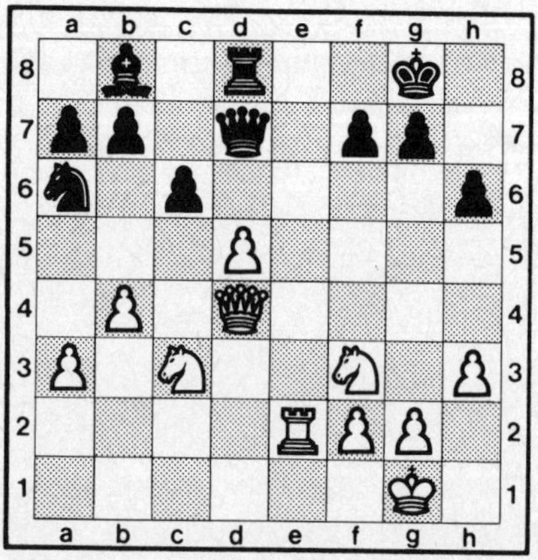

**Frage**

Man meint, der Engländer Nigel Short als Schwarzer habe hier nichts zu befürchten, und dennoch fand Ribli am Zug eine für seinen Stil charakteristische, glasklare und doch auch wieder schwer zu sehende Abwicklung.
Überraschenderweise trägt der anscheinend schwächliche, gefesselte Bauer d5 den Marschallsstab im Tornister: er nimmt sein Schicksal in die eigene Hand und stellt Schwarz vor (zu) große Probleme in seinem Urwunsch und übermächtigen Drang, selbst Königin zu werden.
Was geschah?

# 105 Balkanisches

Drei essentielle Dinge lernte ich durch den Internationalen Meister Charles Partos kennen: balkanische Küche, den rumänischen Ausdruck für »ich liebe dich« und Witze vom Balkan. Als ihm vor ein paar Jahren die Lage in seinem Heimatland immer weniger spaßig erschien, entschloß er sich, bei den Eidgenossen zu bleiben. Wacker schächert er seitdem in ihren Reihen: zuweilen auch gegen mich.
Als ich aber bei der Schacholympiade in Luzern trotz ausgeglichener Stellung sein Remisangebot ablehnte, war selbst der gutmütige Charles etwas verstimmt. Bald korrigierte ich meinen »Fauxpas«, wir schmauchten die Friedenspfeife, und seine balkanische Lust, auch beschwerlichen Dingen die heitere Seite abzugewinnen, bekam wieder die Oberhand.
Er verriet mir, daß die edelmütigen schweizer Gastgeber sich selbst das schlechteste Hotel ausgesucht hätten – 7½ Meter von seinem Bett entfernt, in gleicher Höhe, rase der Gotthard-Expreß vorbei; wenn der einmal nicht die Kurve kriege . . .
Doch er kriegte sie stets, und Charles war trotz nächtlicher Alpträume am Brett quicklebendig, zum Leidwesen unter anderem seines bulgarischen Gegners Inkiov, den er nach verwegener Eröffnung mit einem taktischen Coup überrumpelte.

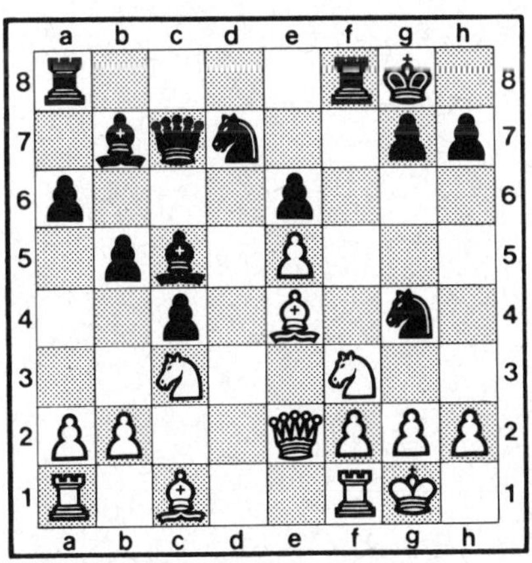

Weiß: Partos
Schwarz: Inkiov

| | | | | | |
|---|---|---|---|---|---|
| 1. | c4 | e6 | 9. | e4 | c5 |
| 2. | d4 | Sf6 | 10. | d5 | c4 |
| 3. | Sc3 | d5 | 11. | dxe6 | fxe6 |
| 4. | Sf3 | c6 | 12. | Lc2 | Lb7 |
| 5. | e3 | Sbd7 | 13. | 0–0 | Dc7 |
| 6. | Ld3 | dxc4 | 14. | De2 | Lc5 |
| 7. | Lxc4 | b5 | 15. | e5 | Sg4 |
| 8. | Ld3 | a6 | 16. | Le4 | 0–0 |

**Frage**

Mit welcher typischen Kombination heimste Charles jetzt einen Bauern ein?

# 106 Buenos dias, Mauricio

Was macht ein kolumbianischer Schachmeister, wenn es ihn nach Deutschland verschlägt? Schachspielen natürlich! So fand denn der Internationale Meister Mauricio Rodriguez eine Heimstätte beim SK 1868 Bamberg, welches früher eine vorzügliche Adresse war (dreimal Deutscher Mannschaftsmeister), heute immerhin noch eine gute ist.

Und was einem Hamburger Bürgermeister recht ist, ist den Bambergern (man beachte den Plural!) billig. Da kann es schon vorkommen, daß einer der Bürgermeister bei einer Bundesliga-Begegnung sogar bei der Analyse mithilft – selbstredend erst nach dem sonntäglichen Kirchgang: irgendwo müssen sich Hamburg und Bamberg ja noch unterscheiden.

Natürlich gibt's auch im Fränkischen, wo Welt, Kirche und Mundart meist noch in Ordnung sind, manche Ungerechtigkeit, z. B. daß das rechtwinklig-hugenottische Erlangen schon vor dem malerisch-katholischen Bamberg Universitätsstadt war. Dafür hatten sie beim Schach immer das Nachsehen. So hätte es auch bleiben sollen – doch nun tritt unser südamerikanischer Freund in die Arena.

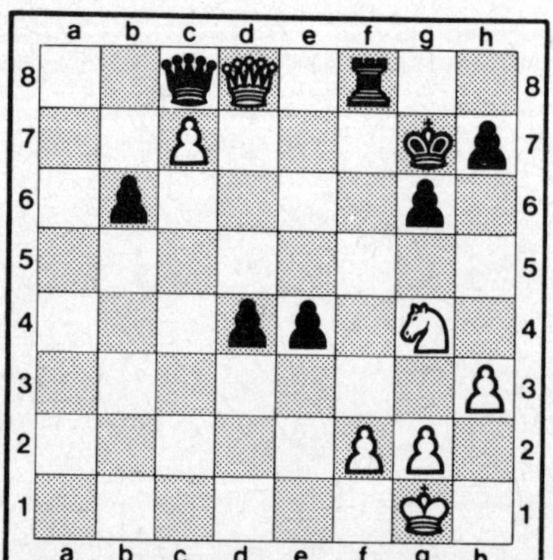

**Frage**

Mit südamerikanischer Verve hatte er sich mit den weißen Steinen gegen den Erlanger Hühnerkopf diese prächtige Stellung erkämpft. Es stand 3½ : 3½, von seinen Gedankenblitzen in dieser letzten Partie hing das Schicksal der Bamberger Mannschaft ab. Doch muß unserem Latino hier, unter dem Druck der dahinschwindenden Sekunden, zur Unzeit deutsches Sicherheitsdenken in den Kopf geraten sein, oder auch nur die Bamberger Weisheit »a Bauer is a Bauer« – auf jeden Fall fraß er mit 1. Dxd4+ den zugegebenermaßen stattlichen schwarzen Mittelbauern und verlor sogar noch in einer beiderseitigen Zeitnotorgie.

Statt dessen hätte er mit einer forcierten Abwicklung mindestens die schwarze Dame erobern können. Wie hätte Weiß spielen sollen?

# 107 Arriba, Argentina!

Der Preis des Bestangezogenen beim Mephisto-Großmeisterturnier 1983 in Hannover wäre unzweifelhaft dem Argentinier Miguel Quinteros zugefallen. Wenn ihn diesmal auch manch harter Schlag auf dem Schachbrett traf, so trat er allen solchen Mißgeschicken doch stets makellos gekleidet gegenüber – in hellem Anzug und dazu passenden Krawatten und Socken. Das »comme il faut« hat er wohl mit der Muttermilch eingesogen.

Trotz seines Sinns für Etikette liebt er indes südamerikanische Ausgelassenheit und verbringt öfters Wochenenden bei Paella und Sangria mit seinen Fußballer-Freunden Ardiles, Maradona, Kempes. Miguel meint, Ardiles spiele so gut Schach wie er Fußball, was in diesem Fall beide ehrt. Denn bei einem Fußballspiel der Teilnehmer am Schachturnier gegen die Hannoversche Allgemeine Zeitung brillierte er – auch hier exquisit gekleidet in einem Originaldreß von Kempes – mit technischen Glanzstückchen und steuerte zwei Tore zum 6:1-Sieg der Schachsportler bei. (Aus narzißstischen Gründen sei das Ergebnis des Rückspiels verschwiegen.)

Beim Schachturnier selbst wirkten seine Angriffe häufig matter und holpriger als auf dem grünen Rasen. Ausgerechnet gegen den Weltmeister spielte er aber eine Partie wie aus einem Guß.

Weiß: Karpow
Schwarz: Quinteros

| | | | | | |
|---|---|---|---|---|---|
| 1. | **e4** | **c5** | 15. | **Dd2** | **d5** |
| 2. | **Sf3** | **d6** | 16. | **e5** | **Se4** |
| 3. | **d4** | **cxd4** | 17. | **Dd1** | **f5** |
| 4. | **Sxd4** | **Sf6** | 18. | **exf6** | **Lxf6** |
| 5. | **Sc3** | **a6** | 19. | **Lb6** | **Df7** |
| 6. | **Le2** | **e6** | 20. | **Ld4** | **Lxd4** |
| 7. | **f4** | **Le7** | 21. | **Sxd4** | **Df6** |
| 8. | **0–0** | **0–0** | 22. | **f5** | **e5** |
| 9. | **Kh1** | **Dc7** | 23. | **Sxe4** | **dxe4** |
| 10. | **a4** | **Sc6** | 24. | **Se6** | **Sd5** |
| 11. | **Le3** | **Te8** | 25. | **Lc4** | **Se3** |
| 12. | **Lg1** | **Ld7** | 26. | **De2** | **Sxc4** |
| 13. | **Sb3** | **Sb4** | 27. | **Dxc4** | **Lb5** |
| 14. | **a5** | **Lc6** | 28. | **Dd5** | |

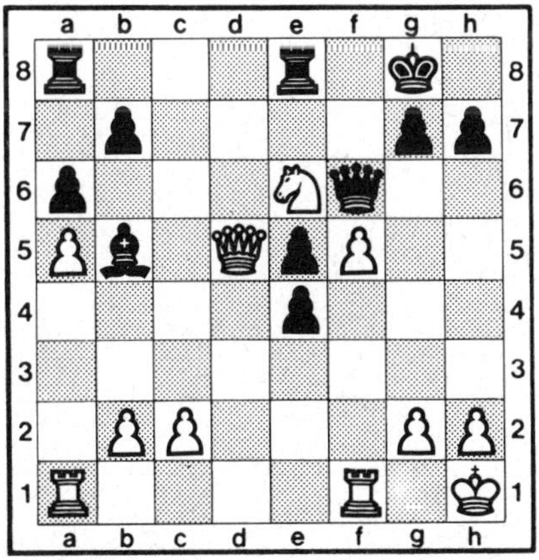

**Frage**

Mit welchem prosaischen Zug zwang Miguel nun den Weltmeister, sein Heil in einem ewigen Schach zu suchen?

# 108 Mañana

Ich ahne nichts Böses, plötzlich spüre ich einen heftigen Schlag auf der Schulter – »mi amigo!« Ramon Mateo aus der Dominikanischen Republik hat mich begrüßt. Der Internationale Meister dürfte der stärkste schachspielende Schwarze der Welt sein, und wie im Leben, so geht er auch im Schach die Dinge »direkt« an. Im Angriff erfindungsreich und gefährlich, kann er sich in mühsamer Verteidigung oder einem technisch-trockenen Endspiel ziemlich quälen, wie es ja vielen »naturhaften« Spielern geht. Nach einer solchen Niederlage sprach ich den sichtlich Niedergeschlagenen darauf an; da ging es wie ein Ruck durch ihn und er antwortete: »Mañana otro dia!«
Mit seinem karibischen Naturell käut er Geschehenes nicht ewig wieder, lebt er weitgehend unbekümmert dem Augenblick. Die daraus entspringende Zuversicht hilft ihm sehr, selbst wenn zuweilen die »objektive« Beurteilung einer Schachstellung oder einer Lebenslage darunter leiden mag.

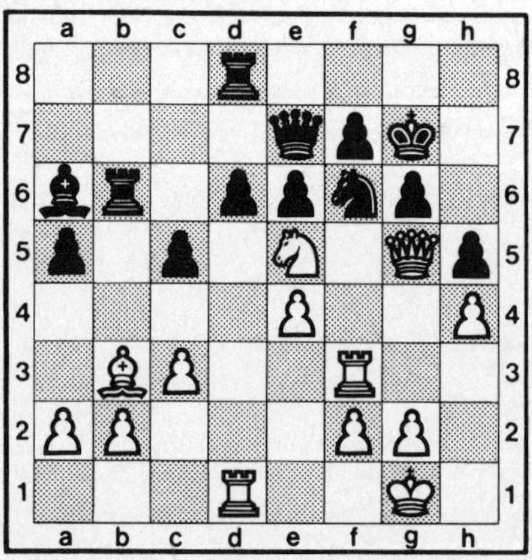

Die folgende Partie von der Schacholympiade in Luzern 1982 spielt er im Stil alter Meister, ohne Schnörkel sucht er den schnellsten Weg zum feindlichen König.

Weiß: Ramon Mateo
Schwarz: Silva

| | | | | | |
|---|---|---|---|---|---|
| **1.** | **e4** | **c5** | **13.** | **Lb3** | **0–0** |
| **2.** | **Sf3** | **g6** | **14.** | **Sf3** | **Dc7** |
| **3.** | **c3** | **Lg7** | **15.** | **Dd2** | **c5** |
| **4.** | **Lc4** | **e6** | **16.** | **Tad1** | **Tb6** |
| **5.** | **0–0** | **Sc6** | **17.** | **Lh6** | **Td8** |
| **6.** | **d4** | **cxd4** | **18.** | **Lxg7** | **Kxg7** |
| **7.** | **Sxd4** | **a6** | **19.** | **De3** | **Sg8** |
| **8.** | **Sxc6** | **bxc6** | **20.** | **Dg5** | **De7** |
| **9.** | **Te1** | **d6** | **21.** | **Se5** | **a5** |
| **10.** | **h4** | **h5** | **22.** | **Te3** | **La6** |
| **11.** | **Lg5** | **Se7** | **23.** | **Tf3** | **Sf6** |
| **12.** | **Sd2** | **Tb8** | | | |

**Frage**

Scheinbar ist nun alles gedeckt und der kecke Springer auf e5 sogar in Nöten. Mateo ließ hier aber einen mindestens schon beim vorigen Zug geplanten Opferhagel über die schwarze Festung herniederprasseln, der den schwarzen Monarchen zum ruhelosen Flüchtling werden ließ.
Wie begann er?

# 109 Der wilde Victor

Mühselig und beladen kam ich spätabends nach Hause und stolperte in der Dunkelheit fast über ein schwarzes Bündel vor meiner Haustür. Das Bündel war ein Schlafsack, begann sich zu regen, und heraus kam ein verwegen aussehender Gesell mit schwarzem Vollbart: Victor Frias, Internationaler Meister und chilenischer Spitzenspieler.
Dem ersten Schrecken folgte die freudige Überraschung, denn Victor ist trotz seiner martialischen Erscheinung ein äußerst leutseliger Zeitgenosse. Das wußten allerdings die belgischen Einwanderungsbehörden nicht, als er ohne Rückflugticket in Brüssel landete. Sie wollten den »wilden Mann« zurückschicken. Erst als sich seine »wahre Natur« durch Intervention der chilenischen Botschaft aufklärte, wurde ihm bis auf weiteres europäische Luft gegönnt. Zum Kopfschütteln gab er jüngst (1982) auch bei einem Turnier in Los Angeles Anlaß. Gar zu unorthodox und überdreht schien oft seine Spielweise. Als er gar in der nachfolgenden Partie mit einem spektakulären Opfer alle Brücken hinter sich abbrach, wiegten selbst alte Hasen bedenklich ihre Häupter, und ein Landsmann vergrub gar vor Entsetzen seinen Kopf in die Hände.
Doch der »Wahnsinn« stimmte und hielt allen nachträglichen Analysen stand. Victor hatte mit südamerikanischem Verve eine Glanzpartie gewonnen. Er kann einen auch auf dem Schachbrett das Fürchten lehren!

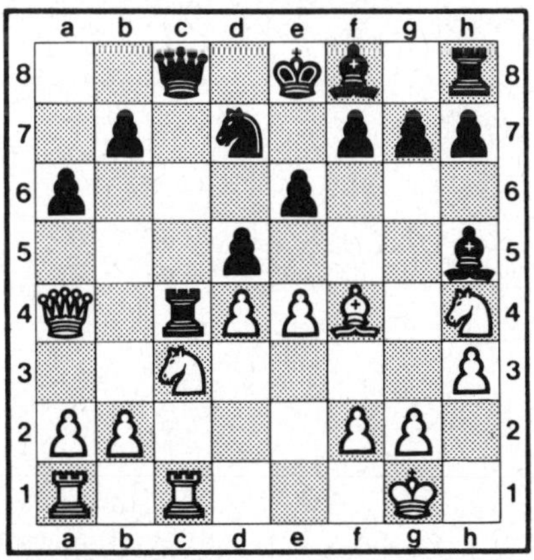

Weiß: Frias
Schwarz: Remlinger

| | | | | | |
|---|---|---|---|---|---|
| 1. | **d4** | **d5** | 9. | **Da4** | **Tc8** |
| 2. | **c4** | **c6** | 10. | **0–0** | **a6** |
| 3. | **cxd5** | **cxd5** | 11. | **Lxc6** | **Txc6** |
| 4. | **Sc3** | **Sf6** | 12. | **Tfc1** | **Dc8** |
| 5. | **Sf3** | **Sc6** | 13. | **Sh4** | **Lg4** |
| 6. | **Lf4** | **Lf5** | 14. | **h3** | **Lh5** |
| 7. | **e3** | **e6** | 15. | **e4** | **Tc4** |
| 8. | **Lb5** | **Sd7** | | | |

**Frage**

Die Absicht des Schwarzen ist eindeutig böse, die Antwort unseres Chileno aber teuflisch. Wie bestrafte er Schwarz für die ungebührliche Attacke, wobei er sich die Stellung des in der Mitte hängengebliebenen schwarzen Monarchen zunutze machte?

# 110 Der Chiromant

Es erfordert Mut, Dr. med. Ricardo Calvo von der Iberischen Halbinsel die Hand zu reichen. Nicht etwa, weil er ein starker Mann und Aikido-Könner ist – nein, er geht besagter Hand auf den Grund. Calvo lebt in München, um tagsüber seine naturwissenschaftlich-objektiven Neigungen in der Pharmaforschung auszuleben – abends aber, in freundlichem Kreise, ergreift er manche Hand, um dem ängstlich gespannten Opfer aufgrund von Lebens-, Liebes- und sonstigen Linien seine bzw. ihre tiefsten Seelengründe zu offenbaren.
Überwiegt bei dieser Klasse von Opfern das schöne Geschlecht, so haben doch auch Männer bei ihm oft nichts zu lachen: nämlich im rational-irrationalen Schachspiel. Der spanische Hidalgo ist einer der besten Spieler seines Landes; inzwischen fühlt er sich in der Schachabteilung des auch anderweitig berühmten Vereins Bayern München sauwohl, sehr zum Leidwesen seiner Bundesligagegner. Reicht ihm hier einer nur den kleinen Finger, begeht er einen geringfügigen Fehler, so beißt Calvo gleich kräftig in die ganze Hand.
Diese Erfahrung mußte auch Prof. Ditt vom SK Delmenhorst machen, ansonsten einer der erfolgreichsten Bundesligaspieler. Erst bekam er einen noch halbwegs genießbaren Doppelbauern angeboten; die Königin auf b4 war dann allerdings schon mörderisch vergiftet. Doch wer würde in hoffnungsloser Lage die Henkersmahlzeit verschmähen?!

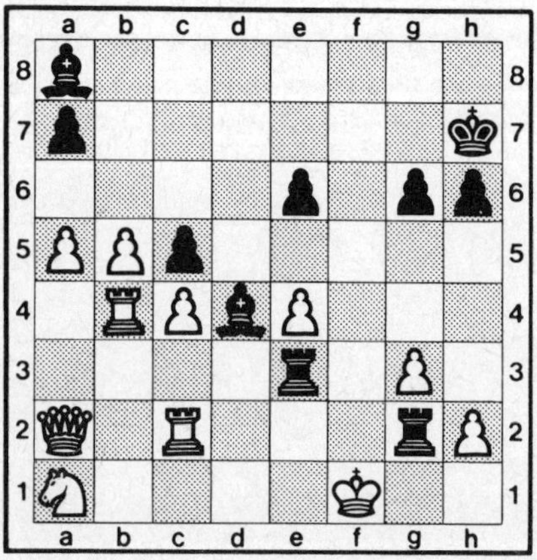

Weiß: Prof. Ditt
Schwarz: Dr. Calvo

| | | | | | |
|---|---|---|---|---|---|
| **1.** | **c4** | **c5** | **21.** | **Se2** | **Lg7** |
| **2.** | **Sc3** | **Sc6** | **22.** | **a4** | **Tbd8** |
| **3.** | **g3** | **g6** | **23.** | **De1** | **Tfe8** |
| **4.** | **Lg2** | **Lg7** | **24.** | **Tb1** | **d5** |
| **5.** | **Sf3** | **e6** | **25.** | **Sc1** | **f5** |
| **6.** | **0–0** | **Sge7** | **26.** | **f3** | **dxc4** |
| **7.** | **d3** | **d6** | **27.** | **dxc4** | **fxe4** |
| **8.** | **Ld2** | **h6** | **28.** | **fxe4** | **Td4** |
| **9.** | **a3** | **0–0** | **29.** | **De2** | **De5** |
| **10.** | **Tb1** | **b6** | **30.** | **Sb3** | **Td7** |
| **11.** | **b4** | **Lb7** | **31.** | **Sxa5** | **Tde8** |
| **12.** | **Dc1** | **Kh7** | **32.** | **Sb3** | **Dc3** |
| **13.** | **b5** | **Sa5** | **33.** | **a5** | **Td3** |
| **14.** | **Sa4** | **Dc7** | **34.** | **Tfc1** | **Db4** |
| **15.** | **Lxa5** | **bxa5** | **35.** | **Da2** | **Te3** |
| **16.** | **Dd2** | **Tab8** | **36.** | **Sa1** | **Td2** |
| **17.** | **Tb3** | **Sf5** | **37.** | **Tc2** | **Ld4** |
| **18.** | **e4** | **Sd4** | **38.** | **Kf1** | **Txg2** |
| **19.** | **Sxd4** | **Lxd4** | **39.** | **Txb4** | |
| **20.** | **Sc3** | **La8** | | | |

**Frage**

Mit welchem stillen Turmzug schuf Ricardo jetzt ein unentrinnbares Mattnetz um den weißen König?

# Helmut Pfleger

»Die biographische Wahrheit ist nicht zu haben« antwortete Thomas Mann einem Möchtegern-Biographen, der ihn um authentische Informationen gebeten hatte. Und so ließ er auf superfeine Weise offen, ob er seine biographische Wahrheit bloß nicht rausrücken wollte, oder ob er meinte, daß sie generell nicht zu fassen sei.
Zwischen der Scylla dieser mit strenger Autorität vorgebrachten Entmutigung und der Charybdis der Tatsache, daß Helmut Pfleger ungezählten Personen der verehrten Leserschaft ja längst bekannt ist als Fernsehmoderator und Autor, ja manchen gar als schachlicher Gegner oder behandelnder Arzt: So zwischen Scylla und Charybdis sitze ich also und zermartere mir das Hirn, womit ich diese letzte Kapiteleinleitung füllen soll. Denn die biographische Wahrheit, von welcher ich allenfalls einige Zipfelchen anzubieten hätte, die soll der Betroffene selber herausrücken, falls ihm danach ist. Also nichts von der Pracht der Kinder, von den Mysterien, welche zu solchen führen, und von allem, was ihn im Innersten zusammenhält. Längst Bekanntes wiederzukäuen, schmeckt mir auch nicht: Nichts Geschriebenes könnte je das Fernsehen ersetzen, und wer es jetzt nach über hundert Seiten noch für nötig findet, sich ein Urteil über den Schachbuchautor Pfleger zu bilden, der eile und kaufe sich alle seine andern Bücher: Da haben er und der Autor mehr von als wenn ich hier versuchte, Hymnen zu komponieren. Man lese das Original, nicht Sekundärliteratur!
Ganz in leeres Schwafeln brauchen wir aber doch nicht abzugleiten; zum Glück bietet Helmut Pfleger über das Private und das oft genug Veröffentlichte hinaus noch genug Facetten, die es wert sind berichtet zu werden. Schauen Sie nach: Er hätte beinahe unter jede der übrigen 14 Kapitelüberschriften dieses Buch gepaßt. Nur Russe ist er nicht, da ist nichts zu machen; aber Weltmeister dürfte er wenigstens in der Moderation von Schachsendungen des Fernsehens sein; mit schachspielenden Frauen hatte er immerhin als Propagator, Freund und Gegner zu tun; und ein Heroe der Schachgeschichte könnte er immerhin noch werden.
Was also kramen wir hervor aus der Schatztruhe? Daß Bobby Fischer im selben Jahre 1943 geboren ist wie Helmut z. B.; oder daß Helmuts Bruder Horst, der in dem vom Vater begründeten pharmazeutischen Unternehmen tätig ist, gelegentlich in der Bamberger Bundesligamannschaft auftaucht: Es reicht also nicht anzugeben, daß eine Partie von »Dr. H. Pfleger« z. B. gewonnen wurde, exakterweise wäre zumindest Dr. Ho. oder Dr. He. Pfleger hinzuschreiben.
Überhaupt Bamberg: Da sind die Wurzeln und da bleiben sie, wenn auch die Krone seit zwei Jahrzehnten in München grünt. Meßdiener war er da, kein Wunder, daß er aufs Schachspielen geriet: Hat's doch der Bischof von Bamberg schon im »Götz von Berlichingen« mit der schönen Adelheid gepflogen. Und kein Wunder, daß er berühmt bzw. berüchtigt dafür wurde, wie gut er sich in ungewöhnlichen Stellungen zurechtfindet: Lange genug ist er Pfadfinder gewesen. Schauen wir uns die Folgen davon an! Und damit keine falschen Vorstellungen aufkommen: Den Meister ehren noch seine Fehler, nur der Patzer hat's nötig, die zu verstecken!

# 111 Mißglücktes Doping

»Alles oder nichts«, sagt die junge Schachelite heute weltweit und stürzt sich ins Abenteuer des Profitums – wodurch die Trauben für einen Amateur alten Schlages allmählich immer höher hängen. Wohl ihm, wenn ihm da noch ein anderes Refugium bleibt, meinetwegen die Medizin – zudem kann er sich dann, einiges Geschick vorausgesetzt, ein behagliches Bett in beiden Lagern schaffen und bei den Ärzten als guter Schachspieler und umgekehrt gelten.
Jedoch gelingt nur Meistern ihrer Fächer ein solch geschicktes Wechsel- und Gaukelspiel bis an ihr seliges Ende, kann doch schon ein falscher Schachzug bzw. eine unangebrachte Tablette die Illusionen zerstören.
Da ging doch ein Münchner Arzt und Großmeister namens Pfleger redlich und tablettenlos durch sein Schachleben, bis ihn der Teufel oder vielleicht (prosaischer) die Unvernunft ritt, beim Int. Großmeisterturnier in München 1979, bei dem er die Kreislaufparameter der Spieler während der Partien maß, ausgerechnet vor seiner Begegnung mit Ex-Weltmeister Boris Spassky eine Tablette eines sogenannten Betablockers zu nehmen, um sein Gemüt zu beruhigen und Erregungsspitzen zu drosseln.
Dieses Vorhaben gelang gründlich: Blutdruck und Pulsfrequenz orientierten sich kellerwärts, mit seltenem Gleichmut hatte er in der Diagrammstellung zuletzt den Schnapszug Tf8–e8 gemacht – ein paar Züge später gab er auf. Damaliger ZEIT-Kommentar: »Zuviel Streß ist ungesund, gar kein Streß macht matt.«

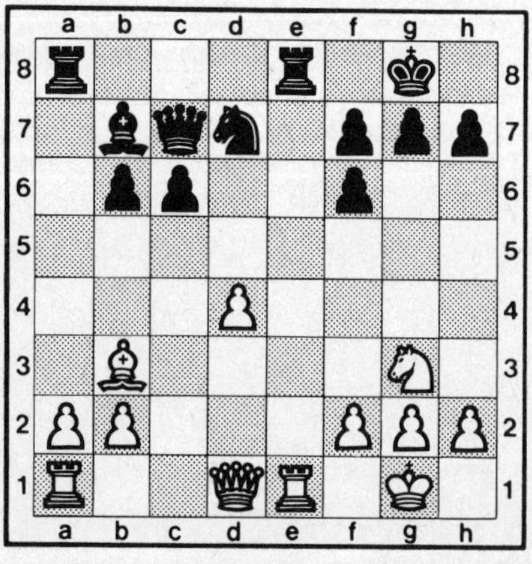

**Frage**

Mit welchem (Opfer-)Überfall bestrafte Spassky hier des Schwarzen verfehlte Selbstmedikation?

# 112 Es muß mit dem Teufel zugegangen sein

Als ich vor ein paar Jahren gegen »Belle«, den damals unangefochtenen Weltmeister der Großrechner, in einer Simultanveranstaltung in Hamburg unterlag, wich mein anfängliches ungläubiges Erstaunen bald der besseren Einsicht, diese leblosen Ungetüme fortan ernstzunehmen. Gedacht – getan! Meine Simultan-Weste blieb gegen elektronische Gegner lange Zeit ohne weiteren Flecken; ich wußte um ihre taktischen Fähigkeiten, sich in wilden Scharmützeln blendend zurechtzufinden, alles fehlerlos und oft tief durchzurechnen, ohne von menschlicher Nervosität geplagt oder mit partieller Blindheit geschlagen zu sein. Ich wußte, daß »Belle« 200000 Stellungen pro Sekunde prüft. Dennoch behauptete ich weiterhin, daß diese Dinger bei all ihrer Rechengeschwindigkeit strategisch doch recht dumm seien und einem gestandenen Großmeister nie gefährlich werden könnten, wenn der sich nur recht anstrenge.

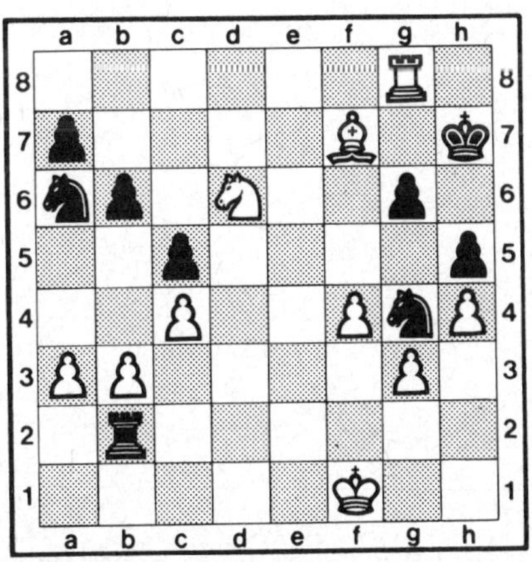

Ich hätte jene Simultanvorstellung in München meiden sollen! Mir gegenüber lag ein unscheinbares schwarzes Kästchen namens Mephisto. Besondere Angst hatte ich vor dem Tanz mit diesem Miniaturteufel fürwahr nicht, belächelte manchen seiner Züge mit großmeisterlicher Herablassung, bis ich – auf einmal rettungslos verloren war. Und dies gegen einen Heimschachcomputer! Das wurmte.

Einen gewissen Trost fand ich, als ich hörte, daß dieser bayrische Teufel wenig zuvor auch Ex-Weltmeister Smyslow in eine Verluststellung gebracht hatte. Auch fand er in einer entscheidenden Partie der Damenweltmeisterschaft 1981 mühelos die matt-trächtige Fortsetzung, die beiden Kontrahentinnen entgangen war.

**Frage**

Im letzten Zug war die Weltmeisterin Maja Tschiburdanidse als Schwarze auf das Schachgebot ihrer Herausforderin Nana Alexandria fehlerhaft mit ihrem König an den Rand ausgewichen, 38. ... Kg7–h7?
Nana verspeiste nun in aller Hast einen Bauern mit 39. Txg6, um nach 39. ... Sc7 40. Tg5 Sh2+ ins Remis einwilligen zu müssen.
Warum wurde die Partie nach 40. ... Sh2+ Remis gegeben, und wie hätten Sie mit Weiß in der Diagrammstellung und im 40. Zug gespielt? (Mephistophelisch!?)

# 113 Vom Kamel zum Kaffeehaus

Von Schachweltmeistern und solchen, die es werden wollen, können wir lernen, daß der Wettstreit nicht immer nur auf dem Brett ausgetragen wird. Schon im Mittelalter aber wußte man verbale Scharmützel zu schätzen. So empfiehlt ein arabisches Manuskript: »Wenn dich jemand minderer Stärke herausfordert, sage ihm: ›ich finde entschuldbar, daß die Kamele, die schon beißen können, es wagen, mich herauszufordern; aber was habe ich mit den Lämmlein zu tun‹?«
Nun würde das heute allerdings etwas seltsam klingen und außerdem bei ausländischen Gegnern Übersetzungsprobleme mit sich bringen. Da wende man lieber etwas Prägnantes an: »Kaffeehausspieler«. Das versteht jeder, es beleidigt garantiert und ist in besten Kreisen üblich. Jedenfalls bedachte damit bei der Mannschaftsweltmeisterschaft 1985 in Luzern der »russische Schweizer« Kortschnoi seinen rumänischen Gegner Suba in der nachträglichen Analyse, nachdem dieser gestanden hatte, trotz schlechterer Stellung wegen Kortschnois Zeitnot auf Gewinn gespielt zu haben.
Offensichtlich kommt die Tugend mit den Jahren und ist in seiner Jugend auch der Gerechteste nicht von »Kaffeehaus«überlegungen frei: Im Jahre 1952 warf eben jener Kortschnoi seinem Gegner Geller in Leningrad noch eine Dame zum Fraß vor, um das unabwendbare Matt hinauszuzögern. Geller fraß dieselbe und überschritt dabei die Zeit, wie der alte Fuchs Kortschnoi durchaus selbstironisch schmunzelnd erzählt.
Mancher allerdings lernt seine Lektionen schwer – im Fache Turniertaktik beispielsweise ein gewisser Helmut Pfleger, der beim erwähnten Turnier zu Luzern gegen den Argentinier Quinteros die Zeit überschritt, als er mit den weißen Steinen die Diagrammstellung erreicht hatte.

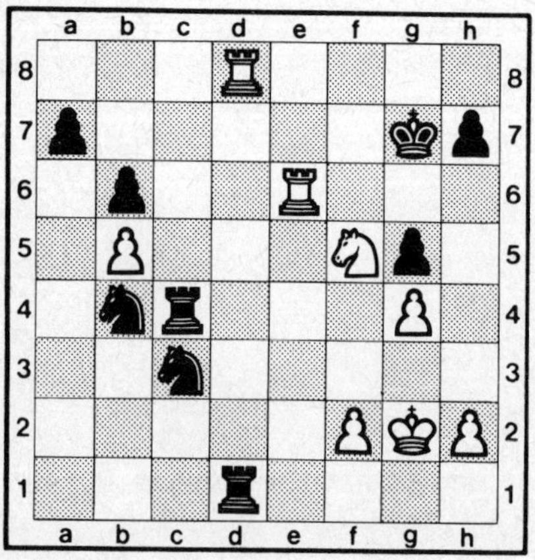


**Frage**

Wie wäre es nach der erzwungenen schwarzen Antwort 1. ... Kf7 schnell matt geworden?

# 114 Bobby ist wieder da!

Endlich Revanche! 25 Jahre mußte ich warten, all die Zeit mit den seelischen Narben der ärgsten Dresche leben, die ich als Schachspieler je bezog. Natürlich war ich's selber schuld gewesen! Warum mußte ich auch, naiv und 17jährig, den einige Monate älteren Bobby Fischer mit dem Bamberger Dom langweilen und dadurch noch ungeduldiger auf die 64 Felder machen! Ein Fehler kommt selten allein, und zu allem Überfluß verriet ich ihm, daß der Heimweg, zu Fuß und den Kaulberg hinan, wohl eine halbe Stunde dauere. Postwendende Entgegnung: »Isn't there a taxi?« Das Schicksal nahm seinen Lauf – unfortunately there was.

So saß er mir denn bald gegenüber, schachlüstern und kein bißchen müde gelaufen, und bewies, daß er vom Schachspielen allgemein und von Fünf-Minuten-Blitzpartien insbesondere einiges mehr verstehe als so ein Bamberger Zwiebeltreter. Erst beim Stande von 13:2 ließ er es dann gut sein.

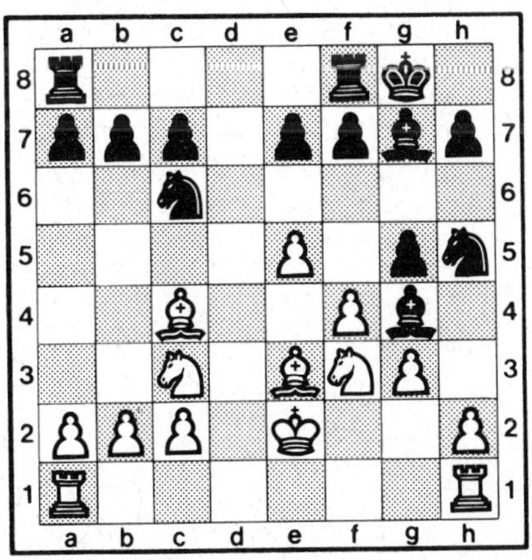

Nun aber Szenenwechsel zur Revanche: Wir sind beim Mephisto-Grand-Prix, in Wiesbaden; es ist der 26. Oktober 1985.

**Frage**

Bobby Fischer (siehe P.S.) als Weißer hatte hier den gleichen Fehler gemacht wie einst Karl XII. von Schweden, der trotz seines militärischen Genies die meisten Schachpartien laut Voltaire deshalb verlor, weil er mit dem König lieber als mit jeder anderen Figur umherlief.

Mit welchem Streich konnte ich nun das imposant wirkende und doch brüchige weiße Bauernzentrum unter Ausnützen der Fesselung des Springers f3 völlig zerstören?

P.S.: Bevor ich's vergesse, der zweite Bobby Fischer ist zwar auch ein gefürchteter Blitzspieler, kommt aber »nur« aus Berlin – der erste (der »richtige«) wird wohl nie wieder Fehler in einem Schachturnier begehen: leider!

# 115 Kellner, eine Halbe!

»Im Westerwald, da pfeift der Wind so kalt« – mit diesem Lied leistete ich einst meinen (Wehrpflicht-)Beitrag zur Verteidigung des Vaterlandes. Und just in den Westerwald pilgerte ich am letzten Maitag 1985, um gegen 25 Dierdorfer Jungmatadoren im Simultan anzutreten. Klugerweise hatte ich vorher eine Maibowle verschmäht, um nicht auf den Spuren des österreichischen Philosophieprofessors Dr. Krejcik zu landen, der Pfingsten 1910 in Linz 25 Simultanpartien spielte und sämtliche verlor. Verderbenbringende Causa: ein Frühschoppen der liebevoll bemühten Gastgeber. (Philosophieprofessoren scheinen leicht zu betören zu sein.)
Ich hingegen zog apfelsaftbeflügelt meine Runden und war zunächst mit mir, dem Westerwald und den talentierten (zum Glück nicht zu sehr talentierten) Jugendlichen zufrieden. Aber dann ging's mal wieder nach dem Spruch: »Denn erstens kommt es schlimmer, und zweitens als man denkt.«

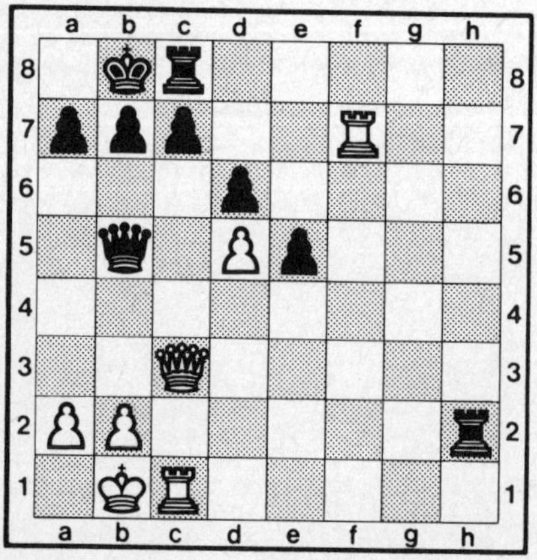

**Frage**

Zwei Mehrbauern hatte ich als Schwarzer in dieser Stellung, und dabei sollte es nach meiner Berechnung auch bleiben: auf 1. Txc7 war 1. ... Dxb2+ mit Abwicklung in ein leicht gewonnenes Turmendspiel geplant. Ein sauberer Plan, doch hatte ich meine Rechnung ohne diesen weißen Schlingel gemacht. Der hätte nämlich wie wiland Reshevsky auf die Frage: »Wieviele Züge können Sie vorausberechnen?« antworten können: »Einen mehr als mein Gegner.« Nach seinem nächsten perfiden Zug mußte ich wegen unabwendbaren Matts sofort aufgeben und konnte nur mit Bogoljubow stöhnen: »Diese jungen Leute spielen zu stark.«
Später klärte mich Karpow über meinen Fehler auf: der Apfelsaft war's! Er genehmigte sich vor einer Simultanvorstellung in München eine halbe Maß bayerischen Bieres und spielte glänzend. Voilà ... oder spielt er einfach ein wenig besser als ich!? – Hm, es muß doch wohl das Bier sein.
Was hat Weiß in der Diagrammstellung »drin«?

# 116 Geglückter Fingerfehler

Beim kürzlich (1983) beendeten Mephisto-Großmeisterturnier in Hannover mußte ich in der vorletzten Runde gegen den Filipino Eugene Torre antreten.
Nachdem ich bis dahin mit meiner Leib- und Magen-Eröffnung, der Pirc-Verteidigung (1. e4 d6), manchen Schiffbruch erlitten, glaubte ich zumindest in dieser Hinsicht beruhigt sein zu dürfen: Mein Gegner eröffnete immer mit dem Damenbauern. In wütendes Erstaunen versetzte es mich aber, als ich doch wieder den Doppelschritt des Königsbauern vorgesetzt bekam; ich war es satt, Spielball ausgeklügelter Eröffnungsvarianten zu werden, und zog nach Jahren zum ersten Mal wieder 1. ... c6.
Dies wiederum überraschte meinen Gegner, der über der unerwarteten Lage erst einmal eine Viertelstunde brütete, bevor er die Partie ins Caro-Kann-Fahrwasser lenkte.
So war der psychologische Krieg vom ersten Zug an im Gange, es sollte meine aufregendste Partie im Turnier werden.

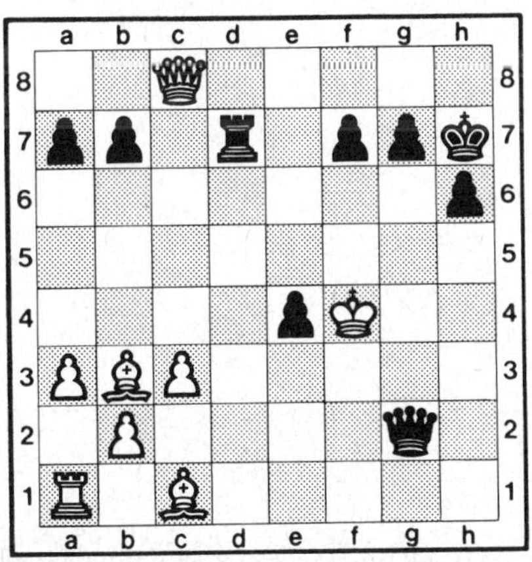

Torres positionellem Aufbau setzte ich taktische Riposten entgegen, überließ ihm zugunsten der Initiative das übermächtig erscheinende Läuferpaar. Mit seinem 23. Zug verlor ich einen Springer – ich wollte schon aufgeben.
Plötzlich kam mir die Idee 23. ... Db5. Der Schock saß und wirkte: Jäh aus seiner Siegesgewißheit gerissen, griff Torre fehl und ging unter.
Nach der Partie sagte er mir, daß er bei meinem 1. Zug sehr versucht war, mich auf meinen »Fingerfehler« hinzuweisen: »Helmut, du hast dich vertan, du wolltest doch sicher den Bauern daneben ziehen!«

Weiß: Eugene Torre
Schwarz: Helmut Pfleger

| | | | | | |
|---|---|---|---|---|---|
| 1. | e4 | c6 | 17. | Dg3 | e5 |
| 2. | d4 | d5 | 18. | Sf5 | Sdf6 |
| 3. | Sd2 | dxe4 | 19. | Lc2 | e4 |
| 4. | Sxe4 | Sd7 | 20. | Td1 | Db6 |
| 5. | Lc4 | Sgf6 | 21. | Sd6 | Td8 |
| 6. | Sg5 | e6 | 22. | Sxc8 | Taxc8 |
| 7. | De2 | Sb6 | 23. | h3 | Db5 |
| 8. | Ld3 | h6 | 24. | Txd8+ | Txd8 |
| 9. | S5f3 | c5 | 25. | Dc7 | Td7 |
| 10. | c3 | Sbd5 | 26. | Dc8+ | Kh7 |
| 11. | a3 | cxd4 | 27. | hxg4 | De2 |
| 12. | Sxd4 | Ld6 | 28. | Lb3 | De1+ |
| 13. | Sgf3 | 0–0 | 29. | Kh2 | Sxg4+ |
| 14. | 0–0 | Te8 | 30. | Kg3 | Dxf2+ |
| 15. | Se5 | Lxe5 | 31. | Kxg4 | Dxg2+ |
| 16. | Dxe5 | Sg4 | 32. | Kf4 | |

**Frage**

Wie wird der weiße König nun in drei Zügen mattgesetzt?

# 117 Qualle in Kuba

Es ist schwer, Einladungen auf die Zuckerinsel zu widerstehen. Bei Schneetreiben hatte ich München verlassen, um beim Großmeisterturnier des Revolutionssenders Radio Rebelde (1982) in Havanna mitzuspielen, ein Schneeregen empfing mich wieder in der lieben Heimat. Dazwischen lagen zwei Wochen teils angestrengten Turnierspiels mit abendlichen Fiestas zur Belohnung, Baden im Meer und trotz strenger staatlicher Kontrolle immer wieder durchlodernder karibischer Atmosphäre. Nebenbei durfte ich, ausgerüstet mit Heilmitteln deutscher Provenienz, meinen medizinmännischen Trieben als Turnierarzt frönen. – Auch meinem Gegner der ersten Runde, dem Kubaner Lebredo, mußte ich später wegen seines allzu schnellen Darmdurchlaufes beistehen.

In unserer Partie selbst marschierte er »mit Pauken und Trompeten«, furchterregend und pulsbeschleunigend, auf mich los. Doch ein Gegenhieb zur rechten Zeit (siehe Diagramm) bedeutete dem kubanischen Hidalgo, daß man den einzigen kapitalistischen Turnierteilnehmer so leicht nun doch nicht überrollen könne. Als jener dennoch tollkühn und opfermutig seinen Blick starr auf den schwarzen Monarchen gerichtet hielt, blieb derselbe zwar entblößt von eigenen Bauern zurück, fand aber paradoxerweise hinter einem feindlichen Bauern h7 einen ziemlich sicheren Unterschlupf; kurz darauf ging es dann der weißen Majestät an den Kragen.

Durch diesen Kontersieg ermutigt, landete ich schließlich auf dem zweiten Platz und war mit mir, Kuba und der Welt zufrieden.

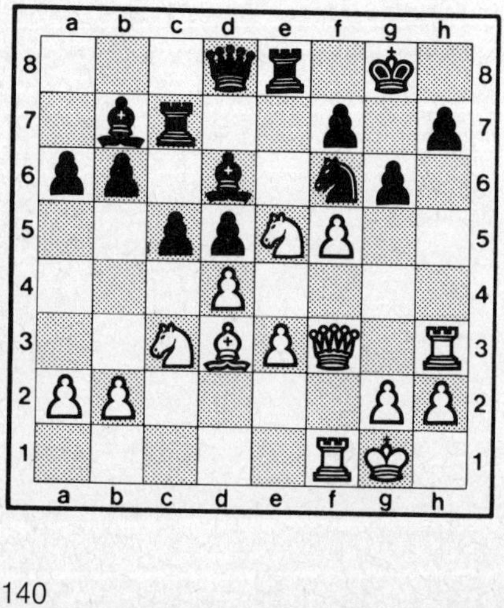

Weiß: Lebredo
Schwarz: Dr. Pfleger

| | | | | | |
|---|---|---|---|---|---|
| 1. | **d4** | **d5** | 10. | **0–0** | **Te8** |
| 2. | **c4** | **e6** | 11. | **Lxf6** | **Sxf6** |
| 3. | **Sc3** | **Sf6** | 12. | **Se5** | **a6** |
| 4. | **Lg5** | **Le7** | 13. | **f4** | **c5** |
| 5. | **e3** | **0–0** | 14. | **Tf3** | **Ld6** |
| 6. | **Sf3** | **b6** | 15. | **Th3** | **g6** |
| 7. | **Tc1** | **Lb7** | 16. | **Df3** | **Tc8** |
| 8. | **cxd5** | **exd5** | 17. | **Tf1** | **Tc7** |
| 9. | **Ld3** | **Sbd7** | 18. | **f5** | |

**Frage**

Wie gebot hier Schwarz dem munteren weißen Treiben Einhalt?

# 118 Der Speisewagen-Fehler

»Behalte alles, aber gib mir meine Analysen wieder!« Mit diesem flehentlichen Ruf lief Lew Polugajewsky durch den spanischen Zug, in welchem ihm während eines Aufenthaltes im Speisewagen sein Gepäck gestohlen worden war. Vergebliches Bitten – der Dieb, vermutlich längst über alle Berge, kam nur dem ersten Teil der Aufforderung nach, die unersetzlichen Analysen aber verwandte er vielleicht zu einem ähnlichen Zweck wie die Russen ihre Prawda. Russische Unterhosen, englischer Maßanzug – alles war zu verschmerzen, nur nicht der Verlust etlicher Blatt Papier, der Früchte langen Studiums, wie künftige Gegenspieler am besten übers Ohr zu hauen wären. Nach dem einen »Speisewagen-Fehler« war die ganze Mühe umsonst.
Im Vorwort zu Polugajewskys Buch »Grandmaster Preparation« schreibt Tal: »Dieses Buch ist eine Einladung, in die Studierstube eines der stärksten Spieler der Welt zu lugen.« Mag sein, doch gewisse, und zwar die kostbarsten, Geheimnisse behält jeder Meisterkoch für sich – er müßte ja sonst wegen Ehrlichkeit oder Dummheit (Synonyma?) belangt werden.
Doch grau, lieber Freund, ist alle Theorie – womit ich ins Geschehen eintrete: »Polu« ist mir eine liebe Erinnerung. Nachdem ich ihn beim Weinturnier in Montilla (Spanien) 1975 als Schwarzer mit einer etwas zweifelhaften Variante der Tarrasch-Verteidigung besiegt hatte, hatte er eine Bestrafung für mich »ausgekocht«. Und siehe da – Schacholympiade Buenos Aires 1978, UdSSR – BRD, er gegen mich, dieselbe Variante. Indes sind da gänzlich unbestimmbare, psychologische Faktoren oft entscheidend – »objektiv« hatte er zwar lange mit seiner Verbesserung recht, doch als er einen vergifteten Bauern fraß, sah er sich am Ende einer 15zügigen Kombination (die ich in dieser Sternstunde zumindest in den wesentlichen Details vorhersah) in der im Diagramm gezeigten Lage.

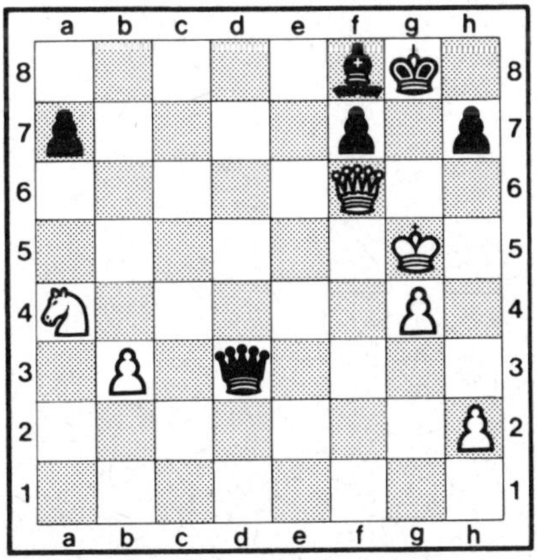

**Frage**

Wie konnte ich hier als Schwarzer am Zug zwangsläufig die weiße Dame gewinnen?
Übrigens entschied diese Partie den Wettkampf zu unseren Gunsten, verlor deshalb die UdSSR den Titel an Ungarn, während wir selbst einen guten vierten Platz belegten.

# Lösungen

## 1

Nach dem Qualitätsopfer 25. Txf8+ Kxf8 kann sich der Läufer c1 mit Hilfe eines Zwischenschachs auf das Feld d6 schmuggeln: 26. La3+ Kg8 27. Ld6. Nun ist der schwarzen Dame der Ausblick nach h2 abgeschnitten, und es hängt der schwarze Turm; Tal blieb nichts anderes übrig, als 27. ... Txf1+ 28. Kxf1 zu spielen, und nach einigen weiteren Zügen schlug er Remis vor.

## 2

Die Kombination beginnt mit 1. Da8+, worauf der schwarze König nach g7 ausweichen muß (1. ... Ke7 2. Dxa7+ und der Turm f7 fällt mit Schach). Nun nicht etwa sofort Dh8+ wegen 2. ... Kg6 und Schwarz lebt, sondern zunächst das Läuferopfer 2. Lxe5+, welches sich nach 2. ... Dxe5 3. Dh8+ als verderbenbringender Giftbrocken entpuppt: Jetzt kann Schwarz nicht nach g6 ausweichen und bleibt nach 3. ... Kxh8 4. Sxf7+ nebst 5. Sxe5 »mit einer fetten Minusfigur mehr« zurück.

## 3

24. ... Sb4 ist der Mauerbrecher. Da sowohl 25. ... Sxc2 matt als auch 25. ... Lxc3 nebst 26. ... Da2 matt droht, mußte Timman wohl oder übel auf b4 zugreifen. Nach 25. axb4 axb4 entschied die Öffnung der a-Linie für die schwarzen Türme: 26. Sa4 Ta7 27. Db3 c4 28. Da2 Tba8 29. exf5 Txa4, und nun war Weiß des grausamen Spiels müde und gab auf.

## 4

Bobby spielte 37. ... Lb4+ 38. Kd1 Lb3+ 39. Kc1 Se2+ 40. Kb1 Sc3+ 41. Kc1 Tc2 matt. Schneller war 37. ... Te2+ 38. Kd1 Lb3+ 39. Kc1 La3+ 40. Kb1 Te1#.

## 5

Nach dem Rösselschach bzw. Huftritt 1. ... Sf3+ gab der unglückliche Kortschnoi auf; ihm wäre nur die traurige Wahl zwischen 2. Kh1 Sf2 matt und 2. gxf3 Tg6+ 3. Kh1 Sf2 matt geblieben.

## 6

Trotz hochgradiger Zeitnot fand Kasparow in Sekundenschnelle den einzig rettenden Zug 35. ... Kf6, der aber auch gewinnt. Kortschnoi, ebenfalls in Zeitnot, »blitzte« noch 36. Kf3 und strich nach 36. ... Dxh3+ die Segel.

## 7

Nein, der Entschluß zur Aufgabe war richtig, vorausgesetzt, Sie und Rüdiger sahen folgende Abspiele: 35. Sf4 (am besten), und nun
a) 35. ... Tcf8 36. Txf8 Sxe4 37. Sxg6 matt oder
b) 35. ... De1+ 36. Tf1 De3+ (nach 36. ... Dg3+ 37. Kh1 ist es auch aus) 37. Kh2 Dd2+ 38. Kh1, und gegen g5xf6 nebst Matt auf h7 ist kein Kraut gewachsen.

## 8

Mit 38. ... Lg1+ konnte Schwarz wunderschön gewinnen; nach dem erzwungenen 39. Kxg1 folgt 39. ... Te1+, und Weiß wird matt (40. Kf2 Dd2+ 41. Kf3 De2) oder verliert die Dame (40. Df1 Txf1+ 41. Kxf1 Dd1+ nebst 42. ... Kxh7).

## 9

Nach 1. ... Lxc4+ 2. Kxc4 Sb6+ 3. Kd3 Db5+ gab Weiß auf; er hätte nur noch die betrübliche Wahl zwischen 4. c4 Dxc4 und 4. Kc3 Sa4 gehabt – in beiden Fällen wäre die Gruft der matten Wanderkönige um einen Sarg bereichert worden.

## 10

Schwarz zog 1. ... Txc5+, worauf sich 2. Sxc5 wegen Dc2 matt verbot. Nach 2. dxc5 Dxe4 blieben dem Weißen wegen fortbestehender Mattdrohung auf c2 nur noch einige »Racheschachs«.

## 11

In die weiß-schwarze Bauernschanze vor dem weißen König schlug der verblüffende Zug 1. ... Sxg3 eine entscheidende Bresche. Da es chancenlos gewesen wäre, diesen kecken Springer am Leben zu lassen, schlug Weiß ihn mit 2. hxg3. Nun opferte sich aber gar noch die schwarze Dame mit 2. ... Df1+, und nach 3. Kxf1 h2 war die Verwandlung des h-Bauern in Dame oder Turm mit gleichzeitigem Matt nicht zu verhindern.
Denselben Erfolg, aber weit weniger Effekt hätte übrigens die »Nebenlösung« 2. ... h2+ 3. Kxh2 Df1 gehabt.

## 12

Ein Beispiel mehr für die Gültigkeit der Regel »versäume nie ein Schach, es könnte Matt sein!« – nach 27. ... Sh2+ gab Hort auf, weil er sich nicht mit 28. Kg1 Se2+ 29. Kh1 Sf3+ 30. Lh3 Txh3+ 31. Kg2 Sf4+ 32. Kf1 Th1 matt vollends vorführen lassen mochte.

## 13

26. ... Te1!! war der »Hau-den-Lukas«. 27. Txe1 ging nun nicht wegen 27. ... Sf2+ 28. Kg1 Sxd1 29. Txd1 De2 mit weiterem Materialverlust für Weiß; ähnlich wäre das Notopfer 27. Dxe1 an 27. ... Sxe1 28. Txe1 Dd3 gescheitert. Weiß versuchte 27. Lxe1, doch nun kam 27. ... Sb2 mit Doppelangriff auf Dame d1 und auf den Turm f1 (nebst Matt). Nach 28. Lc3 Sxd1 29. Txd1 De2 verhinderte Weiß alle weitere Quälerei, indem er aufgab.

## 14

Dr. Filip hatte beabsichtigt, den Läufer b7 zu verspeisen, aber den tückischen »Königsangriff« 34. ... Kh3 übersehen, mit dem der gejagte schwarze König urplötzlich den Spieß umgedreht und die wohnliche Rochadestellung seines weißen Kollegen in eine unentrinnbare Mattfalle verwandelt hätte. Da 34. Dg8+ Kh3 35. Dxe6+ f5 lediglich die Agonie um zwei Züge verlängert hätte, streckte Weiß sogleich die Waffen. Solch grausames Erwachen aus stundenlanger Siegessicherheit schmerzt besonders tief!

## 15

Die Pranke war der Turm d1, und der Hieb bestand in dem Zug 21. Td7: nach 21. ... Dxd7 22. Sxf6+ war die schwarze Dame verloren.

## 16

Der deutsche Vorkämpfer, seit vielen Jahren ununterbrochen unter den ersten zehn Spielern der Weltrangliste zu finden, hätte vermutlich in keiner Blitzpartie versäumt, mit 37. De8+ Kg7 38. Te7+ Kh6 39. Df8+ Kh5 40. Txh7 mattzusetzen. Prophetisch mahnte die heilige Therese von Avila: »Wer nicht schachbieten kann, kann auch nicht mattsetzen.«

## 17

Knaak legte mit dem Springeropfer 1. Sf6+ die h-Linie frei; nach 1. ... Dxf6 war die logisch-unerbittliche Folge 2. Lh7+ Kh8 3. Lg6+ Kg8 4. Th8+, worauf Adorjan aufgab: 4. ... Kxh8 5. Dh5+ Kg8 6. Dh7 matt wollte er sich nicht mehr zeigen lassen.

## 18

Eric schlug mit 16. Txf6! zu. Auf 16. ... Lxf6 wäre nun 17. Txf6 gxf6 18. Ld4 mit unparierbarem Angriff gekommen, z. B. 18. ... De7 19. Dg3+ Kh8 20. Dg5, oder 18. ...

d5 19. exd5 Ld7 20. Df3. Schwarz versuchte 16. . . . gxf6, aber seine zertrümmerte Königsstellung bot eine bequeme Zielfläche für weitere Nadelstiche bzw. Keulenschläge. Nach 17. Ld4 Dd8 18. Sd5 Lxd5 19. exd5 Kh8 20. Dh3 Tg8 21. Ld3 Tg7 22. Te1 beging Schwarz in aussichtsloser Lage einen Fehler, der die Partie sofort beendete: 22. . . . Kg8 23. Txe7, 1:0.

## 19

Auch im Blitztempo entging Lothar der Problemzug 31. Dd6+ nicht. Die Dame war tabu wegen 32. Tga7 nebst T3a6 matt; Petrosjan versuchte daher 31. . . . Tc6, aber der zweite Problemzug 32. Dc5+ machte seinen Hoffnungen ein Ende: das Matt nach 32. . . . Txc5 33. bxc5 (oder dxc5)+ Kc6 34. Ta6+ Db6 35. Txb6 war nicht mehr zu verhindern.

## 20

Unzicker wickelte mit dem Damenopfer 31. Dxe7 ab: die holde Gabe verzinste sich durch einen Mehrturm nach 31. . . . Dxe7 32. d8D+ Txd8 33. Txd8+ Kf7 34. T1 (oder 8) d7.

## 21

Der unglückliche Läufer wurde einfach verspeist (1. . . .Dxf4), und Kortschnoi streckte die Waffen: nach 2. Txf4 Se3+ nebst 3. . . . Sxd1 hätte er eine Figur zu wenig gehabt.

## 22

Nach 35. . . . Ta4 ist dieser Turm wegen Dc2 matt tabu. Also 36. Dxb3 axb2+ 37. Kd2 Td4+ (dieses Eingreifen des Turms auf der 4. Reihe wurde durch 35. . . . Ta4 ermöglicht) 38. Ke2 (andere Königszüge ändern nichts) De4+. Nun folgt auf 39. De3 Dg2+ 40. Df2 Te4+ nebst Damengewinn; auf 39. Kf2 indes wunderschön 39. . . . b1D. Um diese Kamikaze-Dame zu vertilgen, muß Weiß entweder der schwarzen Dame das Feld f3 oder dem schwarzen Turm das Feld d2 zugänglich machen – jeweils mit vernichtenden Folgen.

## 23

Auf 11. . . . Dxe4 kann zwar der Springer c3 der schwarzen Dame nicht sofort etwas anhaben, der fesselnde Läufer b4 wird aber mit 12. Sd6+ abgelenkt, und nach 12. . . . Lxd6 13. Sxe4 hat die weiße Kavallerie mit vereinten Kräften die gegnerische Dame zur Strecke gebracht.

## 24

Glänzender Auftakt war 1. Df6+ (zwingender als 1. Lc5+, worauf Schwarz noch 1. ... Kd8 hätte versuchen können). Nach 1. ... Sxf6 demaskierte 2. Lc5+ die d-Linie und schnitt so dem schwarzen König die Flucht zum Damenflügel ab. »Friß oder stirb« war die Parole: 2. ... Lxc5 3. gxf6+ Kf8 4. Th8 matt. Wenn schon die Sekundanten so zu opfern verstehen ...

## 25

Nach 21. Txf3+ war dieser Turm ungenießbar wegen sofortigen Matts auf g8, und 21. ... Lf6 ging nicht wegen 22. Dh8+. Eric zog noch 21. ... Ke8, aber nach 22. Sc7+ Kd7 23. Sxd5 machte ihm das Spiel doch keinen rechten Spaß mehr.

## 26

Ribli opferte mit 1. Se6+ auch noch den Springer; Kouatly lehnte das Danaergeschenk mit 1. ... Kg8 ab, ging nach dem Damenverlust 2. Sxd8 aber schnell unter. Die traurige Alternative wäre allerdings Königsverlust gewesen: auf 1. ... fxe6 folgt 2. Lxe6 Se5 (alles andere verliert ebenfalls) 3. Dh7 Sf7 4. Lb2! und Matt im nächsten Zuge.

## 27

Es kam 1. ... Dd3+ 2. Ke7, womit der in Lösung 14 angeführte Spruch »versäume nie ein Schach, es könnte Matt sein!« ein weiteres Mal bestätigt war – nur wurde diesmal der, der Schach geboten hatte, selber matt.
Analog hätte übrigens 1. ... De1?? wegen 2. Ke6 verloren.

## 28

Das magnetisch aus seiner Deckung gelockte und von allem Beistand der Seinen abgeschnittene Wild wurde mit 24. g3+ Kh3 25. Th5+ Kg4 26. Th4+ Kf3 27. Tf4 matt erlegt.

## 29

Nach wie vor war die Partie für Schwarz gewonnen, allerdings hätte er in Zeitnot den versteckten Rettungszug 1. ... Df7 finden müssen. Auf 2. Txf7 gewann dann 2. ... Txd1+ 3. Kg2 Txf7 leicht. Etwas schwerer hat es Schwarz nach 2. T1d5, doch auch hier wäre nach 2. ... Dg8 der Sieg sein gewesen, z. B. 3. Txc7 Tf7! (aber nicht 3. ... Txd5? 4. Txh7+ remis bzw. 3. ... Sd6? 4. Txd6 Txd6 5. Txh7+ remis).

## 30

Die Dame hätte ihre Dame opfern müssen: nach 1. . . . Dxb3 2. axb3 zieht plötzlich der schwarze a-Bauer den Marschallsstab aus dem Tornister, seine Umwandlung ist nach 2. . . . a2 3. Dd1 Lxc3 nicht zu verhindern. Leider spielte Vera aber 1. . . . Lc7 und verlor sogar noch.

## 31

Sie zog 1. . . . c2, und als der angegriffene Läufer sich nach f3 flüchtete, folgte 2. . . . Tb1, welcher Zug den Weißen Haus + Hof= Turm = die Partie kostete.

## 32

In der Diagrammstellung hätte 39. Dxf7 dem Vizeweltmeister den Garaus gemacht; das Matt hätte er dann nur noch durch Einstellen seiner Dame hinauszögern können.

## 33

Nach dem effektvollen 22. . . . Txg3+ gab der malträtierte Herr auf. Gerade noch rechtzeitig, denn im nächsten Zuge wäre er von der gegnerischen Dame auf h1 mattgesetzt worden.

## 34

Die Weltgeschichte war wieder einmal reif für ein Läuferopfer auf h2: nach 1. . . . Lxh2+ 2. Kxh2 (2. Kh1 Le5) Sg4+ 3. Kh3 Dxg5 stand nicht nur der weiße König auf offenem Felde in Regen und Wind, sondern Anna hatte auch einen fetten Mehrbauern in ihre Scheune eingefahren.

## 35

Ihren Freibauern und die Grundlinienschwäche der Gegnerin nutzte Gisela mit 36. Dxa8 aus. Nach 36. . . . Txa8 37. Tc8+ hätten selbst anfallsartige, akute Diarrhoen sie nicht mehr am Mattsetzen hindern können.
Seien Sie vorsichtig mit deutschen Fräuleins! (Beim Schachspiel.)

## 36

Nach 1. . . . Txh2 wäre 2. Se5 noch relativ am zähesten gewesen. Weiß verspeiste aber den unverschämten Turm mit 2. Sxh2, und nun folgte 2. . . . La6; der weiße Läufer konnte sich nicht von der Stelle rühren wegen 3. . . . De1 matt, Schwarz gewann die geopferte Figur mit entscheidendem Angriff zurück.

## 37

Der schwarze König wurde durch 1. Tg1+ Kf4 2. Dh4+ noch weiter ins weiße Lager gezogen und dort zur leichten Beute der vereinigten weißen Schwerfiguren: 2. ... Ke3 oder Kxf3 3. Td3+ Ke2 4. De1 oder Te1 matt.

## 38

Der schwarze Springer könnte auf e2 ein ersticktes Matt geben, daher räumt ihm seine Dame dieses Feld unter Tempogewinn: 20. ... De3+ 21. Lxe3 Se2 matt. – Die weiße Dame war in dieser Partie nur Statistin.

## 39

Nach 41. ... g4+ mußte Portisch die geniale Verteidigungsleistung Kaváleks anerkennen und ins Remis willigen; sein König konnte dem ewigen Schach nach 36. Kxg4 Tg6+ 37. Kh3 Th6+ 38. Kg4 Tg6+ nicht entrinnen.

## 40

Bisguier opferte mit 1. Lxf5 eine zweite Figur, um die entscheidende Bresche in den schwarzen Verteidigungsring zu schlagen. Auf 1. ... exf5 hätte 2. e6 die Deckung des Springers g6 unterminiert und die schwarze Königsstellung geknackt; daher versuchte Kudrin 1. ... Txd4, gab aber nach 2. Txg6+ auf – nach 2. ... fxg6 3. Le6 wäre er matt gewesen.

## 41

Nach 1. b4 drohte nicht nur prosaisch 2. bxc5, sondern auch der teuflische Abzug 2. Lxh6+ mit Gewinn der ungedeckten Dame a2. Schwarz verlor eine Figur, z. B. 1. ... Sxb4 2. Lxb4 Dxe2 3. Lxc5+ nebst 4. Lxe2.

## 42

Larsen investierte mit 1. a7 seinen letzten Bauern. Nach dem erzwungenen 1. ... Lxa7 folgte 2. Kc8, und Schwarz büßte durch Zugzwang seinen Läufer ein. Auf jeden anderen ersten Zug des Weißen wäre 1. ... Ka7 mit Remisstellung geschehen. (Prüfen Sie nach!)

## 43

18. Lxh7+ Kxh7 19. Dh5+ Kg8 20. Lxg7 Kxg7 21. Dg5+ Kh8 22. Df6+ Kg8 23. Tc4, und Schwarz gab wegen unabwendbaren Matts auf. Auch Großmeister wie Browne vergessen also gelegentlich, daß es ein klassisches doppeltes Läuferopfer gibt! Die in solchen Fällen oft mögliche »Notbremse« (20. ...) f6 scheitert hier an 21. Dh8+ Kf7 22. Lxf8, und nun geht 22. ... Txf8 nicht wegen 23. Dh7+ nebst 24. Dxc7.

## 44

Nach 28. ... T8f3 gab Aaron sofort auf, weil 29. gxf3 Dxh3+ zu Matt im nächsten Zuge führt und 29. Dxf3 Txf3 30. Txf3 Sf2+ ihn mit Turm gegen Dame im Nachteil läßt.

## 45

Nach 1. Lf8!! ist Matt unabwendbar. Es droht 2. Dh7+ nebst 3. Dh8 matt. Falls Schwarz mit 1. ... e6 versucht, seinem König einen Fluchtweg zu öffnen, so kommt 2. Le7! Dxe7 und wieder 3. Dh7+ Kf8 4. Dh8 matt. Larsen versuchte noch 1. ... Lf6, entrann aber auch damit seinem Schicksal nicht: 2. Txf6 exf6 3. Dh6 Txf8 4. Dh7 matt.

## 46

Nach dem Qualitätsopfer 22. Txc6+ Kxc6 ist der Springer e4 gefesselt und wird mit 23. Sc3 erobert. Sein Übergewicht von zwei Leichtfiguren gegen Turm führte Kortschnoi sicher zum Sieg.

## 47

Nach 30. Dxg7+ gab Spassky sofort auf; nach 30. ... Kxg7 ist sein König so unglücklich ins Schußfeld der restlichen vier weißen Figuren bugsiert, daß ihm mindestens eine Figur verlorengeht: 31. Sxd7+ Kg8 32. Sf6+ Kf7 33. Sd5+ nebst 34. Sxc7.

## 48

Nach 1. Lg5! geht auf einen Zug des schwarzen Königs der Bauer h5 verloren, auf einen Zug des Springers e7 der Bauer d5, und der Springer c8 kann sowieso nicht ziehen, da er seinen Stallgenossen auf e7 gedeckt halten muß. Da sich an der Passivität der schwarzen Stellung nach diesem Bauernverlust nichts ändert, war unter solchen Virtuosen des königlichen Spiels die Aufgabe sicherlich nicht verfrüht.

## 49

Nach 40. Txh7+ gab sich Miles geschlagen, denn nach 40. ... Dxh7 41. Dxh7+ Kxh7 marschiert der weiße c-Bauer durch.

## 50

Nach dem Sperrzug 1. e4 drohte 2. Th1+ Kg8 3. Dh8+ Kf7 4. Th7 matt; da auch 1. ... Lxc4 schnurstracks ins Matt geführt hätte (2. Th1+ Kg8 3. Df6 nebst 4. Th8 matt), blieb Beljawsky keine Wahl als mit 1. ... Dxe4 die Kontrolle über das Feld h1 beizubehalten. Nun hatte aber der weiße Turm auf der e-Linie ein neues Betätigungsfeld; nach 2. Te1 konnte die schwarze Dame nicht mit 2. ... Dc6 den Läufer e6 gedeckt halten, denn nach dem hübschen Echomotiv 3. Lb5 hätte sie endgültig das Feld h1 freigeben müssen. Beljawsky mußte, um weiterkämpfen zu können, zu 2. ... Dxe1+ 3. Kxe1 Lxc4+ greifen, verlor aber das Endspiel nach lumpigen 64 weiteren Zügen.

## 51

Nach dem Abzugsschach 1. ... Sd5+ durfte der weiße König nicht nach c4 wegen Db5 matt und nicht auf die a-Linie (z. B. 2. Ka3 Db4+ 3. Ka2 Db2 matt). Nach 2. Kc2 zwang ihn aber die schwarze Dame mit einem Kreiseltanz doch nach c4, wo sich sein Schicksal vollendete: 2. ... Db2+ 3. Kd3 Db5+ 4. Kc2 De2+ 5. Td2 Dxd2+ 6. Kb3 Db2+ 7. Kc4 Db5 matt. Voilà!

## 52

Nach 38. ... Sg3+ weigerte sich Karpow, seinen Part in diesem Konzert zu Ende zu spielen. 39. Dxg3 Txb1 war undiskutabel, und 39. hxg3 wäre mit dem prächtigen Rückwärtsschwenk 39. ... Ta8 beantwortet worden, worauf keine weltmeisterliche Erfindungskraft das Matt durch Th8 hätte vereiteln können.

## 53

1. ... Txh4+ entlarvte, mit dem Knall eines Champagnerkorkens (das Turnier fand in Montpellier statt), die Position des Weißen als Schnapsstellung: 2. Dxh4 wäre mit 2. ... Df3+ 3. Kxe5 Sc4 matt beantwortet worden. Man sieht wieder einmal, daß Zentralfelder einem König nicht gerade bekömmlich sind.

## 54

Es folgte 1. ... Txf4 2. gxf4 Dg4+ 3. Kh1 Sxf3 4. c4 Dh3, und Weiß gab auf: Matt ist unabwendbar.

## 55

Nach 1. ... Dg4+ büßte Weiß entweder den a-Bauern ein, auf welchem seine Siegeshoffnungen beruhten, oder mußte den Gegner mit 2. fxg4 pattsetzen.

## 56

Mit 1. Te8 gewann Weiß entweder einen ganzen Turm oder die schwarze Dame für einen seiner Türme.

## 57

Nicht etwa wegen des Bauernverlustes durch 14. Sxd6+, sondern weil ihm Kieninger mit 14. Txe6+ nur die Wahl ließ zwischen sofortigem Matt durch 14. ... fxe6 15. Dh5 oder der Agonie nach 14. ... Le7 oder 14. ... De7.

## 58

Weiß opferte mit 1. Txb5 noch einen ganzen Turm, um nach 1. ... cxb5 2. Lxb5+ Sc6 3. Lxc6+ Kxc6 4. Da4+ Kb7 5. Db5+ Db6 6. cxb6 das investierte Kapital mit reichen Zinsen zurückzuerhalten. Auch bei anderem schwarzen Gegenspiel wäre der weiße Angriff immer durchgeschlagen, z. B. 2. ... Kc8 3. La6+ Kd7 4. Da4+ Sc6 5. Lb7 Tc8 6. Sb3 Tc7 7. Sa5 Ke8 8. Sxc6 mit Gewinnstellung.

## 59

Rossolimo zertrümmerte die scheinbar sichere weiße Königsstellung mit einem doppelten Turmopfer, nach welchem der inaktive Läufer b7 und der blockierte Bauer e4 plötzlich zu blutrünstigen Monstern wurden: 1. ... Txg2+ 2. Kxg2 Txf2+. Lothar Schmid gab hier auf, denn gegen 3. Lxf2 e3+ 4. Td5 Dxf2+ 5. Kh1 Dxe1+ 6. Kh2 Df2+ 7. Kh1 e2 nebst 8. ... e1D+ war nichts zu erfinden.

## 60

Baldur nahm (vermutlich) einen genußreich-tiefen Zug und brachte den neckischen Springerzug 1. ... Sc3. Da 2. Lxg6 Sxe2+ 3. Kf1 La6 entscheidendes Material verloren hätte, versuchte Weiß 2. Df1. Nun kam aber ein weiterer verblüffender Rösselsprung: 2. ... Se2+. Da 3. Dxe2 an 3. ... Dxg2 matt und 3. Kh1 an 3. ... Dxd3 scheiterten, zog Weiß 3. Lxe2 und gab nach 3. ... Dxc2 auf.

## 61

Unter den vielen Gewinnvarianten seien zwei genannt: Auf 26. ... Dg5 folgt 27. Sxf7 Kxf7 28. Dxh7+ Kf8 29. Ld6+ Te7 30. f6 Lxd4+ 31. Kh1 Lxf6 32. Lxe7+ nebst 33. Lxf6; auf 26. ... Dc6 kann 27. Dh5 Dd7 28. Ld6+ Te7 29. Dxf7 matt geschehen.

## 62

Paulsen schlug mit 1. ... Lxg2 ein dickes Loch in die weiße Königsstellung. Es droht vor allem die Springergabel 2. ... Sf3+ nebst Matt bzw. Damengewinn. Es folgte 2. Kxg2 Sf3 3. Sf4 (traurige Notwendigkeit) Sxd2 4. Lxg6+ Kh8, und Anderssen gab auf.

## 63

Nach 21. ... Sf1 drohte dieser Rappe sowohl die Dame d2 zu vertilgen als auch 22. ... Sg3+ mit folgendem tückischen Abzugsschach; zuschlechterletzt schwebt auch immer noch die Drohung Th8+ über dem Haupte des Weißen, der mindestens die Dame hätte geben müssen und deshalb lieber gleich die Segel strich. – Gewonnen hätten allerdings auch Züge wie 21. ... Sg4 oder 21. ... Sf3 (z. B. 22. Txf3 Th8+ 23. Th3 Lxh3 24. gxh3 Txh3+ 25. Kg2 Th2+).

## 64

Tarrasch krönte sein Spiel mit dem eleganten Matt nach 30. ... Dh2+ 31. Ke6 Te8+ 32. Kd7 Lb5.
Doch was tat er nun? Im Hochgefühl berechtigten Stolzes schrieb er noch während des Turniers in einer Berliner Zeitung, daß so leicht keine andere Partie diese an Glanz der Spielführung übertreffen werde, weshalb ihr wohl der erste Schönheitspreis zufallen dürfte. Die verärgerte Jury wurde daraufhin anderswo fündig. – »Praeceptor Germaniae« läßt sich eben auch, mit ironischem Unterton, als »Schulmeister Deutschlands« übersetzen. Und schulmeisterliche Rechthaberei war noch nie beliebt und ist deswegen selten das geeignetste Mittel, der Wahrheit zu ihrem Recht zu verhelfen.

## 65

Nach 1. gxh4 kam die märchenhafte Pointe 1. ... Td2, womit die Dame von der Deckung des Läufers e4 abgelenkt wurde: 2. Dxd2 Lxe4+ 3. Dg2 Th3!, und in spätestens drei Zügen war Weiß endgültig matt.

## 66

Nach 1. ... Th1+ war es auf einmal Weiß, der aufgeben mußte. Auf 2. Kxh1 wäre 1. ... Dh3+ nebst 3. ... Dxg2 matt gefolgt, und 2. Kf2 Df5+ 3. Ke2 Df3+ 4. Kd2 De3 matt hätte bloß einen Zug länger gedauert.

## 67

Zum Auftakt opferte Teichmann mit 1. Lxf7+ seinen Läufer. Es ging weiter mit 1. ... Kxf7 2. Sg5+ Kg8 (auch Kf6 bzw. Kg6 sind hoffnungslos, wie der Leser leicht herausfinden wird) 3. Dh5 Sxf5 4. Dxh7+ Kf8 5. Dxf5+ Kg8, und nun lähmte der stille Zug 6. Dg6! die schwarze Stellung. Nach 6. ... Dd7 7. Te3 gab Schlechter auf – das zusätzliche Eingreifen des Turmes (Hauptdrohung 8. Th3, 9. Th8+ nebst 10. Dh7 matt) entscheidet.

## 68

Nach 1. ... Sc4+ 2. bxc4 Txa4+ 3. Kxa4 Da2+ 4. Kb4 Db2+ wagte auch Tartakower nicht länger auf einen letzten Fehler seines Gegners zu hoffen, denn nach 5. Kc5 Dxf2+ hätte er seine Königin, nach 5. Ka5 Da3 matt gar seinen König eingebüßt.

## 69

Weiß krönte seinen Bauernsturm (bei unrochiertem eigenem König!) mit 27. g7, was nach 27. ... Lxf5 28. gxh8D (samt Fall einer weiteren schwarzen Figur) zu Turmgewinn geführt hätte. Schwarz spielte noch 27. ... Sxg7 28. Dxf6+ Kc7 29. Dxg7+ Kb8 30. Dxh8 Lg1 31. Dxf8, und nun hatte sich Mieses' am Leben gelassene Dame den Bauch so vollgefressen, daß seinem leidgeprüften Gegner die Lust zu weiterem Widerstand geraubt war.

## 70

Philidor spielte 1. ... Txh2+ 2. Kxh2 Th8+ 3. Sh5 Txh5+ 4. Kg3 Sh3+ 5. Kg4 (freundliches Mitstricken am Mattnetz in hoffnungsloser Lage) Th4 matt. – Gewonnen hätten allerdings auch 1. ... Sd3 oder 1. ... Tgh8.

## 71

1. Dh8+!! – wie eine Bombe platzte die weiße Dame ins gegnerische Hauptquartier und schnitt alle Vorbereitungen ab, die dort für die nahe geglaubte Siegesfeier getroffen wurden. Nach 1. ... Kxh8 2. Kf7 konnte die gesamte schwarze Armee ihren Monarchen nicht vor dem Matt durch Lf6 schützen.

## 72

Nach 26. Tf1 Dg7 27. Lg4 Sb8 28. Tf7 mußte Schwarz die Waffen strecken.

## 73

Der Paukenschschlag war 1. Th8+, und nach 1. ... Kxh8 2. Dh5+ Kg8 3. Dh7+ Kf8 kam der Schlußton 4. Dh8 matt.

## 74

Der Lösungszug ist 1. Lc2 mit einer Fülle von Mattbildern, z. B. folgt auf einen Zug des Springers e2 2. Dd4 matt, auf 1. ... c5 2. Tf5 matt, auf 1. ... d5 2. Dc7 matt usw.; die Verführung 1. b8S scheitert an 1. ... c2.

## 75

Nach 1. Th6+ entzog sich Schwarz weiterer Mißhandlung durch Aufgabe der Partie. Auf 1. ... Kxh6 wäre er mit 2. Dxf6+ Kh5 3. Dxg5 mattgesetzt worden, und nach 1. ... Kg7 2. Dxf6+ wäre das Ende auch nicht mehr fern gewesen.

## 76

In Einklang mit dem kirchlichen Moralkodex verwandelt sich der Bauer c7 im 1. Zug in einen Springer, welcher sich nach dem erzwungenen 1. ... Ka3 mit 2. Sb6 gleich wieder aufopfert. Schwarz muß den Pferdebraten mit 2. ... axb6 wohl oder übel schlucken und sich christlich-duldend in das Turmmatt nach 3. axb6 ergeben.

## 77

Kasparow opferte mit 1. Txa5 die Qualität, was vor allem die furchtbare Diagonale g1–a7 für seinen schwarzfeldrigen Läufer freilegte. Nach 1. ... bxa5 folgte 2. Da1! Lxd5 3. Lxd5, und der Angriff gegen den entblößten schwarzen König schlug durch. Immerhin eine feine Leistung von Petra Schürmann!

## 78

Nach 1. ... Sxa4 mußte Kasparow das angebotene Remis annehmen: der Springer ist tabu wegen der Fesselung des b-Bauern, und auf die Gegenfesselung 2. Tba1 folgt 2. ... Sb6 3. Txa8 Txa8 4. Txa8+ Sxa8. In dem dann entstandenen Endspiel wären wegen der Schwäche der weißen Bauern b3 und e4 alle Trümpfe in der Hand des Schwarzen gewesen; der schwarze Springer hätte via c7–b5–d4 in die weiße Stellung eindringen können. Man sah dem Weltmeister an, wie ungern er den halben Punkt herausrückte, aber er besaß Wirklichkeitssinn genug, um nicht zu riskieren, daß gar ein ganzer draus wurde!

## 79

Hans Koschnick spielte 1. ... Txe3, welches die stärkere der beiden k.-o.-Fortsetzungen ist, da Weiß nach 2. Txe3 Dd2+ 3. Kf1 Txe3 die Dame geben muß, um nicht sogleich matt zu werden. (In der Partie gab Weiß statt dessen auf.) – Ebenfalls für klare Verhältnisse hätte 1. ... Dxe1+ 2. Kxe1 Txe3+ gesorgt, doch dann hat Schwarz »nur« einen Turm mehr und braucht mehr Züge bis zum Matt.

## 80

Da Weiß seinen schwarzfeldrigen Läufer abgetauscht hat und das Feld d4 nicht mehr mit einem Bauern überdecken kann, sind die schwarzen Felder im weißen Lager schwach. 1. ... Se6! betonte diese Feldschwächen und sicherte dem Simultanspieler eine überlegene Stellung; der Springer wird einen beherrschenden Posten einnehmen, und falls es Weiß je gelingt, ihn dort abzutauschen, erhält Schwarz zu seinem Läuferpaar noch einen gedeckten Freibauern.

## 81

Nach dem Springeropfer 20. Sxe6 erreichte Weiß mit 20. ... fxe6 21. Lxe6+ Txe6 22. Txd7 Db6 23. Tcc7 die gewinnverheißende Turmverdopplung auf der »7. Reihe absolut« (Nimzowitsch). Es folgte 23. ... Le4 24. Txg7+ Kh8 25. Dc3 Tf6 26. Tgf7 Td8 27. f3 Lg6 28. Txf6, und nun gab Schwarz endlich auf.

## 82

Schwarz brachte mit 28. ... Taxb5 auf einmal beide Türme zur Wirkung: Weiß konnte auf b5 ja nicht zugreifen wegen Dxb2 matt. Da auch 29. b3 wegen 29. ... Tb4 nebst

30. ... Dxc3 nicht spielbar war, versuchte Weiß 29. Dd4, sah aber nach 29. ... Txb2+ 30. Kc1 De7 31. Thf1 T8b4 32. Df2 Tc4 ein, daß weiterer Widerstand nutzlos war.

## 83

27. f8D+ zwang Schwarz zu 27. ... Lxf8, worauf 28. Tf1 so starke Drohungen in der f-Linie schuf, daß Schwarz sofort aufgab. Gegen 29. Df7+ nebst baldigem Matt war in der Tat nichts zu erfinden.

## 84

Horsts erster Schmetterball war 1. ... Dxb1+, und nach 2. Sxb1 folgte der zweite auf dem Fuße mit 2. ... La6. Wie Weiß auch spielt, er landet in einem Endspiel mit Qualität und Bauer weniger. Und die Moral von der Geschicht: Cave Funktionäre – zumindest solange sie in statu nascendi sind!

## 85

Der Schwachpunkt im weißen Lager war (einmal mehr) f2. Zsuzsa krönte ihre hervorragende Partieanlage mit 1. ... Lxf2+ 2. Kh1 (auf 2. Txf2 folgt 2. ... Dxf2+ nebst 3. ... Lxg2 matt) Lxg2+, und angesichts von 3. Kxg2 Df2 matt gab Weiß schleunigst auf.

## 86

Mit 1. Td7 drohte Michael schlicht Td8 matt. Auf 1. ... Txd7 2. exd7 hätte keine Macht der Welt den Freibauern mehr aufgehalten, und auf 1. ... Tc8 hätte 2. e7+ den weißen Sieg gesichert (2. ... Ke8 3. Sf6+ Kf7 4. e8D+ bzw. 2. ... Kf7 3. e8D+ Kxe8 4. Txg7). Da auch bei 1. ... Txc2+ 2. Ke3 gxf4+ 3. Kxf4 nicht mehr herauskommt als ein paar Racheschachs, gab Schwarz lieber auf.

## 87

Mit dem problemhaften Zug 1. Le5 parierte John Nunn die Drohung auf b2 und drehte den Spieß um. Da 1. ... Lxe5 an 2. Tg8+ Dxg8 3. Dxe5+ nebst Matt gescheitert wäre, versuchte Schwarz 1. ... Txf2. Nunn begnügte sich aber nicht mit dem Qualitätsgewinn 2. Dxf2, sondern spielte viel stärker 2. Te4; nach 2. ... Lxe5 ereilte den Schwarzen ein Grundlinienmatt nach 3. Dg7+ Lxg7 4. Txe8+ Lf8 5. Txf8. (In der Partie streckte Schwarz nach 3. Dg7+ die Waffen.)

## 88

Ohne in irgendwelcher Zeitnot zu sein, übersah auch Szabo das zweizügige Matt nach 1. Dxg6+ Kh8 2. Lxf6 bzw. 1. ... Lg7 2. Dxg7. Statt dessen spielte er 1. Lxf6?? und verdarb die immer noch auf Gewinn stehende Partie später sogar zum Remis.

## 89

Nach 23. Sb4 hätte sich der angegriffene Turm c6 zurückziehen und die Deckung des Bauern d6 aufgeben müssen. Nach 24. Txd6 wäre dann der schwarze Verteidigungswall am Damenflügel zusammengebrochen. Solche Chance erhält man gegen Karpow nicht alle Tage!

## 90

Spassky hatte 1. Lxe6 abgegeben. Es folgte 1. ... fxe6 2. Txe6 Ld3 (auch andere Züge retteten nicht) 3. Df4 Lf5 4. Tbe2 Dxc3+ 5. Kg2. Hier gab Panno auf; gegen die verschiedenen Mattdrohungen blieben ihm nur noch einige Racheschachs, z. B. 5. ... Dh3+ 6. Kg1 Lxe6 7. Dd6+ Kg8 8. Dd8+ Kh7 9. De7+ nebst Matt oder 5. ... Le4+ 6. T2xe4 Txa2+ 7. Te2 Dh3+ 8. Kg1, und Schwarz wäre mit seinem Latein am Ende. (8. ... Ta1+ 9. Te1 Dxe6 10. Db8+ Kf7 11. Dc7+ Ke8 12. Dc8+ bzw. 11. ... Kf8 12. Dg7+ Ke8 13. f7+)

## 91

Der Opfer- und Mattreigen beginnt mit 1. Txg7+, geht weiter mit 1. ... Kxg7 2. Lh6+ Kh8 3. Lg7+ Kxg7 4. Dg5+ Kf8 5. Dh6+ Ke8 6. Lg6+ Kd8 7. Dh8+ Lf8 8. Dxf8+ Se8 und endet mit 9. Dxe8 matt. Der Internationale Meister Otto Borik schrieb dazu: »Man muß es sich einmal vor Augen führen: So etwas produziert Kasparow blind, im Simultan und mit durchschnittlich 9 Minuten Bedenkzeit pro Partie! Wo sind die Grenzen der menschlichen Leistungsfähigkeit im Schach?«

## 92

Auf das Springeropfer 1. Sf6+ Sxf6 folgte das Damenopfer 2. Dxf6, und nach 2. ... gxf6 zog der Blindspieler die Schlinge mit 3. Lxf6 zu: gegen Th8 matt war nichts mehr zu machen.

## 93

1. ... Df1+ zwang Weiß zu 2. Lg1, womit seinem König ein Fluchtfeld verstellt war. Nun kam 2. ... Df3+, und nach 3. Lxf3 vollstreckte 3. ... Lxf3 matt den Königsmord auf der langen Diagonalen.

## 94

Der c-Bauer war der zweite Speckbrocken, mit dem die Maus (der La6) gefangen wurde: Nach 1. ... c4 war Figurenverlust für Kasparow nicht zu vermeiden; auf 2. Dxc4 hätte er sich 2. ... Da7+ nebst 3. ... Lxa6 gefallen lassen müssen, auf 2. Lxc4 Lf5 hätte die weiße Dame den Läufer c4 nicht gedeckt halten können. Keiner wird so groß, daß er nicht noch ein Loch findet, in das er plumpsen kann!

## 95

Mit 1. Dxc6 gewann Weiß eine Figur, weil 1. ... bxc6 an 2. Se6+ nebst Verspeisen der Dame d8 scheitert. Schwarz versuchte in gegnerischer Zeitnot noch mit 1. ... Dd2 zu »schwindeln«, aber 35. Dc3+ nebst Damentausch zerstörte seine letzte Hoffnung.

## 96

Nach dem Turmopfer 1. Txf7+ war der Rest zwangsläufig: 1. ... Kxf7 2. Dh7+ Kf8 (falls 2. ... Ke6, so 3. Lg4 matt) 3. Tf1+ Lf6 (falls 3. ... Sf6, so 4. Lh6 matt) 4. Lc4 (auch 4. Txf6+ gewann leicht, der Partiezug ist aber zwingender) d5 5. Sxd5 Lxd5 6. Lxd5 und Schwarz gab auf.

## 97

Mit 1. De5+ bot Cordes den schwarzen Bauern auch noch seine Dame zum Schmause an; sie wäre jedoch schlecht bekommen, denn auf 1. ... fxe5 wäre das neckische Matt 2. Sd6 gefolgt. Also blieb nur 1. ... Kf7, nach 2. Sd6+ Kg7 3. Sxb7 hatte Weiß aber einen guten Schritt vorwärts auf dem Weg zum Endsieg getan, wenn der Rest auch immer noch nicht einfach war. (Weiß muß von seinem Überfluß nämlich wieder abgeben.)

## 98

Neumann opferte mit 16. Dxg6+ die Dame, um nach 16. ... fxg6 mit 17. Lxf8 mattzusetzen. – Der Schönheit dieser Wendung tut es keinen Abbruch, daß Weiß auch mit einem »einfallslosen« Damenrückzug auf der h-Linie hätte gewinnen können.

## 99

Das Qualitätsopfer 13. Txd7 gab Weiß in jedem Fall klaren Vorteil. Die Partie ging weiter mit 13. ... Lxd7 14. Lxc5 Da5 15. Lxh8 gxf3 16. Lxf3 0–0–0 17. Ld4 Le6 18. Sd5 cxd5 19. cxd5+ Kb8 20. Kb1 Lg4 21. Le5+ Ka8 22. Lc7, worauf Schwarz endlich die Waffen streckte.

## 100

Mit dem genialen Streich 1. ... Tg2 kam die Partie zu einem unerwarteten Ende; es droht einfach 2. ... Sf4 matt, auf 2. Kxg2 folgt 2. ... Se3+ nebst 3. ... Sxd1, das Bauernendspiel nach 2. Dxd5 exd5 3. Kxg2 ist ganz leicht gewonnen für Schwarz, und zu einer ähnlichen Agonie führt 2. Df1 Sf4+ 3. Dxf4 gxf4 4. Kxg2 e5.

## 101

1. ... Td1+ schlug wie ein Blitz ein und hätte den Weißen die Dame gekostet, wenn er sich's noch hätte zeigen lassen: 2. Txd1 Sxb4 bzw. 2. Kxd1 Sxc3+ nebst 3. ... Dxb4.

## 102

Der Damenschwenk 1. Dg3 raubte Reuben Fine, einst selber einer der stärksten Spieler der Welt, auf der Stelle alle Lust am Weiterspielen. Auf 1. ... Dxg3 kommt 2. Lf6 matt, aber auch mit anderen Zügen kann die schwarze Dame die lebenswichtige Diagonale h4–d8 nicht länger bewachen.

## 103

Nach 1. Ta8+ Kh7 (1. ... Kg7 2. Tg8+ Kh7 3. Th8+ kommt auf dasselbe heraus) 2. Th8+ Kxh8 3. Dh6+ mußte Werner Pesch wohl oder übel auch noch die Dame schlagen – Patt!

## 104

Weiß löste die Spannung im Zentrum mit dem überraschenden Figurenopfer 1. dxc6. Es folgte 1. ... Dxd4 2. Sxd4 Txd4 3. Te8+ Kh7 4. Txb8. Das war des Pudels Kern – auf 4. ... Sxb8 käme 5. c7, und die Verwandlung dieses Bauern in eine Dame ist nicht zu verhindern; auf 4. ... Tc4 hingegen käme 5. Txb7 Txc3 6. b5 Sc5 7. Txa7 mit Gewinnstellung für Weiß. Schwarz begnügte sich deshalb mit 4. ... bxc6, stand aber nach 5. Tc8 wegen seines lendenlahmen Springers a6 auch auf Verlust.

## 105

Nach 17. Lxh7+! Kxh7 18. Sg5+ Kg8 19. Dxg4 Dxe5 20. Dxe6+ Dxe6 21. Sxe6 verfügte Weiß über einen gesunden Mehrbauern. Nach erbitterter Gegenwehr mußte Schwarz im 67. Zug die Segel streichen.

## 106

Glatt gewonnen hätte 1. De7+: 1. ... Kg8 2. Sh6+ Kh8 3. De5+ nebst Matt oder 1. ... Kh8 2. De5+ Kg8 3. Sh6+ oder 1. ... Tf7 2. De5+ Kg8 3. Sh6+ Kf8 4. Dh8+ nebst 5. Dxc8.

## 107

Nach dem simplen 28. ... Lxf1 mußte Karpow wohl oder übel mit 29. Sg5+ Kh8 30. Sf7+ Kg8 usw. ewiges Schach geben. Mit 29. Txf1? Df7 hätte er eine Qualität eingebüßt, und 29. Sc7+ Df7 30. Dxf7 Kxf7 31. Txf1 Tac8 32. Sxe8 Kxe8 hätte dem gefährlichen Torschützen ein vorteilhaftes Turmendspiel überlassen.

## 108

Nach dem Springeropfer 24. Sxf7 Kxf7 (bei 24. ... Dxf7 25. e5 ist die Sache ganz problemlos für Weiß) ging es munter weiter mit dem Turmopfer 25. Txd6. Es folgte 25. ... Tbxd6 26. e5 Td1+ 27. Kh2 Ke8 28. Txf6 T8d5 29. Dxg6+ Kd8 30. Lxd5 Txd5 31. Dg8+, und Schwarz gab auf, weil er unweigerlich noch die Dame verlor.

## 109

16. Sxd5 exd5 18. exd5 war die Teufelei, die Victors mitleidenden Landsmann veranlaßte, in irrigem Entsetzen die Hände vors Gesicht zu schlagen. 17. ... Txa4 wäre nun an 18. Txc8+ Ke7 19. Te1+ Kf6 20. g4 gescheitert (20. ... g5 21. Le5+ Sxe5 22. dxe5+ Kg7 23. Sf5+ usw.). Die Partie ging weiter mit 17. ... Le2 18. b3 b5 19. Da5 Txc1+ 20. Txc1 Dd8 21. De1 Le7 22. Lc7 Dc8 23. Ld6!, und Schwarz gab auf.

## 110

Nach 39. ... T3e2 war dem weißen König nicht mehr zu helfen. Der Turm e2 ist tabu wegen Tg1 matt. Weiß versuchte, mit 40. Sb3 dem schrecklichen Wüterich Läufer d4 etwas anzuhaben, gab aber nach 40. ... Tgf2+ auf, denn nach dem erzwungenen 41. Kg1 wäre er mit 41. ... Te1 mattgesetzt worden. Auch 40. Tb1 hätte nicht geholfen: 40. ... Lxe4 mit der Hauptdrohung Ld3 hätte Weiß völlig hilflos gelassen.

## 111

Spassky brachte das Läuferopfer 1. Lxf7+, welches Schwarz mit derselben pharmakologisch erzeugten Gleichgültigkeit annahm, 1. ... Kxf7, mit der er auch die weitere Folge über sich ergehen ließ: 2. Dh5+ g6 (2. ... Kf8 3. Dxh7 ist wegen der unbeholfenen schwarzen Figurenaufstellung auch hoffnungslos) 3. Dxh7+ Kf8 4. h4, und Schwarz gab auf – gegen 5. h5 mit nachfolgender Einbeziehung des weißen Springers in den Mattangriff ist nichts zu erfinden.

## 112

Nach 39. Txg6? Sc7 40. Tg5? erreichte die schon mehr als nur halb tote Weltmeisterin Dauerschach mit 40. ... Sh2+ 41. Ke1 Sf3+ 42. Kf1 Sh2+; der weiße König darf nicht nach d1 wegen der Antwort Td2+ nebst Txd6, und Schwarz darf keinen Gewinnversuch mit 42. ... Sxg5 unternehmen, da nach 43. hxg5 die weißen Freibauern auf der g- und f-Linie zu stark würden. So weit der erste Teil der Frage. – Der weiße Gewinnzug, den der Computer so leicht fand, bestand in 39. Se4, wonach 40. Sg5+ nebst 41. Txg6 matt droht; überdeckt aber Schwarz mit 39. ... Sh2+ 40. Ke1 Sf3+ 41. Kd1 das neuralgische Feld g5, so sucht ihn das Unheil auf dem Feld f6 heim (Sf6+ nebst Txg6 matt). Auch im 40. Zug konnte Nana Alexandria mit Se4 noch gewinnen. Die Drohung wäre dann 41. Sg5+ (oder ggf. Sf6+) Kh8 42. Tg8 matt gewesen.

## 113

Dieser gewisse Helmut Pfleger hätte diesmal wirklich nur Schach bieten brauchen, wo eins zu bieten war, und es wäre von selbst spätestens in vier Zügen Matt geworden: 1. ... Kf7 2. Te7+ Kg6 3. Tg8+ Kf6 4. Tf8+ Kg6 5. Tg7 matt.

## 114

Die Kombination begann mit dem vorübergehenden Läuferopfer 1. ... Lxe5. Es folgte 2. fxe5 Lxf3+ 3. Kxf3 Sxe5+ 4. Kg2 Sxc4 5. Lxg5 f6, und Schwarz hatte einen gesunden Mehrbauern. Verlockend, doch verderblich wäre eine andere Kombination gewesen: 1. ... gxf4 2. gxf4 Sxf4+ 3. Lxf4 Sd4+ 4. Ke3 Sxf3 5. h3 Lh5 6. Le2, und Weiß verbleibt mit einer Mehrfigur.

## 115

Der junge Mann platzte mit dem Damenopfer 1. Dxc7+ in meine Stellung. worauf ich das altbekannte Motiv wiedererkannte und schleunigst aufgab: auf 1. ... Txc7 kommt 2. Tf8+ Tc8 3. Txc8 matt!

## 116

Nach 32. ... Df3+ 33. Ke5 f6+ gab Torre auf, denn nach 34. Ke6 Dg4 ist er trotz seines Mehrbesitzes von zwei Läufern auf offenem Felde mattgesetzt.

## 117

Mit 18. ... Txe5 wurde der keckste Angreifer, der vorgepreschte Rappe auf e5, beseitigt. Nach 19. dxe5 Lxe5 hätte Schwarz in seinem Mehrbauern, seinen beweglichen Zentralbauern und dem aggressiv postierten Läuferpaar bei desorganisierter gegnerischer Stellung mehr als ausreichende Kompensation für die Qualität gehabt. Lebredo entschloß sich zu dem Versuch, mit 19. fxg6 den Angriff unter Figurenopfer festzuhalten; die Folge war 19. ... Te6 20. Lf5 Te8 21. gxh7+ Kh8 22. Lc2 Se4 23. Dh5 cxd4 24. exd4 f6 25. Lb3 Sg5 26. Th4 Txh7 27. Dg4 Txh4 28. Dxh4+ Kg7 29. Dg4 Lc8 30. Dd1 Th8 31. g3 Dd7 32. Lxd5 Txh2 33. Dd3 Th3 0:1

## 118

Nach 1. ... De3+ 2. Kh5 Le7 gab Polugajewsky auf, weil die Matts auf g5 bzw. h3 nur unter Hergabe der Dame zu verhindern sind. Auf 2. Df4 hätte 2. ... h6 gewonnen (3. Kf5 De6 matt), auf 2. Kf5 Df3+ 3. Kg5 h6+ bzw. 3. Ke5 Lg7.

Stand Winter 1986

# Gesamt-Programm

## Essen und Trinken

**Köstliche Suppen**
für jede Tages- und Jahreszeit. (5122) Von E. Fuhrmann, 64 S., 38 Farbfotos, 2 Zeichnungen, Pappband.
**DM 14,80**/S 119.–

**Was koche ich heute?**
Neue Rezepte für Fix-Gerichte. (0608) Von A. Badelt-Vogt, 112 S., 16 Farbtafeln, kart. **DM 9,80**/S 79.–

**Kochen für 1 Person**
Rationell wirtschaften, abwechslungsreich und schmackhaft zubereiten. (0586) Von M. Nicolin, 136 S., 8 Farbtafeln, 23 Zeichnungen, kart.
**DM 9,80**/S 79.–

Schnell und individuell
**Die raffinierte Single-Küche**
(4266) Von F. Faist, 160 S., 151 Farbfotos, Pappband. **DM 24,80**/S 198,–

**Gesunde Kost aus dem Römertopf**
(0442) Von J. Kramer, 128 S., 8 Farbtafeln, 13 Zeichnungen, kart.
**DM 8,80**/S 74.–

**Nudelgerichte**
– lecker, locker, leicht zu kochen. (0466) Von C. Stephan, 80 S., 8 Farbtafeln, kart.
**DM 7,80**/S 69.–

**Lieblingsrezepte**
Phantasievoll zubereitet und originell dekoriert. (4234) Hrsg. P. Diller. 160 S., 120 Farbfotos, 34 Zeichnungen, Pappband. **DM 24,80**/S 198,–

**Omas Küche und unsere Küche heute**
(4089) Von J. P. Lemcke, 160 S., 8 Farbtafeln, 95 Zeichnungen, Pappband.
**DM 24,80**/S 198.–

**Die besten Eintöpfe und Aufläufe**
Das Beste aus den Kochtöpfen der Welt (5079) Von A. und G. Eckert, 64 S., 50 Farbfotos, Pappband.
**DM 14,80**/S 119.–

FALKEN-FEINSCHMECKER
Herzhaftes für Leib und Seele
**Eintöpfe**
(0820) Von P. Klein, 48 S., 30 Farbfotos, Pappband. **DM 9,80**/S 79.–

**Schnell und gut gekocht**
Die tollsten Rezepte für den Schnellkochtopf. (0265) Von J. Ley, 96 S., 8 Farbtafeln, kart. **DM 7,80**/S 69.–

**Kochen und backen im Heißluftherd**
Vorteile, Gebrauchsanleitung, Rezepte. (0516) Von K. Kölner, 72 S., 8 Farbtafeln, kart. **DM 7,80**/S 69.–

**Das neue Mikrowellen-Kochbuch**
(0434) Von H. Neu, 64 S., 4 Farbtafeln, 16 s/w Zeichnungen, kart.
**DM 6,80**/S 59.–

**Ganz und gar mit Mikrowellen**
(4094) Von T. Peters, 208 S., 24 Farbfotos, 12 Zeichnungen, kart.
**DM 29,80**/ S 239.–

FALKEN-FEINSCHMECKER
Schnell auf den Tisch gezaubert
**Kochen mit Mikrowellen**
(0818) Von A. Danner, 64 S., 52 Farbfotos, Pappband. **DM 9,80**/S 79.–

Haltbar machen durch
**Trocknen und Dörren**
Obst, Gemüse, Pilze, Kräuter (0696) Von M. Bustorf-Hirsch, 32 S., 42 Farbfotos, Spiralbindung.
**DM 7,80**/ S 69,–

**Marmeladen, Gelees und Konfitüre**
Köstlich wie zu Omas Zeiten – einfach selbstgemacht. (0720) Von M. Gutta, 32 S., 23 Farbfotos, 1 Zeichnung, Pappband. **DM 7,80**/S 69,–

**Einkochen**
nach allen Regeln der Kunst. (0405) Von B. Müller, 128 S., 8 Farbtafeln, kart.
**DM 9,80**/S 79.–

**Einkochen, Einlegen, Einfrieren**
(4055) Von B. Müller, 27 s/w.-Abb., kart.
**DM 14,80**/S 119.–

**Das neue Fritieren**
geruchlos, schmackhaft und gesund. (0365) Von P. Kühne, 96 S., 8 Farbtafeln, kart. **DM 7,80**/S 69.–

**Weltmeister-Soßen**
Die Krönung der feinen Küche. (0357) Von G. Cavestri, 96 S., 4 Farbtafeln, 80 Zeichnungen, kart. **DM 9,80**/S 79.–

FALKEN-FEINSCHMECKER
Die Krönung der feinen Küche
**Saucen**
(0817) Von G. Cavestri, 48 S., 40 Farbfotos, Pappband. **DM 9,80**/S 79.–

**Wildgerichte**
einfach bis raffiniert. (5115) Von M. Gutta, 64 S., 43 Farbfotos, Pappband.
**DM 14,80**/S 119.–

**Geflügel**
Die besten Rezepte aus aller Welt. (5050) Von M. Gutta, 64 S., 32 Farbfotos, Pappband. **DM 14,80**/S 119.–

Mehr Freude und Erfolg beim **Grillen**
(4141) Von A. Berliner, 160 S., 147 Farbfotos, 10 farbige Zeichnungen, Pappband. **DM 24,80**/S 198.–

**Grillen**
Fleisch · Fisch · Beilagen · Soßen. (5001) Von E. Fuhrmann, 64 S., 38 Farbfotos, Pappband. **DM 14,80**/S 119.–

**Chinesisch kochen**
Schmackhafte Rezepte für die abwechslungsreiche Küche. (5011) Von A. und G. Eckert, 64 S., 57 Farbfotos, Pappband.
**DM 14,80**/S 119.–

**Chinesisch kochen**
mit dem Wok-Topf und dem Mongolen-Topf. (0557) Von C. Korn, 64 S., 8 Farbtafeln, kart. **DM 7,80**/S 69.–

Schlemmerreise durch die
**Chinesische Küche**
(4184) Von Kuo Huey Jen, 160 S., 117 Farbfotos, Pappband.
**DM 24,80**/S 198,–

**Ostasiatische Küche**
schmackhaft, bekömmlich und vielseitig. (5066) Von T. Sozuki, 64 S., 39 Farbfotos, Pappband. **DM 14,80**/S 119.–

**Nordische Küche**
Speisen und Getränke von der Küste. (5082) Von J. Kürtz, 64 S., 44 Farbfotos, Pappband. **DM 14,80**/S 119.–

**Deutsche Küche**
Schmackhafte Gerichte von der Nordsee bis zu den Alpen. (5025) Von E. Fuhrmann, 64 S., 52 Farbfotos, Pappband.
**DM 14,80**/S 119.–

**Essen in Hessen**
Spezialitäten zwischen Schwalm und Odenwald
(0837) Von R. Witt, 120 S., 10 s/w-Zeichnungen, Pappband.
**DM 12,80**/ S 99.–

**Französisch kochen**
Eine kulinarische Reise durch Frankreich. (5016) Von M. Gutta, 64 S., 35 Farbfotos, Pappband. **DM 14,80**/S 119.–

**Französische Küche**
(0685) Von M. Gutta, 96 S., 16 Farbtafeln, kart. **DM 8,80**/S 74.–

**Französische Spezialitäten aus dem Backofen**
Herzhafte Tartes und Quiches mit Fleisch, Fisch, Gemüse und Käse (5146) Von P. Klein, 64 S., 43 Farbfotos, Pappband. **DM 16,80**/139,–

Kochen und würzen mit **Knoblauch**
(0725) Von A. und G. Eckert, 96 S., 8 Farbtafeln, kart. **DM 7,80**/S 69,–

Schlemmerreise durch die
**Italienische Küche**
(4172) Von V. Pifferi. 160 S., 109 Farbfotos, Pappband. **DM 24,80**/S 198,–

**Pizza, Pasta und die feine italienische Küche**
(4270) Von R. Rudatis, 120 S., 255 Farbfotos, Pappband. **DM 19,80**/S 159,–

**Italienische Küche**
Ein kulinarischer Streifzug mit regionalen Spezialitäten. (5026) Von M. Gutta, 64 S., 35 Farbfotos, Pappband.
**DM 14,80**/S 119.–

**Köstliche Pizzas, Toasts, Pasteten**
Schmackhafte Gerichte schnell zubereitet. (5081) Von A. und G. Eckert, 64 S., 46 Farbfotos, Pappband.
**DM 14,80**/S 119.–

FALKEN-FEINSCHMECKER
Schlemmen wie bei Mamma Maria
**Pizzas**
(0815) Von F. Faist, 64 S., 62 Farbfotos, Pappband. **DM 9,80**/S 79.–

**Köstliche Pilzgerichte**
Rezepte für die meistvorkommenden Speisepilze. (5133) Von V. Spicker-Noack, M. Knoop, 64 S., 52 Farbfotos, Pappband. **DM 14,80**/S 119.–

**Am Tisch zubereitet**
Fondues, Raclettes, Flambieren. (4152) Von I. Otto, 208 S., 12 Farbtafeln, 17 s/w-Fotos, Pappband. **DM 24,80**/S 198.–

**Köstliche Fondues**
mit Fleisch, Geflügel, Fisch, Käse, Gemüse und Süßem. (5006) Von E. Fuhrmann, 64 S., 50 Farbfotos, Pappband. **DM 14,80**/S 119.–

**Fondues**
und fritierte Leckerbissen. (0471) Von S. Stein, 96 S., 8 Farbtafeln, kart. **DM 6,80**/S 59.–

**Fondues · Raclettes · Flambiertes**
(4081) Von R. Peiler und M.-L. Schult, 136 S., 15 Farbtafeln, 28 Zeichnungen, kart. **DM 14,80**/S 119.–

**Neue, raffinierte Rezepte mit dem Raclette-Grill**
(0558) Von L. Helger, 56 S., 8 Farbtafeln, kart. **DM 7,80**/S 69.–

**Rezepte rund um Raclette und Hobby-Rechaud**
(0420) Von J. W. Hochscheid, 72 S., 8 Farbtafeln, kart. **DM 7,80**/S 69.–

**Fondues und Raclettes**
(4253) Von F. Faist, 160 S., 125 Farbfotos, Pappband. **DM 24,80**/S 198.–

Kochen und Würzen mit
**Paprika**
(0792) Von A. u. G. Eckert, 88 S., 8 Farbtafeln, kart. **DM 8,80**/S 74.–

**Kleine Kalte Küche**
für Alltag und Feste. (5097) Von A. und G. Eckert, 64 S., 45 Farbfotos, Pappband. **DM 12,80**/S 99.–

**Kalte Platten – Kalte Büfetts**
rustikal bis raffiniert. (5015) Von M. Gutta, 64 S., 34 Farbfotos, Pappband. **DM 14,80**/S 119.–

**Kalte Happen und Partysnacks**
Canapés, Sandwiches, Pastetchen, Salate und Suppen. (5029) Von D. Peters, 64 S., 44 Farbfotos, Pappband. **DM 14,80**/S 119.–

**Garnieren und Verzieren**
(4236) Von R. Biller, 160 S., 329 Farbfotos, 57 Zeichnungen, Pappband. **DM 24,80**/S 198.–

**Desserts**
Puddings, Joghurts, Fruchtsalate, Eis, Gebäck, Getränke. (5020) Von M. Gutta, 64 S., 41 Farbfotos, Pappband. **DM 14,80**/S 119.–

**Crêpes, Omeletts und Soufflés**
Pikante und süße Spezialitäten. (5131) Von J. Rosenkranz, 64 S., 45 Farbfotos, Pappband. **DM 14,80**/S 119.–

**Kuchen und Torten**
Die besten und beliebtesten Rezepte. (5067) Von M. Sauerborn, 64 S., 79 Farbfotos, Pappband. **DM 14,80**/S 119.–

**Tortenträume und Kuchenfantasien**
Gebackene Köstlichkeiten originell dekoriert und verziert
(0823) Von F. Faist, 80 S., 150 Farbfotos, kart. **DM 19,80**/S 159.–

**Schönes Hobby Backen**
Erprobte Rezepte mit modernen Backformen. (0451) Von E. Blome, 96 S., 8 Farbtafeln, kart. **DM 7,80**/S 69.–

**Backen, was allen schmeckt**
Kuchen, Torten, Gebäck und Brot. (4166) Von E. Blome, 556 S., 40 Farbtafeln, Pappband. **DM 24,80**/S 198.–

**Meine Vollkornbackstube**
Brot · Kuchen · Aufläufe. (0616) Von R. Raffelt, 96 S., 4 Farbtafeln, 12 Zeichnungen, kart. **DM 6,80**/S 59.–

FALKEN-FEINSCHMECKER
Mit Körnern, Zimt und Mandelkern
**Vollkorngebäck**
(0816) Von M. Bustorf-Hirsch, 48 S., 39 Farbfotos, Pappband. **DM 9,80**/ S 79.–

**Biologisch Backen**
Neue Rezeptideen für Kuchen, Brote, Kleingebäck aus vollem Korn. (4174) Von M. Bustorf-Hirsch, 136 S., 15 Farbtafeln, 47 Zeichnungen, kart. **DM 14,80**/S 119.–

**Selbst Brotbacken**
Über 50 erprobte Rezepte. (0370) Von J. Schiermann, 80 S., 6 Zeichnungen, 4 Farbtafeln, kart. **DM 6,80**/S 59.–

Mehr Freude und Erfolg beim
**Brotbacken**
(4148) Von A. und G. Eckert, 160 S., 177 Farbfotos, Pappband. **DM 24,80**/S 198.–

**Brotspezialitäten**
knusprig backen – herzhaft kochen. (5088) Von J. W. Hochscheid und L. Helger, 64 S., 48 Farbfotos, Pappband. **DM 14,80**/S 119.–

**Weihnachtsbäckerei**
Köstliche Plätzchen, Stollen, Honigkuchen und Festtagstorten. (0682) Von M. Sauerborn, 32 S., 36 Farbfotos, Pappband. **DM 7,80**/S 69.–

**Waffeln**
süß und pikant. (0522) Von C. Stephan, 64 S., 8 Farbtafeln, kart. **DM 6,80**/S 59.–

**Kochen für Diabetiker**
Gesund und schmackhaft für die ganze Familie. (4132) Von M. Toeller, W. Schumacher, A. C. Groote, 224 S., 109 Farbfotos, 94 Zeichnungen, Pappband. **DM 29,80**/S 239.–

**Neue Rezepte für Diabetiker-Diät**
Vollwertig – abwechslungsreich – kalorienarm. (0418) Von M. Oehlrich, 120 S., 8 Farbtafeln, kart. **DM 9,80**/S 79.–

**Schlemmertips für Figurbewußte**
(0680) Von V. Kahn, 64 S., 8 Farbtafeln, kart. **DM 9,80**/S 79.–

**Wer schlank ist, lebt gesünder**
Tips und Rezepte zum Schlankwerden und -bleiben. (0562) Von R. Mainer, 80 S., 8 Farbtafeln, kart. **DM 8,80**/S 74.–

**Kalorien – Joule**
Eiweiß · Fett · Kohlenhydrate tabellarisch nach gebräuchlichen Mengen. (0374) Von M. Bormio, 88 S., kart., **DM 6.80**/59.–

**Alles mit Joghurt**
tagfrisch selbstgemacht. Mit vielen Rezepten. (0382) Von G. Volz, 88 S., 8 Farbtafeln, kart., **DM 7,80**/S 69.–

Gesund leben – schlank werden mit der
**Bio-Kur**
(0657) Von S. Winter. 144 S., 4 Farbtafeln, kart. **DM 9,80**/S 79,–

**Miekes Kräuter- und Gewürzkochbuch**
(0323) Von I. Persy und K. Mieke, 96 S., 8 Farbtafeln, kart. **DM 8,80**/S 74,–

**Delikate Salate**
für alle Gelegenheiten rund um's Jahr. (5002) Von E. Fuhrmann, 64 S., 50 Farbfotos, Pappband. **DM 14,80**/S 119.–

Das köstliche knackige Schlemmervergnügen.
**Salate**
(4165) Von V. Müller. 160 S., 80 Farbfotos, Pappband. **DM 24,80**/S 198,–

**111 köstliche Salate**
Erprobte Rezepte mit Pfiff. (0222) Von C. Schönherr, 96 S., 8 Farbtafeln, 30 Zeichnungen, kart. **DM 8,80**/S 74.–

**Rohkost**
Schmackhafte Gerichte für die gesunde Ernährung. (5044) Von I. Gabriel, 64 S., 53 Farbfotos, Pappband. **DM 14.80**/S 119.–

**Joghurt, Quark, Käse und Butter**
Schmackhaftes aus Milch hausgemacht. (0739) Von M. Bustorf-Hirsch. 32 S., 59 Farbabb., Pappband. **DM 7,80**/S 69,–

**Die abwechslungsreiche Vollwertküche**
Vitaminreich und naturbelassen kochen und backen. (4229) Von M. Bustorf-Hirsch, K. Siegel, 280 S., 31 Farbtafeln, 78 Zeichungen, Pappband. **DM 36,–**/ S 319,–

**Alternativ essen**
Die gesunde Sojaküche. (0553) Von U. Kolster, 112 S., 8 Farbtafeln, kart. **DM 9,80**/S 79,–

**Das Reformhaus-Kochbuch**
Gesunde Ernährung mit hochwertigen Naturprodukten. (4180) Von A. u. G. Eckert, 160 S. 15 Farbtafeln, Pappband. **DM 29,80**/S 239,–

**Gesund kochen mit Keimen und Sprossen**
(0794) Von M. Bustorf-Hirsch, 104 S., 8 Farbtafeln, 13 s/w-Zeichnungen, kart. **DM 8,80**/S 74,–

**Die feine Vegetarische Küche**
(4235) Von F. Faist, 160 S., 191 Farbfotos, Pappband. **DM 24,80**/S 198,–

**Biologische Ernährung**
für eine natürliche und gesunde Lebensweise. (4125) Von G. Leibold, 136 S., 15 Farbtafeln, 47 Zeichnungen, kart. **DM 14,80**/S 119.–

**Gesunde Ernährung für mein Kind**
(0776) Von M. Bustorf-Hirsch, 96 S., 8 Farbtafeln, 5 s/w Zeichnungen, kart. **DM 9,80**/S 79,–

Vitaminreich und naturbelassen
**Biologisch Kochen**
(4162) Von M. Bustorf-Hirsch und K. Siegel, 144 S., 15 Farbtafeln, 31 Zeichnungen, kart., **DM 14,80**/S 119.–

**Gesund kochen**
wasserarm · fettfrei · aromatisch. (4060) Von M. Gutta, 240 S., 16 Farbtafeln, Pappband. **DM 29,80**/S 239,–

**Kräuter- und Heilpflanzen-Kochbuch**
für eine gesunde Lebensweise. (4066) Von P. Pervenche, 143 S., 15 Farbtafeln, kart. **DM 14,80**/S 119,–

**Pralinen und Konfekt**
Kleine Köstlichkeiten selbstgemacht. (0731) Von H. Engelke, 32 S., 57 Farbfotos, Pappband. **DM 7,80**/S 69,–

FALKEN-FEINSCHMECKER
Zart schmelzende Versuchungen
**Schokolade**
(0819) Von J. Schroer, 48 S., 53 Farbfotos, Pappband. **DM 9,80**/S 79.–



Die Preise entsprechen dem Status beim Druck dieses

Köstlichkeiten für Gäste und Feste
**Kalte Platten**
(4200) Von I. Pfliegner, 160 S., 130 Farbfotos, Pappband. **DM 24,80**/ S 198,–

**Kochen für Gäste**
Köstliche Menüs mit Liebe zubereitet. (5149) Von R. Wesseler, 64 S., 40 Farbfotos, Pappband. **DM 14,80**/S 119,–

**Das richtige Frühstück**
Gesunde Vollwertkost vitaminreich und naturbelassen.
(0784) Von C. Kratzel und R. Böll, 32 S., 28 Farbfotos, Pappband. **DM 7,80**/S 69.–

**Bocuse à la carte**
Französisch kochen mit dem Meister. (4237) Von P. Bocuse, 88 S., 218 Farbfotos, Pappband. **DM 19,80**/S 159,–
Auch als Video-Kassette erhältlich

**Kochschule mit Paul Bocuse**
(6016/VHS, 6017/Video 2000, 6018/Beta), 60 Min. in Farbe. **DM 69,–**/S 619,–
(unverbindliche Preisempfehlung)

**Natursammlers Kochbuch**
Wildfrüchte und Gemüse, Pilze, Kräuter – finden und zubereiten. (4040) Von C. M. Kerler, 140 S., 12 Farbtafeln, kart. **DM 19,80**/S 159,–

**Neue Cocktails und Drinks**
mit und ohne Alkohol. (0517) Von S. Späth, 128 S., 4 Farbtafeln, kart., **DM 9,80**/S 79.–

**Mixgetränke**
mit und ohne Alkohol (5017) Von C. Arius, 64 S., 35 Farbfotos, Pappband. **DM 14.80**/S 119.–

**Cocktails und Mixereien**
für häusliche Feste und Feiern. (0075) Von J. Walker, 96 S., 4 Farbtafeln, kart. **DM 6,80**/S 59.–

**Die besten Punsche, Grogs und Bowlen**
(0575) Von F. Dingden, 64 S., 2 Farbtafeln, kart. **DM 6,80**/S 59.–

**Weine und Säfte, Liköre und Sekt**
selbstgemacht. (0702) Von P. Arauner, 232 S., 76 Abb., kart. **DM 16,80**/S 139,–

**Mitbringsel aus meiner Küche**
selbst gemacht und liebevoll verpackt. (0668) Von C. Schönhorr, 32 S., 30 Farbfotos, Pappband. **DM 7,80**/S 69,–

**Weinlexikon**
Wissenswertes über die Weine der Welt. (4149) Von U. Keller, 228 S., 6 Farbtafeln, 395 s/w-Fotos, Pappband. **DM 29,80**/S 239.–

**Heißgeliebter Tee**
Sorten, Rezepte und Geschichten. (4114) Von C. Maronde, 153 S., 16 Farbtafeln, 93 Zeichnungen, Pappband. **DM 26,80**/S 218.–

**Tee für Genießer.**
Sorten · Riten · Rezepte. (0356) Von M. Nicolin, 64 S., 4 Farbtafeln, kart. **DM 5,80**/S 49.–

**Tee**
Herkunft · Mischungen · Rezepte. (0515) Von S. Ruske, 96 S., 4 Farbtafeln, 16 s/w Abbildungen, Pappband. **DM 9,80**/S 79.–

**Kinder lernen spielend backen**
(5110) Von M. Gutta, 64 S., 45 Farbfotos, Pappband. **DM 14,80**/S 119,–

**Kinder lernen spielend kochen**
Lieblingsgerichte mit viel Spaß selbst zubereitet. (5096) Von M. Gutta, 64 S., 45 Farbfotos, Pappband, **DM 14,80**/S 119,–

# Hobby

**Aquarellmalerei**
als Kunst und Hobby. (4147) Von H. Haack und B. Wersche, 136 S., 62 Farbfotos, 119 Zeichnungen, gebunden **DM 39,–**/S 319,–

**Aquarellmalerei**
Materialien · Techniken · Motive. (5099) Von T. Hinz, 64 S., 79 Farbfotos, Pappband. **DM 14,80**/S 119,–

**Aquarellmalerei leicht gelernt**
Materialien · Techniken · Motive. (0787) Von T. Hinz, R. Braun, B. Zeidler, 32 S., 38 Farbfotos, 1 Zeichnung, **DM 7,80**/S 69.–

**Origami –**
Die Kunst des Papierfaltens. (0280) Von R. Harbin, 160 S., 633 Zeichnungen, kart. **DM 9,80**/S 79,–

**Hobby Origami**
Papierfalten für groß und klein. (0756) Von Z. Aytüre-Scheele, 88 S., über 800 Farbfotos, kart. **DM 19,80**/S 159,–

**Neue zauberhafte Origami-Ideen**
Papierfalten für groß und klein. (0805) Von Z. Aytüre-Scheele, 80 S., 720 Farbfotos, kart. **DM 19,80**/S 159.–

**Weihnachtsbasteleien**
(0667) Von M. Kühnle und S. Beck, 32 S., 56 Farbfotos, 6 Zeichnungen, Pappband. **DM 7,80**/S 69.–

Falken-Handbuch
**Zeichnen und Malen**
(4167) Von B. Bagnall, 336 S., 1154 Farbabb., Pappband. **DM 68,–**/S 549,–

**Naive Malerei**
Materialien · Motive · Techniken (5083) Von F. Krettek, 64 S., 76 Farbfotos, Pappband. **DM 14,80**/S 119,–

**Bauernmalerei**
als Kunst und Hobby. (4057) Von A. Gast und H. Stegmüller, 128 S., 239 Farbfotos, 26 Riß-Zeichnungen, Pappband. **DM 39,–**/S 319,–

**Hobby Bauernmalerei**
(0436) Von S. Ramos und J. Roszak, 80 S., 116 Farbfotos und 20 Motivvorlagen, kart. **DM 19,80**/S 159,–

**Bauernmalerei**
Kreatives Hobby nach alter Volkskunst (5039) Von S. Ramos, 64 S., 85 Farbfotos, Pappband. **DM 14,80**/S 119,–

**Glasmalerei**
als Kunst und Hobby. (4088) Von F. Krettek und S. Beeh-Lustenberger, 132 S., 182 Farbfotos, 38 Motivvorlagen, Pappband. **DM 39,–**/S 319,–

**Naive Hinterglasmalerei**
Materialien · Techniken · Bildvorlagen (5145) Von F. Krettek, 64 S., 87 Farbfotos, 6 Zeichnungen, Pappband. **DM 16,80**/S 139,–

**Glasritzen**
Materialien · Formen · Motive. (5109) Von G. Mégroz, 64 S., 110 Farbfotos, 15 Zeichnungen, Pappband. **DM 14,80**/S 119,–

**Kalligraphie**
Die Kunst des schönen Schreibens (4263) Von C. Hartmann, 120 S., 44 Farbvorlagen, 29 s/w-Vorlagen, 2 s/w-Zeichnungen, 38 Farbfotos, Pappband. **DM 49,–**/S 398.–

**Seidenmalerei als Kunst und Hobby**
(4264) Von S. Hahn, 136 S., 256 Farbfotos, 1 s/w-Foto, 34 Farbzeichnungen, Pappband. **DM 39,–**/S 319,–

**Kunstvolle Seidenmalerei**
Mit zauberhaften Ideen zum Nachgestalten. (0783) Von I. Demharter, 32 S., 56 Farbfotos, Pappband. **DM 7,80**/S 74,–

**Zauberhafte Seidenmalerei**
Materialien · Techniken · Gestaltungsvorschläge. (0664) Von E. Dorn, 32 S., 62 Farbfotos, Pappband. **DM 7,80**/S 69,–

**Hobby Seidenmalerei**
(0611) Von R. Henge, 88 S., 106 Farbfotos, 28 Zeichnungen, kart. **DM 19,80**/S 159,–

**Hobby Stoffdruck und Stoffmalerei**
(0555) Von A. Ursin, 80 S., 68 Farbfotos, 68 Zeichnungen, kart. **DM 19,80**/S 159,–

**Stoffmalerei und Stoffdruck**
Materialien · Techniken · Ideen · Modelle (5074) Von H. Gehring, 64 S., 110 Farbfotos, Pappband. **DM 14,80**/S 119,–

**Batik**
leicht gemacht. Materialien · Färbetechniken · Gestaltungsideen. (5112) Von A. Gast, 64 S., 105 Farbfotos, Pappband. **DM 14,80**/S 119,–

**Textilfärben**
Färben so einfach wie Waschen. (0693) Von W. Siegrist, P. Schärli, 32 S., 47 Farbfotos, 3 Zeichnungen, Spiralbindung. **DM 7,80**/S 69,–

**Kreatives Bilderweben**
Materialien – Vorlagen – Motive (0814) Von A. Schulte-Huxel, 32 S., 58 Farbfotos, 8 Zeichnungen, Pappband. **DM 9,80**/S 79.–

**Flechten**
mit Bast, Stroh und Peddigrohr. (5098) Von H. Hangleiter, 64 S., 47 Farbfotos, 76 Zeichnungen, Pappband. **DM 14,80**/S 119,–

**Makramee**
Knüpfarbeiten leicht gemacht. (5075) Von B. Pröttel, 64 S., 95 Farbfotos, Pappband. **DM 12,80**/S 99,–

Falken-Handbuch
**Häkeln**
ABC der Häkeltechniken und Häkelmuster in ausführlichen Schritt-für-Schritt-Bildfolgen.
(4194) Von H. Fuchs, M. Natter, 288 S., 597 Farbfotos, 476 farbige Zeichnungen. Pappband. **DM 39,–**/S 319,–

**Häkeln**
Schritt für Schritt für Rechts- und Linkshänder. (5134) Von H. Klaus, 64 S., 120 Farbfotos, 144 Zeichnungen, Pappband. **DM 14,80**/S 119,–

**Klöppeln**
Schritt für Schritt leicht gelernt. (0788) Von U. Seiffer, 32 S., 42 Farb-, 1 s/w-Foto, 25 Zeichnungen, mit Klöppelbriefen, Pappband. **DM 9,80**/S 79,–

**Sticken**
Schritt für Schritt für Rechts- und Linkshänder. (5135) Von U. Werner, 64 S., 196 Farbfotos, 96 Zeichnungen, Pappband. **DM 14,80**/S 119,–

**Monogrammstickerei**
Mit Vorlagen für Initialen, Vignetten und Ornamente. (5148) Von H. Fuchs, 64 S., 50 Farbfotos, 50 Zeichnungen, Pappband. **DM 14,80**/S 119,–

Falken-Handbuch
**Stricken**
ABC der Stricktechniken und Strickmuster in ausführlichen Schritt-für-Schritt-Bildfolgen. (4137) Von M. Natter, 312 S., 106 Farb- und 922 s/w-Fotos, 318 Zeichnungen, Pappband.
**DM 36,–**/S 298,–

Bestrickend schöne Ideen
**Pullover, Westen, Ensembles, Jacken**
(4178) Von R. Weber, 208 S., 220 Farbfotos, 358 Zeichnungen, Pappband.
**DM 29,80**/S 239,–

Chic in Strick
**Neue Pullover**
Westen · Jacken · Kleider · Ensembles. (4224) Hrsg. R. Weber, 192 S., 25 Farbabb., Pappband. **DM 29,80**/S 239,–

Das moderne Standardwerk von der Expertin
**Perfekt Stricken**
Mit Sonderteil Häkeln
(4250) Von H. Jaacks, 256 S., 703 Farbfotos, 169 Farb- und 121 s/w-Zeichnungen, Pappband.
**DM 29,80**/ S 239,–

**Videokassette Stricken**
(6007/VHS, 6008/Video 2000, 6009/Beta). Von P. Krolikowski-Habicht, H. Jaacks, 51 Min., in Farbe.
**DM 49,80**/S 448,–
(unverbindliche Preisempfehlung)

**Stricken**
Schritt für Schritt für Rechts- und Linkshänder. (5142) Von S. Oelwein-Schefczik, 64 S., 148 Farbfotos, 173 Zeichnungen, Pappband. **DM 14,80**/S 119,–

**Die schönsten Handarbeiten zum Verschenken**
(4225) Von B. Wenzelburger, 128 S., 156 Farbfotos, 70 2-farbige Zeichnungen, Pappband. **DM 39,–**/S 319,–

**Kuscheltiere stricken und häkeln**
Arbeitsanleitungen und Modelle. (0734) Von B. Wehrle, 32 S., 60 Farbfotos, 28 Zeichnungen, Spiralbindung.
**DM 7,80**/S 69,–

**Hobby Patchwork und Quilten**
(0768) Von B. Staub-Wachsmuth, 80 S., 108 Farbabb., 43 Zeichnungen, kart.
**DM 19,80**/S 159,–

**Hobby Spitzencollagen**
Bezaubernde Motive aus edlem Material. (0847) Von H. Westphal, 80 S., 186 Farbfotos, kart. **DM 19,80**/S 159,–

**Textiles Gestalten**
Weben, Knüpfen, Batiken, Sticken, Objekte und Strukturen. (5123) Von J. Fricke, 136 S., 67 Farb- und 189 s/w-Fotos, 15 Zeichnungen, kart.
**DM 16,80**/S 139,–

**Gestalten mit Glasperlen**
fädeln · sticken · weben (0640) Von A. Köhler, 32 S., 55 Farbfotos, Spiralbindung. **DM 6,80**/S 59,–

**Schmuck, Accessoires und Dekoratives**
aus Fimo modelliert
(0873) Von A. Aurich, 32 S., 54 Farbfotos, Pappband. **DM 9,80**/S 79,–

**Neue zauberhafte Salzteig-Ideen**
(0719) Von I. Kiskalt, 80 S., 320 Farbfotos, 12 Zeichnungen, kart.
**DM 19,80**/S 159,–

**Hobby Salzteig**
(0662) Von I. Kiskalt, 80 S., 150 Farbfotos, 5 Zeichnungen, Schablonen, kart.
**DM 19,80**/S 159,–

**Gestalten mit Salzteig**
formen · bemalen · lackieren. (0613) Von W.-U. Cropp, 32 S., 56 Farbfotos, 17 Zeichnungen, Pappband.
**DM 7,80**/S 69,–

Originell und dekorativ
**Salzteig mit Naturmaterialien**
(0833) Von A. und H. Wegener, 80 S., 166 Farbfotos, kart. **DM 19,80**/S 159,–

**Buntbemalte Kunstwerke aus Salzteig**
Figuren, Landschaften und Wandbilder. (5141) Von G. Belli, 64 S., 165 Farbfotos, 1 Zeichnung, Pappband.
**DM 14,80**/S 119,–

**Kreatives Gestalten mit Salzteig**
Originelle Motive für Fortgeschrittene. (0769) Hrsg. I. Kiskalt, 80 S., 168 Farbfotos, kart. **DM 19,80**/S 159,–

**Videokassette Salzteig**
(6010/VHS, 6011/Video 2000, 6012/Beta) Von I. Kiskalt, Dr. A. Teuchert, in Farbe, ca. 35 Min. **DM 69,–**/ S 619,–
(Unverbindliche Preisempfehlung)

**Tiffany-Spiegel selbermachen**
Materialien · Arbeitsanleitung · Vorlagen. (0761) Von R. Thomas, 32 S., 53 Farbfotos, Pappband. **DM 7,80**/S 69,–

**Tiffany-Schmuck selbermachen**
Materialien · Arbeitsanleitungen · Modelle (0871) Von B. Poludniak, H. W. Scheib, 32 S., 54 Farbfotos, 3 Zeichnungen, Pappband. **DM 9,80**/S 79,–

**Tiffany-Lampen selbermachen**
Arbeitsanleitung · Materialien · Modelle. (0684) Von I. Spliethoff, 32 S., 60 Farbfotos, Pappband. **DM 7,80**/S 69,–

**Hobby Glaskunst in Tiffany-Technik**
(0781) Von N. Köppel, 80 S., 194 Farbfotos, 6 s/w-Abb., kart.,
**DM 19,80**/S 159,–

**Hobby Holzschnitzen**
Von der Astholzfigur zur Vollplastik. (5101) Von H.-D. Wilden, 112 S., 16 Farbtafeln, 135 s/w-Fotos, kart.
**DM 16,80**/S 139,–

**Bastelspaß mit der Laubsäge**
Mit Schnittmusterbogen für viele Modelle in Originalgröße. (0741) Von L. Giesche, M. Bausch, 32 S., 61 Farbfotos, 7 Zeichnungen, Schnittmusterbogen, Pappband.
**DM 9,80**/S 79,–

Falken-Heimwerker-Praxis
**Tapezieren**
(0743) Von W. Nitschke, 112 S., 186 Farbfotos, 9 Zeichnungen, kart.
**DM 19,80**/S 159,–

Falken-Heimwerker-Praxis
**Anstreichen und Lackieren**
(0771) Von P. Müller, 120 S., 186 Farbfotos, 2 s/w Fotos, 3 Zeichnungen, kart.
**DM 19,80**/S 159,–

Falken-Heimwerker-Praxis
**Fahrrad-Reparaturen**
(0796) Von R. van der Plas, 112 S., 140 Farbfotos, 113 farbige Zeichnungen, kart. **DM 19,80**/S 159,–

Falken-Handbuch
**Heimwerken**
Reparieren und Selbermachen in Haus und Wohnung – über 1100 Farbfotos. Praktische Tips vom Profi: Selbermachen, Reparieren, Renovieren, Kostensparen. (4117) Von Th. Pochert, 440 S., 1103 Farbfotos, 100 ein- und zweifarbige Abb., Pappband. **DM 49,–**/S 398,–

**Restaurieren von Möbeln**
Stilkunde, Materialien, Techniken, Arbeitsanleitungen in Bildfolgen. (4120) Von E. Schnaus-Lorey, 152 S., 37 Farbfotos, 75 s/w Fotos, 352 Zeichnungen, Pappband. **DM 39,–**/ S 319,–

**Möbel aufarbeiten, reparieren und pflegen**
(0386) Von E. Schnaus-Lorey, 96 S., 28 Fotos, 101 Zeichnungen, kart.,
**DM 9,80**/S 79,–

**Vogelhäuschen, Nistkästen, Vogeltränken** mit Plänen und Anleitungen zum Selbstbau. (0695) Von J. Zech, 32 S., 42 Farbfotos, 5 Zeichnungen, Pappband. **DM 7,80**/S 69,–

**Strohschmuck selbstgebastelt**
Sterne, Figuren und andere Dekorationen (0740) Von E. Rombach, 32 S., 60 Farbfotos, 17 Zeichnungen, Pappband.
**DM 7,80**/S 69,–

**Das Herbarium**
Pflanzen sammeln, bestimmen und pressen. (5113) Von I. Gabriel, 96 S., 140 Farbfotos, Pappband.
**DM 16,80**/S 139,–

**Gestalten mit Naturmaterialien**
Zweige, Kerne, Federn, Muscheln und anderes. (5128) Von I. Krohn, 64 S., 101 Farbfotos, 11 farbige Zeichnungen, Pappband. **DM 14,80**/S 119,–

**Blütenbilder aus Blumen und Blättern**
Phantasievolle Naturcollagen. (0872) Von G. Schamp, 32 S., 57 Farbfotos, 1 Zeichnung, Pappband.
**DM 9,80**/S 79,–

**Dauergestecke**
mit Zweigen, Trocken- und Schnittblumen. (5121) Von G. Vocke, 64 S., 57 Farbfotos, Pappband. **DM 14,80**/S 119,–

**Ikebana**
Einführung in die japanische Kunst des Blumensteckens. (0548) Von G. Vocke, 152 S., 47 Farbfotos, kart.
**DM 19,80**/S 159,–

**Blumengestecke im Ikebanastil**
(5041) Von G. Vocke, 64 S., 37 Farbfotos, viele Zeichnungen, Pappband.
**DM 14,80**/S 119,–

**Hobby Trockenblumen**
Gewürzsträuße, Gestecke, Kränze, Buketts. (0643) Von R. Strobel-Schulze, 88 S., 170 Farbfotos, kart.
**DM 19,80**/S 159,–

**Hobby Gewürzsträuße**
und zauberhafte Gebinde nach Salzburger Art. (0726) Von A. Ott, 80 S., 101 Farbfotos, 51 farbige Zeichnungen, kart. **DM 19,80**/S 159,–

**Trockenblumen und Gewürzsträuße**
(5084) Von G. Vocke, 64 S., 63 Farbfotos, Pappband. **DM 12,80**/S 99,–

**Arbeiten mit Ton**
Töpfern mit und ohne Scheibe. (5048) Von J. Fricke, 128 S., 15 Farbtafeln, 166 s/w-Fotos, kart.
**DM 14,80**/S 119,–

**Töpfern**
als Kunst und Hobby. (4073) Von J. Fricke, 132 S., 37 Farbfotos, 222 s/w-Fotos, Pappband. **DM 39,–**/S 319,–

**Schöne Sachen modellieren**
Originelles aus Cernit – ideenreich gestaltet. (0762) Von G. Thelen, 32 S., 105 Farbfotos, Pappband.
**DM 9,80**/S 79,–



Die Preise entsprechen dem Status beim Druck dieses

**Modellieren**
mit selbsthärtendem Material. (5085)
Von K. Reinhardt, 64 S., 93 Farbfotos, Pappband. **DM 14,80**/S 119,–

**Porzellanpuppen**
Zauberhafte alte Puppen selbst nachbilden. (5138) Von C. A. und D. Stanton, 64 S., 58 Farbfotos, 22 Zeichnungen, Pappband. **DM 16,80**/S 139.–

**Marionetten**
entwerfen · gestalten · führen (5118) Von A. Krause und A. Bayer, 64 S., 83 Farbfotos, 2 s/w-Fotos, 40 Zeichnungen, Pappband. **DM 14,80**/S 119,–

**Stoffpuppen**
Liebenswerte Modelle selbermachen. (5150) Von I. Wolff, 56 S., 115 Farbfotos, 15 Zeichnungen, mit Schnittmusterbogen, Pappband. **DM 16,80**/S 139,–

**Hobby Puppen**
Bezaubernde Modelle selbst gestalten. (0742) Von B. Wenzelburger, 88 S., 163 Farbfotos, 41 Zeichnungen, 11 Schnittmuster, kart.
**DM 19,80**/S 159,–

**Puppen und Figuren aus Kunstporzellan**
gießen, bemalen und gestalten. (0735) Von G. Baumgarten, 32 S., 86 Farbfotos, Pappband. **DM 9,80**/ S 79,–

**Selbstgestrickte Puppen**
Materialien und Arbeitsanleitungen. (0638) Von B. Wehrle, 32 S., 23 Farbfotos, 24 Zeichnungen, Pappband.
**DM 9,80**/S 79,–

**Dekorative Rupfenpuppen**
Arbeitsanleitungen und Gestaltungsvorschläge. (0733) Von B. Wenzelburger, 32 S., 57 Farbfotos, 14 Zeichnungen, Spiralbindung. **DM 7,80**/S 69,–

**Phantasiepuppen stricken und häkeln**
Märchenhafte Modelle mit Arbeitsanleitungen. (0813) Von B. Wehrle, 32 S., 26 Farbfotos, 30 einfarbige und 16 dreifarbige Zeichnungen, Pappband.
**DM 9,80**/ S 79.–

**Schritt für Schritt zum Scherenschnitt**
Materialien · Techniken · Gestaltungsvorschläge. (0732) Von H. Klingmüller, 32 S., 38 Farbfotos, 34 Vorlagen, Pappband. **DM 7,80**/S 69,–

**Garagentore selbst bemalt**
Techniken und Motive. (0786) Von H. u. Y. Nadolny, 32 S., 24 Farbfotos, 12 s/w-Zeichnungen, Pappband.
**DM 9,80**/S 79,–

Alle Jahre wieder...
**Advent und Weihnachten**
Basteln – Backen – Schmücken – Singen – Vorlesen – Feiern
(4260) Von H. und Y. Nadolny, 256 S., 105 Farbfotos, 130 Zeichnungen, Pappband. **DM 25,–**/S 200.–

# Freizeit

**Aktfotografie**
Interpretationen zu einem unerschöpflichen Thema.
Gestaltung · Technik · Spezialeffekte. (0737) Von H. Wedewardt, 88 S., 144 Farb- und 6 s/w-Fotos, 6 Zeichnungen, kart. **DM 19,80**/S 159,–

**Videokassette Aktfotografie**
Laufzeit ca. 60 Min. In Farbe. (6001/VHS, 6002/Video 2000, 6003/Beta) **DM 69,–**/S 619,– (unverbindliche Preisempfehlung)

**So macht man bessere Fotos**
Das meistverkaufte Fotobuch der Welt. (0614) Von M. L. Taylor, 192 S., 457 Farbfotos, 15 Abb., kart. **DM 14,80**/S 119,–

Falken-Handbuch
**Dunkelkammerpraxis**
Laboreinrichtung · Arbeitsabläufe · Fehlerkatalog. (4140) Von E. Pauli, 200 S., 54 Farbfotos, 239 s/w-Fotos, 171 Zeichnungen, Pappband.
**DM 39,–**/S 319,–

Falken-Handbuch **Trickfilmen**
Flach-, Sach- und Zeichentrickfilme – von der Idee zur Ausführung. (4131) Von H.-D. Wilden, 144 S., über 430 überwiegend farbige Abb., Pappband.
**DM 39,–**/S 319,–

**Moderne Schmalfilmpraxis**
Ausrüstungen · Drehbuch · Aufnahme Schnitt · Vertonung. (4043) Von U. Ney, 328 S., 29 Farbfotos, 177 s/w-Fotos, 57 Zeichnungen, gebunden.
**DM 29,80**/S 239,–

**Schmalfilmen**
Ausrüstung · Aufnahmepraxis · Schnitt Ton. (0342) Von U. Ney, 108 S., 4 Farbtafeln, 25 s/w-Fotos, kart.
**DM 9,80**/S 79,–

**Schmalfilme selbst vertonen**
(0593) Von U. Ney, 96 S., 57 s/w-Fotos, 14 Zeichnungen, kart. **DM 9,80**/S 79,–

**Fotografie – Das Schöne als Ziel**
Zur Ästhetik und Psychologie der visuellen Wahrnehmung. (4122) Von E. Stark, 208 S., 252 Farbfotos, 63 Zeichnungen, Ganzleinen. **DM 78,–**/S 624,–

Videokassette
**Videografieren**
Filmen mit Video 8
Technik – Bildgestaltung – Schnitt – Vertonung
(6031) VHS, (6033) Beta, (6034) Sony 8 mm, von M. Wild, 60 Min., in Farbe.
**DM 69,–**/S 619,–
(unverbindliche Preisempfehlung)

**Ferngelenkte Motorflugmodelle**
bauen und fliegen. (0400) Von W. Thies, 184 S., mit Zeichnungen und Detailplänen, kart. **DM 16,80**/S 139,–

**Modellflug-Lexikon**
(0549) Von W. Thies, 280 S., 98 s/w-Fotos, 234 Zeichnungen, Pappband. **DM 36,–**/S 298,–

**Flugmodelle**
bauen und einfliegen. (0361) Von W. Thies und W. Rolf, 160 S., 63 Abb., 7 Faltpläne, kart. **DM 12,80**/S 99,–

**Kleine Welt auf Rädern**
Das faszinierende Spiel mit **Modelleisenbahnen** (4175) Von F. Eisen, 256 S., 72 Farb- und 180 s/w-Fotos, 25 Zeichnungen, Pappband. **DM 29,80**/S 239,–

**Modelleisenbahnen im Freien**
Mit Volldampf durch den Garten. (4245) Von F. Eisen, 96 S., 115 Farb-, 4 s/w-Fotos, 5 Zeichnungen, Pappband.
**DM 29,80**/S 239,–

Videokassette
**Die Modelleinsenbahn**
Anlagenbau in Modultechnik.
Neue kreative Gestaltung.
Neue raffinierte Techniken.
(6028) VHS, (6029) Video 2000, (6030) Beta, von J. Grahn, 30 Min., in Farbe, **DM 49,80**/S 448,–
(unverbindliche Preisempfehlung)

**Raketen auf Rädern**
Autos und Motorräder an der Schallgrenze. (4220) Von H. G. Isenberg, 96 S., 112 Farbfotos, 21 s/w-Fotos, Pappband.
**DM 24,80**/S 198,–

**Die rasantesten Rallyes der Welt**
(4213) Von H. G. Isenberg und D. Maxeiner, 96 S., 116 Farbfotos, Pappband. **DM 24,80**/S 198,–

**Trucks**
Giganten der Landstraßen in aller Welt. (4222) Von H. G. Isenberg, 96 S., 131 Farbfotos, Pappband.
**DM 24,80**/S 198,–

**Die Super-Trucks der Welt**
(4257) Von H. G. Isenberg, 194 S., 205 Farbfotos, 87 s/w-Fotos, 7 Farbzeichnungen, 4 Ausklapptafeln, Pappband. **DM 39,–**/S 319.–

**Ferngelenkte Elektromodelle**
bauen und fliegen. (0700) Von W. Thies, 144 S., 52 s/w-Fotos, 50 Zeichnungen, kart. **DM 16,80**/139.–

**Schiffsmodelle**
selber bauen. (0500) Von D. und R. Lochner, 200 S., 93 Zeichnungen, 2 Faltpläne, kart. **DM 14,80**/S 119,–

**Dampflokomotiven**
(4204) Von W. Jopp, 96 S., 134 Farbfotos, Pappband. **DM 24,80**/S 198,–

**Zivilflugzeuge**
Vom Kleinflugzeug zum Überschall-Jet. (4218) Von R. J. Höhn und H. G. Isenberg, 96 S., 115 Farbfotos, Pappband. **DM 24,80**/S 198,–

**Ferngelenkte Segelflugmodelle**
bauen und fliegen. (0446) Von W. Thies, 176 S., 22 s/w-Fotos, 115 Zeichnungen, kart. **DM 14,80**/S 119,–

**Die schnellsten Motorräder der Welt**
(4206) Von H. G. Isenberg und D. Maxeiner, 96 S., 100 Farbfotos, Pappband. **DM 24,80**/S 198,–

**Motorrad-Hits**
Chopper, Tribikes, Heiße Öfen. (4221) Von H. G. Isenberg, 96 S., 119 Farbfotos, Pappband. **DM 24,80**/S 198,–

**Die Super-Motorräder der Welt**
(4193) Von H. G. Isenberg, 192 S., 170 Farb- und 100 s/w-Fotos, 8 Zeichnungen, Pappband. **DM 39,–**/S 319,–

**Motorrad-Faszination**
Heiße Öfen, von denen jeder träumt. (4223) Von H. G. Isenberg, 96 S., 103 Farb- und 20 s/w-Fotos, Pappband.
**DM 24,80**/S 198,–

**Münzen**
Ein Brevier für Sammler. (0353) Von E. Dehnke, 128 S., 4 Farbtafeln, 17 s/w-Abb., kart. **DM 12,80**/S 99.–

**Astronomie als Hobby**
Sternbilder und Planeten erkennen und benennen. (0572) Von D. Block, 176 S., 16 Farbtafeln, 49 s/w-Fotos, 93 Zeichnungen, kart. **DM 14.80**/S 119.–

**Gitarre spielen**
Ein Grundkurs für den Selbstunterricht. (0534) Von A. Roßmann, 96 S., 1 Schallfolie, 150 Zeichnungen, kart.
**DM 24,80**/S 198.–

Falken-Handbuch **Zaubern**
Über 400 verblüffende Tricks. (4063) Von F. Stutz, 368 S., 1200 Zeichnungen, Pappband. **DM 36,–**/S 298.–

**Zaubern**
einfach – aber verblüffend. (2018) Von D. Buoch, 84 S., 41 Zeichnungen, kart. **DM 6,80**/S 59.–

**Magische Zaubereien**
(0672) Von W. Widenmann, 64 S., 31 Zeichnungen, kart. **DM 7,80**/S 69.–

Mit vollem Genuß
**Pfeife rauchen**
Alles über Tabaksorten, Pfeifen und Zubehör. (4227) Von H. Behrens, H. Frickert, 168 S., 127 Farbfotos, 18 Zeichnungen, Pappband. **DM 39,–**/S 319,–

**Mineralien, Steine und Fossilien**
Grundkenntnisse für Hobby-Sammler. (0437) Von D. Stobbe, 96 S., 16 Farbtafeln, 14 s/w-Fotos, 10 Zeichnungen, kart. **DM 9,80**/S 79.–

**Freizeit mit dem Mikroskop**
(0291) Von M. Deckart, 132 S., 8 Farbtafeln, 64 s/w Abb., 2 Zeichnungen, kart. **DM 9,80**/S 79.–

**Briefmarken**
sammeln für Anfänger. (0481) Von D. Stein, 120 S., 4 Farbtafeln, 98 s/w-Abb., kart. **DM 9,80**/S 79.–

**Wir lernen tanzen**
Standard- und lateinamerikanische Tänze. (0200) Von E. Fern, 168 S., 118 s/w-Fotos, 47 Zeichnungen, kart. **DM 9,80**/S 79,–

**Tanzstunde**
Das Welttanzprogramm · Party-Tanzstunde. (5018) Von G. Hädrich, 172 S., 443 s/w-Fotos, 140 Zeichnungen, Pappband. **DM 19.80**/S 159,–

**So tanzt man Rock'n'Roll**
Grundschritte · Figuren · Akrobatik. (0573) Von W. Steuer und G. Marz, 224 S., 303 Abb., kart. **DM 16,80**/ S 139,–

**Disco-Tänze**
(0491) Von B. und F. Weber, 104 S., 104 Abb., kart. **DM 6,80**/S 59,–

**Tanzen überall**
Discofox, Rock'n'Roll, Blues, Langsamer Walzer, Cha-Cha-Cha zum Selberlernen. (0760) Von H. M. Pritzer, 112 S., 128 Farbfotos, kart. **DM 19,80**/S 159,–

Videokassette **Tanzen überall**
Discofox, Rock'n'Roll, Blues. (6004/VHS, 6005/Video 2000, 6006/Beta) Von H. M. Pritzer, G. Steinheimer, in Farbe, ca. 45 Min. **DM 69,–**/S 619,– (unverbindliche Preisempfehlung)

**Unser schönes Deutschland neu gesehen**
(4199) Hrsg. U. Moll, 208 S., 800 Farbfotos, Pappband. **DM 29,80**/S 239,–

**Schwarzwald-Romantik**
Vom Zauber einer deutschen Landschaft. (4232) Hrsg. A. Rolf, 184 S., 273 Farbfotos, Pappband. **DM 29,80**/S 239,–

# Sport

**Judo**
Grundlagen des Stand- und Bodenkampfes. (4013) Von W. Hofmann, 244 S., 589 Fotos, Pappband. **DM 29,80**/S 239.–

**Neue Lehrmethoden der Judo-Praxis**
(0424) Von P. Herrmann, 223 S., 475 Abb., kart. **DM 16,80**/S 139.–

**Judo**
Grundlagen – Methodik. (0305) Von M. Ohgo, 208 S., 1025 Fotos, kart. **DM 14,80**/S 119.–

**Fußwürfe**
für Judo, Karate und Selbstverteidigung. (0439) Von H. Nishioka, 96 S., 260 Abb., kart. **DM 9,80**/S 79.–

**Karate für alle**
Karate-Selbstverteidigung in Bildern. (0314) Von A. Pflüger, 112 S., 356 s/w-Fotos, kart. **DM 9,80**/S 79.–

**Karate für Frauen und Mädchen**
Sport und Selbstverteidigung. (0425) Von A. Pflüger, 168 S., 259 s/w-Fotos, kart. **DM 12,80**/S 99.–

**Nakayamas Karate perfekt 1**
Einführung. (0487) Von M. Nakayama, 136 S., 605 s/w-Fotos, kart. **DM 19,80**/S 159.–

**Nakayamas Karate perfekt 2**
Grundtechniken. (0512) Von M. Nakayama, 136 S., 354 s/w-Fotos, 53 Zeichnungen, kart. **DM 19,80**/S 159.–

**Nakayamas Karate perfekt 3**
Kumite 1: Kampfübungen. (0538) Von M. Nakayama, 128 S., 424 s/w-Fotos, kart. **DM 19,80**/S 159.–

**Nakayamas Karate perfekt 4**
Kumite 2: Kampfübungen. (0547) Von M. Nakayama, 128 S., 394 s/w-Fotos, kart. **DM 19,80**/S 159.–

**Nakayamas Karate perfekt 5**
Kata 1: Heian, Tekki. (0571) Von M. Nakayama, 144 S., 1229 s/w-Fotos, kart. **DM 19,80**/S 159.–

**Nakayamas Karate perfekt 6**
Kata 2: Bassai-Dai, Kanku-Dai, (0600) Von M. Nakayama, 144 S., 1300 s/w-Fotos, 107 Zeichnungen, kart. **DM 19,80**/S 159.–

**Nakayamas Karate perfekt 7**
Kata 3: Jitte, Hangetsu, Empi. (0618) Von M. Nakayama, 144 S., 1988 s/w-Fotos, 105 Zeichnungen, kart. **DM 19,80**/S 159.–

**Nakayamas Karate perfekt 8**
Gankaku, Jion. (0650) Von M. Nakayama, 144 S., 1174 s/w-Fotos, 99 Zeichungen, kart. **DM 19,80**/S 159.–

**Kontakt-Karate**
Ausrüstung · Technik · Training. (0396) Von A. Pflüger, 112 S., 238 s/w-Fotos, kart. **DM 14,80**/S 119.–

**Karate-Do**
Das Handbuch des modernen Karate. (4028) Von A. Pflüger, 360 S., 1159 Abb., Pappband. **DM 39,–**/S 319.–

**Bo-Karate**
Kukishin-Ryu – die Techniken des Stockkampfes. ((0447) Von G. Stiebler, 176 S., 424 s/w-Fotos, 38 Zeichnungen, kart. **DM 16,80**/S 139.–

**Karate I**
Einführung · Grundtechniken. (0227) Von A. Pflüger, 148 S., 195 s/w-Fotos, 120 Zeichnungen, kart. **DM 9,80**/S 79.–

**Karate II**
Kombinationstechniken · Katas. (0239) Von A. Pflüger, 176 S., 452 s/w-Fotos und Zeichnungen, kart. **DM 9,80**/S 79.–

**Karate Kata 1**
Heian 1-5, Tekki 1, Bassai Dai. (0683) Von W.-D. Wichmann, 164 S., 703 s/w-Fotos, kart. **DM 19,80**/S 159,–

**Karate Kata 2**
Jion, Empi, Kanku-Dai, Hangetsu. (0723) Von W.-D. Wichmann, 140 S., 661 s/w Fotos, 4 Zeichnungen, kart. **DM 19,80**/S 159,–

**Ninja 1**
Die Lehre der Schattenkämpfer. (0758) Von S. K. Hayes, 144 S., 137 s/w-Fotos, kart. **DM 16,80**/S 139,–

**Ninja 2**
Die Wege zum Shoshin (0763) Von S. K. Hayes, 160 S., 309 s/w-Fotos, kart. **DM 16,80**/S 139,–

**Ninja 3**
Der Pfad des Togakure-Kämpfers. (0764) Von S. K. Hayes, 144 S., 197 s/w-Fotos, 2 Zeichnungen, kart. **DM 16,80**/S 139,–

**Ninja 4**
Das Vermächtnis der Schattenkämpfer. (0807) Von S. K. Hayes, 196 S., 466 s/w-Fotos, kart. **DM 16,80**/S 139,–

Der König des Kung-Fu
**Bruce Lee**
Sein Leben und Kampf. (0392) Von seiner Frau Linda. 136 S., 104 s/w-Fotos, kart. **DM 19,80**/S 159.–

**Bruce Lees Kampfstil 1**
Grundtechniken. (0473) Von B. Lee und M. Uyehara, 109 S., 220 Abb., kart. **DM 9,80**/S 79.–

**Bruce Lees Kampfstil 2**
Selbstverteidigungs-Techniken. (0486) Von B. Lee und M. Uyehara, 128 S., 310 Abb., kart. **DM 9,80**/S 79.–

**Bruce Lees Kampfstil 3**
Trainingslehre. (0503) Von B. Lee und M. Uyehara, 112 S., 246 Abb., kart. **DM 9,80**/S 79.–

**Bruce Lees Kampfstil 4**
Kampftechniken. (0523) Von B. Lee und M. Uyehara, 104 S., 211 Abb., kart. **DM 9,80**/S 79.–

**Bruce Lees Jeet Kune Do**
(0440) Von B. Lee, 192 S., mit 105 eigenhändigen Zeichnungen von B. Lee, kart. **DM 19,80**/S 159.–

**Ju-Jutsu 1**
Grundtechniken – Moderne Selbstverteidigung. (0276) Von W. Heim und F. J. Gresch, 160 S., 460 s/w-Fotos, 8 Zeichnungen, kart. **DM 9,80**/S 79.–

**Ju-Jutsu 2**
für Fortgeschrittene und Meister. (0378) Von W. Heim und F. J. Gresch, 164 S., 798 s/w-Fotos, kart. **DM 19,80**/S 159.–

**Ju-Jutsu 3**
Spezial-, Gegen- und Weiterführungs-Techniken. (0485) Von W. Heim und F. J. Gresch, 214 S., über 600 s/w-Fotos, kart. **DM 19,80**/S 159.–

**Ju-Jutsu als Wettkampf**
(0826) Von G. Kulot, 168 S., 418 s/w-Fotos, 2 Zeichnungen, kart. **DM 19,80**/S 159.–

**Nunchaku**
Waffe · Sport · Selbstverteidigung. (0373) Von A. Pflüger, 144 S., 247 Abb., kart. **DM 16,80**/S 139.–

**Shuriken · Tonfa · Sai**
Stockfechten und andere bewaffnete Kampfsportarten aus Fernost. (0397) Von A. Schulz, 96 S., 253 s/w-Fotos, kart. **DM 12,80**/S 99.–

FALKEN VERLAG



Die Preise entsprechen dem Status beim Druck dieses

**Illustriertes Handbuch des Taekwondo**
Koreanische Kampfkunst und Selbstverteidigung. (4053) Von K. Gil, 248 S., 1026 Abb., Pappband. **DM 29,80**/S 239.–

**Taekwon-Do**
Koreanischer Kampfsport. (0347) Von K. Gil, 152 S., 408 Abb., kart.
**DM 12,80**/S 99.–

**Aikido**
Lehren und Techniken des harmonischen Weges. (0537) Von R. Brand, 280 S., 697 Abb., kart. **DM 19,80**/S 159.–

**Kung-Fu und Tai-Chi**
Grundlagen und Bewegungsabläufe. (0367) Von B. Tegner, 182 S., 370 s/w-Fotos, kart. **DM 14,80**/S 119.–

**Kung-Fu**
Theorie und Praxis klassischer und moderner Stile. (0376) Von M. Pabst, 160 S., 330 Abb., kart.
**DM 12,80**/S 99.–

**Shaolin-Kempo – Kung-Fu**
Chinesisches Karate im Drachenstil. (0395) Von R. Czerni und K. Konrad. 246 S., 723 Abb., kart.
**DM 19,80**/S 159.–

**Hap Ki Do**
Grundlagen und Techniken koreanischer Selbstverteidigung. (0379) Von Kim Sou Bong, 112 S., 153 Abb., kart.
**DM 14,80**/S 119.–

**Dynamische Tritte**
Grundlagen für den Zweikampf. (0438) Von C. Lee, 96 S., 398 s/w-Fotos, 10 Zeichnungen, kart. **DM 9,80**/S 79.–

**Kickboxen**
Fitneßtraining und Wettkampfsport. (0795) Von G. Lemmens, 96 S., 208 s/w-Fotos, 23 Zeichnungen, kart.
**DM 16,80**/S 139,

**Muskeltraining mit Hanteln**
Leistungssteigerung für Sport und Fitness. (0676) Von H. Schulz, 108 S., 92 s/w-Fotos, 2 Zeichnungen, kart.
**DM 9,80**/ S 79.–

**Leistungsfähiger durch Krafttraining**
Eine Anleitung für Fitness-Sportler, Trainer und Athleten (0617) Von W. Kieser, 100 S., 20 s/w-Fotos, 62 Zeichnungen, kart. **DM 9,80**/S 79.–

**Bodybuilding**
Anleitung zum Muskel- und Konditionstraining für sie und ihn. (0604) Von R. Smolana. 160 S., 171 s/w-Fotos, kart.
**DM 9,80**/S 79.–

**Hanteltraining zu Hause**
(0800) Von W. Kieser, 80 S., 71 s/w-Fotos, 4 Zeichnungen, kart.
**DM 9,80**/S 79,–

**Fit und gesund**
Körpertraining und Bodybuilding zu Hause. (0782) Von H. Schulz, 80 S., 100 Farbfotos, 3 Zeichnungen, kart.
**DM 14,80**/S 119,–

Video-Kassette:
**Fit und gesund**
VHS (6013), Video 2000 (6014), Beta (6015), Laufzeit 30 Minuten, in Farbe.
**DM 49,80**/ S 448,–
(unverbindliche Preisempfehlung)

**Bodybuilding für Frauen**
Wege zu Ihrer Idealfigur (0661) Von H. Schulz, 108 S., 84 s/w-Fotos, 4 Zeichnungen, kart. **DM 14,80**/S 119.–

**Isometrisches Training**
Übungen für Muskelkraft und Entspannung. (0529) Von L. M. Kirsch, 140 S., 162 s/w-Fotos, kart. **DM 9,80**/S 79.–

**Spaß am Laufen**
Jogging für die Gesundheit. (0470) Von W. Sonntag, 140 S., 41 s/w-Fotos, 1 Zeichnung, kart. **DM 9,80**/S 79.–

**Mein bester Freund, der Fußball**
(5107) Von D. Brüggemann und D. Albrecht, 144 S., 171 Abb., kart.
**DM 16,80**/S 139.–

**Fußball**
Training und Wettkampf. (0448) Von H. Obermann und P. Walz, 166 S., 92 s/w-Fotos, 15 Zeichnungen, 29 Diagramme, kart. **DM 12,80**/S 99.–

**Handball**
Technik · Taktik · Regeln. (0426) Von F. und P. Hattig, 128 S., 91 s/w-Fotos, 121 Zeichnungen, kart. **DM 14,80**/S 119.–

**Volleyball**
Technik · Taktik · Regeln. (0351) Von H. Huhle, 104 S., 330 Abb., kart.
**DM 9,80**/S 79.–

**Basketball**
Technik und Übungen für Schule und Verein. (0279) Von C. Kyriasoglou, 116 S., mit 252 Übungen zur Basketballtechnik, 186 s/w-Fotos und 164 Zeichnungen, kart. **DM 12,80**/S 99.–

**Hockey**
Technische und taktische Grundlagen. (0398) Von H. Wein, 152 S., 60 s/w-Fotos, 30 Zeichnungen, kart.
**DM 16,80**/S 139.–

**Eishockey**
Lauf- und Stocktechnik, Körperspiel, Taktik, Ausrüstung und Regeln, (0414) Von J. Čapla, 264 S., 548 s/w-Fotos, 163 Zeichnungen, kart. **DM 19,80**/S 159.–

**Badminton**
Technik · Taktik · Training. (0699) Von K. Fuchs, L. Sologub, 168 S., 51 Abb., kart., **DM 16,80**/S 139.–

**Golf**
Ausrüstung · Technik · Regeln. (0343) Von J. C. Jessop, übersetzt von H. Biemer, mit einem Vorwort von H. Krings, Präsident des Deutschen Golf-Verbandes, 160 S., 65 Abb., Anhang Golfregeln des DGV, kart. **DM 16,80**/S 139.–

**Pool-Billard**
(0484) Herausgegeben vom Deutschen Pool-Billard-Bund, von M. Bach und K.-W. Kühn, 88 S., mit über 80 Abb., kart. **DM 7,80**/S 69.–

**Sportschießen**
für jedermann, (0502) Von A. Kovacic, 124 S., 116 s/w-Fotos, kart.
**DM 14,80**/S 119.–

**Fechten**
Florett · Degen · Säbel. (0449) Von E. Beck, 88 S., 219 Fotos und Zeichnungen, kart. **DM 11,80**/S 94.–

**Reiten**
Dressur · Springen · Gelände. (0415) Von U. Richter, 168 S., 235 Abb., kart.
**DM 12,80**/S 99.–

**Fibel für Kegelfreunde**
Sport- und Freizeitkegeln · Bowling. (0191) Von G. Bocsai, 72 S., 62 Abb., kart. **DM 5,80**/S 49.–

**Beliebte und neue Kegelspiele**
(0271) Von G. Bocsai, 92 S., 62 Abb., kart. **DM 5,80**/S 49.–

**111 spannende Kegelspiele**
(2031) Von H. Regulski, 88 S., 53 Zeichnungen, kart., **DM 7,80**/S 69.–

**Ski-Gymnastik**
Fit für Piste und Loipe. (0450) Von H. Pilss-Samek, 104 S., 67 s/w-Fotos, 20 Zeichnungen, kart. **DM 6,80**/S 59.–

**Die neue Skischule**
Ausrüstung · Technik · Trickskilauf · Gymnastik. (0369) Von C. und R. Kerler, 128 S., 100 Abb., kart. **DM 9,80**/S 79.–

**Skilanglauf, Skiwandern**
Ausrüstung · Techniken · Skigymnastik. (5129) Von T. Reiter und R. Kerler, 80 S., 8 Farbtafeln, 85 Zeichnungen und s/w-Fotos, kart. **DM 14,80**/S 119.–

**Alpiner Skisport**
Ausrüstung · Techniken · Skigymnastik (5130) Von K. Meßmann, 128 S., 8 Farbtafeln, 93 s/w-Fotos, 45 Zeichnungen, kart. **DM 14,80**/S 119.–

**Die neue Tennis-Praxis**
Der individuelle Weg zu erfolgreichem Spiel. (4097) Von R. Schönborn, 240 S., 202 Farbzeichnungen, 31 s/w-Abb., Pappband. **DM 39,–**/S 319.–

**Erfolgreiche Tennis-Taktik**
(4086) Von R. Ford Greene, übersetzt von M. R. Fischer, 182 S., 87 Abb., kart.
**DM 19,80**/S 159.–

**Moderne Tennistechnik**
(4187) Von G. Lam, 192 S., 339 s/w-Fotos, 91 Zeichnungen, kart.
**DM 24,80**/S 198,–

**Tennis kompakt**
Der erfolgreiche Weg zu Spiel, Satz und Sieg. (5116) Von W. Taferner, 128 S., 82 s/w-Fotos, 67 Zeichnungen, kart.
**DM 14,80**/S 119.–

**Tennis**
Technik · Taktik · Regeln. (0375) Von H. Elschenbroich, 112 S., 81 Abb., kart.
**DM 6,80**/S 59.–

**Tischtennis-Technik**
Der individuelle Weg zu erfolgreichem Spiel. (0775) Von M. Perger, 144 S., 296 Abb. kart. **DM 16,80**/S 139,–

**Squash**
Ausrüstung · Technik · Regeln. (0539) Von D. von Horn und H.-D. Stünitz, 96 S., 55 s/w-Fotos, 25 Zeichnungen, kart.
**DM 8,80**/S 74.–

**Sporttauchen**
Theorie und Praxis des Gerätetauchens. (0647) Von S. Müßig, 144 S., 8 Farbtafeln, 35 s/w-Fotos, 89 Zeichnungen, kart., **DM 14,80**/S 119.–

**Windsurfing**
Lehrbuch für Grundschein und Praxis. (5028) Von C. Schmidt, 64 S., 60 Farbfotos, Pappband. **DM 12,80**/S 99.–

**Segeln**
Der neue Grundschein – Vorstufe zum A-Schein – Mit Prüfungsfragen. (5147) Von C. Schmidt, 80 S., 8 Farbtafeln, 18 Farbfotos, 82 Zeichnungen, kart., **DM 14,80**/S 119,–

**Sportfischen**
Fische – Geräte – Technik. (0324) Von H. Oppel, 144 S., 49 s/w-Fotos, 8 Farbtafeln, kart. **DM 9,80**/S 79.–

Falken-Handbuch
**Angeln**
in Binnengewässern und im Meer. (4090) Von H. Oppel, 344 S., 24 Farbtafeln, 66 s/w-Fotos, 151 Zeichnungen, gebunden. **DM 39,–**/S 319.–

**Angeln**
Kleine Fibel für den Sportfischer. (0198) Von E. Bondick, 96 S., 116 Abb., kart.
**DM 8,80**/S 74.–

Die Erben Lilienthals
**Sportfliegen heute**
(4054) Von G. Brinkmann, 240 S., 32 Farbtafeln, 176 s/w-Fotos, 33 Zeichnungen, gebunden. **DM 39,–**/S 319.–

**Einführung in das Schachspiel**
(0104) Von W. Wollenschläger und K. Colditz, 92 S., 116 Diagramme, kart. **DM 6,80**/S 59.–

**Schach mit dem Computer**
(0747) Von D. Frickenschmidt, 140 S., 112 Diagramme, 29 s/w-Fotos, 5 Zeichnungen, kart. **DM 16,80**/S 139.–

**Spielend Schach lernen**
(2002) Von T. Schuster, 128 S., kart. **DM 6,80**/S 59.–

**Kinder- und Jugendschach**
Offizielles Lehrbuch des Deutschen Schachbundes zur Erringung der Bauern-, Turm- und Königsdiplome. (0561) Von B. J. Withuis und H. Pfleger, 144 S., 220 Zeichnungen u. Diagramme, kart. **DM 12,80**/S 99.–

**Neue Schacheröffnungen**
(0478) Von T. Schuster, 108 S., 100 Diagramme, kart. **DM 8,80**/S 74.–

**Schach für Fortgeschrittene**
Taktik und Probleme des Schachspiels. (0219) Von R. Teschner, 96 S., 85 Diagramme, kart. **DM 5,80**/S 49.–

**Taktische Schachendspiele**
(0752) Von J. Nunn, 200 S., 151 Diagramme, kart. **DM 16,80**/S 139.–

**Schach-WM '85 Karpow – Kasparow.**
Mit ausführlichen Kommentaren zu allen Partien. (0785) Von H. Pfleger, O. Borik, M. Kipp-Thomas, 128 S., zahlreiche Abb. und Diagramme, kart. **DM 14,80**/S 119.–

**Schachstrategie**
Ein Intensivkurs mit Übungen und ausführlichen Lösungen. (0584) Von A. Koblenz, dt. Bearb. von K. Colditz, 212 S., 240 Diagramme, kart. **DM 16,80**/S 139.–

Falken-Handbuch **Schach**
(4051) Von T. Schuster, 360 S., über 340 Diagramme, gebunden. **DM 36,–**/S 298.–

**Die besten Partien deutscher Schachgroßmeister**
(4121) Von H. Pfleger, 192 S., 29 s/w-Fotos, 89 Diagramme, Pappband. **DM 29,80**/S 239.–

**Turnier der Schachgroßmeister '83**
Karpow · Hort · Browne · Miles · Chandler · Garcia · Rogers · Kindermann. (0718) Von H. Pfleger, E. Kurz, 176 S., 29 s/w-Fotos, 71 Diagramme, kart. **DM 16,80**/S 139.–

**Lehr-, Übungs- und Testbuch der Schachkombinationen**
(0649) Von K. Colditz, 184 S., 227 Diagramme, kart. **DM 14,80**/S 119.–

**Zug um Zug**
**Schach für jedermann 1**
Offizielles Lehrbuch des Deutschen Schachbundes zur Erringung des Bauerndiploms. (0648) Von H. Pfleger und E. Kurz, 80 S., 24 s/w-Fotos, 8 Zeichnungen, 60 Diagramme, kart. **DM 6,80**/ S 59.–

**Zug um Zug**
**Schach für jedermann 2**
Offizielles Lehrbuch des Deutschen Schachbundes zur Erringung des Turmdiploms. (0659) Von H. Pfleger und E. Kurz, 132 S., 8 s/w-Fotos, 14 Zeichnungen, 78 Diagramme, kart. **DM 9,80**/S 79.–

**Zug um Zug**
**Schach für jedermann 3**
Offizielles Lehrbuch des Deutschen Schachbundes zur Erringung des Königdiploms. (0728) Von H. Pfleger, G. Treppner, 128 S., 4 s/w-Fotos, 84 Diagramme, 10 Zeichnungen, kart. **DM 9,80**/S 79.–

**Schachtraining mit den Großmeistern**
(0670) Von H. Bouwmeester, 128 S., 90 Diagramme, kart. **DM 14,80**/ S 119.–

**Schach als Kampf**
Meine Spiele und mein Weg. (0729) Von G. Kasparow, 144 S., 95 Diagramme, 9 s/w-Fotos, kart. **DM 14,80**/S 119.–

# Spiele, Denksport, Unterhaltung

**Kartenspiele**
(2001) Von C. D. Grupp, 144 S., kart. **DM 9,80**/S 79.–

**Neues Buch der siebzehn und vier Kartenspiele**
(0095) Von K. Lichtwitz, 96 S., kart. **DM 6,80**/S 59.–

**Alles über Pokern**
Regeln und Tricks. (2024) Von C. D. Grupp, 120 S., 29 Kartenbilder, kart. **DM 8,80**/S 74.–

**Rommé und Canasta**
in allen Variationen. (2025) Von C. D. Grupp, 124 S., 24 Zeichnungen, kart., **DM 9,80**/S 79.–

**Schafkopf, Doppelkopf, Binokel, Cego, Gaigel, Jaß, Tarock und andere „Lokalspiele".**
(2015) Von C. D. Grupp, 152 S., kart. **DM 12,80**/S 99.–

**Spielend Skat lernen**
unter freundlicher Mitarbeit des deutschen Skatverbandes. (2005) Von Th. Krüger, 156 S., 181 s/w-Fotos, 22 Zeichnungen, kart. **DM 9,80**/S 79.–

**Das Skatspiel**
Eine Fibel für Anfänger. (0206) Von K. Lehnhoff, überarb. von P. A. Höfges, 96 S., kart. **DM 6,80**/S 59.–

**Black Jack**
Regeln und Strategien des Kasinospiels. (2032) Von K. Kelbratowski, 88 S., kart. **DM 9,80**/S 79.–

Falken-Handbuch **Patiencen**
Die 111 interessantesten Auslagen. (4151) Von U. v. Lyncker, 216 S., 108 Abbildungen, Pappband. **DM 29,80**/S 239.–

**Patiencen**
in Wort und Bild. (2003) Von I. Wolter, 136 S., kart. **DM 7,80**/S 69.–

Falken-Handbuch **Bridge**
Von den Grundregeln zum Turnierspiel. (4092) Von W. Voigt und K. Ritz, 276 S., 792 Zeichnungen, gebunden. **DM 39,-**/S 319.–

**Spielend Bridge lernen**
(2012) Von J. Weiss, 108 S., 58 Zeichnungen, kart. **DM 7,80**/S 69.–

**Spieltechnik im Bridge**
(2004) Von V. Mollo und N. Gardener, deutsche Adaption von D. Schröder, 216 S., kart. **DM 16,80**/S 139.–

**Besser Bridge spielen**
Reiztechnik, Spielverlauf und Gegenspiel. (2026) Von J. Weiss, 144 S., 60 Diagramme, kart. **DM 14,80**/S 119.–

**Herausforderung im Bridge**
200 Aufgaben mit Lösungen. (2033) Von V. Mollo, 152 S., kart. **DM 19,80**/S 159.–

**Kartentricks**
(2010) Von T. A. Rosee, 80 S., 13 Zeichnungen, kart. **DM 6,80**/S 59.–

**Mah-Jongg**
Das chinesische Glücks-, Kombinations- und Gesellschaftsspiel. (2030) Von U. Eschenbach, 80 S., 30 s/w-Fotos, 5 Zeichnungen, kart. **DM 9,80**/S 79.–

**Neue Kartentricks**
(2027) Von K. Pankow, 104 S., 20 Abb., kart. **DM 7,80**/S 69.–

**Backgammon**
für Anfänger und Könner. (2008) Von G. W. Fink und G. Fuchs, 116 S., 41 Abb., kart. **DM 9,80**/S 79.–

**Würfelspiele**
für jung und alt. (2007) Von F. Pruss, 112 S., 21 s/w-Zeichnungen, kart. **DM 7,80**/S 69.–

**Gesellschaftsspiele**
für drinnen und draußen. (2006) Von H. Görz, 128 S., kart. **DM 6,80**/S 59.–

**Spiele für Party und Familie**
(2014) Von Rudi Carrell, 160 S., 50 Abb., kart. **DM 9,80**/S 79.–

**Dame**
Das Brettspiel in allen Variationen. (2028) Von C. D. Grupp, 104 S., 122 Diagramme, kart. **DM 9,80**/S 79.–

**Das japanische Brettspiel Go**
(2020) Von W. Dörholt, 104 S., 182 Diagramme, kart. **DM 9,80**/S 79.–

**Roulette richtig gespielt**
Systemspiele, die Vermögen brachten. (0121) Von M. Jung, 96 S., zahlreiche Tabellen, kart. **DM 7,80**/S 69.–

**Spielend Roulette lernen**
(2034) Von E. P. Caspar, 152 S., 1 s/w-Foto, 45 Zeichnungen, kart. **DM 14,80**/S 119.–

**Denksport und Schnickschnack**
für Tüftler und fixe Köpfe. (0362) Von J. Barto, 100 S., 45 Abb., kart. **DM 6,80**/S 59.–

**Rätselspiele, Quiz- und Scherzfragen**
für gesellige Stunden. (0577) Von K.-H. Schneider, 168 S., über 100 Zeichnungen, Pappband. **DM 16,80**/S 139.–

**Knobeleien und Denksport**
(2019) Von K. Rechberger, 142 S., 105 Zeichnungen, kart. **DM 7,80**/S 69.–

**Rubik's Magische Ringe**
Die 5-Sekunden-Lösung. Das Geheimnis des Systems. Die schönsten Figuren. (0878 Von Dr. Ch. Bandelow, 96 S., 198 Zeichnungen, 8 Cartoons, kart. **DM 6,80**/S 59.–

**Quiz**
Mehr als 1500 ernste und heitere Fragen aus allen Gebieten. (0129) Von R. Sautter und W. Pröve, 92 S., 9 Zeichnungen, kart. **DM 7,80**/S 69.–

**500 Rätsel selberraten**
(0681) Von E. Krüger, 272 S., kart. **DM 9,95**/S 79.–

**Das Super-Kreuzwort-Rätsel-Lexikon**
Über 150.000 Begriffe. (4126) Von H. Schiefelbein, 684 S., Pappband. **DM 19,80**/S 159.–

**365 Schwedenrätsel**
(4173) Von Günther Borutta, 336 S., kart. **DM 16,80**/S 139.–

**501 Rätsel selberraten**
(0711) Von E. Krüger, 272 S., kart. **DM 9,95**/S 79.–



FALKEN VERLAG

Die Preise entsprechen dem Status beim Druck dieses

**Riesen-Kreuzwort-Rätsel-Lexikon**
über 250.000 Begriffe. (4197) Von H. Schiefelbein, 1024 S., Pappband.
**DM 29,80**/ S 239,–

**Das große farbige Kinderlexikon**
(4195) Von U. Kopp, 320 S., 493 Farbabb., 17 s/w-Fotos, Pappband.
**DM 29,80**/S 239,–

Das große farbige
**Bastelbuch für Kinder**
(4254) Von U. Barff, I. Burkhardt, J. Maier, 224 S., 157 Farbfotos, 430 Farb- und 69 s/w-Zeichnungen, Pappband. **DM 29,80**/ S 239.–

**Punkt, Punkt, Komma, Strich**
Zeichenstunden für Kinder. (0564) Von H. Witzig, 144 S., über 250 Zeichnungen, kart. **DM 6,80**/S 59.–

**Einmal grad und einmal krumm**
Zeichenstunden für Kinder. (0599) Von H. Witzig, 144 S., 363 Abb., kart.
**DM 6,80**/S 59.–

**Kinderspiele**
die Spaß machen. (2009) Von H. Müller-Stein, 112 S., 28 Abb., kart.
**DM 6,80**/S 59.–

**Spiele für Kleinkinder**
(2011) Von D. Kellermann, 80 S., 23 Abb., kart. **DM 5,80**/S 49.–

**Kasperletheater**
Spieltexte und Spielanleitungen · Basteltips für Theater und Puppen. (0641) Von U. Lietz, 136 S., 4 Farbtafeln, 12 s/w-Fotos, 39 Zeichnungen, kart.
**DM 9,80**/S 79.–

**Tri-tra-trullalla**
Neue Texte mit Spielanleitungen fürs Kasperletheater.
(0681) Von U. Lietz, 96 S., 18 s/w-Zeichnungen, kart. **DM 8,80**/S 74.–

**Kindergeburtstag**
Vorbereitung, Spiel und Spaß. (0287) Von Dr. I. Obrig, 104 S., 40 Abb., 11 Zeichnungen, 9 Lieder mit Noten, kart.
**DM 5,80**/S 49.–

**Kindergeburtstage die keiner vergißt**
Planung, Gestaltung, Spielvorschläge. (0698) Von G. und G. Zimmermann, 102 S., 80 Vignetten, kart. **DM 9,80**/ S 79.

**Kinderfeste**
daheim und in Gruppen. (4033) Von G. Blechner, 240 S., 320 Abb., kart.
**DM 19,80**/S 159.–

**Scherzfragen, Drudel und Blödeleien**
gesammelt von Kindern. (0506) Hrsg. von W. Pröve, 112 S., 57 Zeichnungen, kart. **DM 5,80**/S 49.–

Kein schöner Land...
**Das große Buch unserer beliebtesten Volkslieder.** (4150) 208 S., 108 Farbzeichnungen, Pappband. **19,80**/S 159.–

**Komm mit ins Land der Lieder**
Das große Buch der Kinder-, Volks- und Chorlieder. (4261) Hrsg. von H. Rauhe, 176 S., 146 Farbzeichnungen, Pappband.
**DM 25,–**/S 200.–

**Die schönsten Wander- und Fahrtenlieder**
(0462) Hrsg. von F. R. Miller, empfohlen vom Deutschen Sängerbund, 80 S., mit Noten und Zeichnungen, kart.
**DM 5,80**/S 49.–

**Die schönsten Volkslieder**
(0432) Hrsg. von D. Walther, 128 S., mit Noten und Zeichnungen, kart.
**DM 6,80**/ S 59.–

**Neue Spiele für Ihre Party**
(2022) Von G. Blechner, 120 S., 54 Zeichnungen, kart. **DM 9,80**/S 79.–

**Lustige Tanzspiele und Scherztänze**
für Parties und Feste. (0165) Von E. Bäulke, 80 S., 53 Abb., kart.
**DM 6,80**/S 59.–

**Straßenfeste, Flohmärkte und Basare**
Praktische Tips für Organisation und Durchführung. (0592) Von H. Schuster, 96 S., 52 Fotos, 17 Zeichnungen, kart.
**DM 12,80**/S 99.–

# Humor

**Heitere Vorträge und witzige Reden**
Lachen, Witz und gute Laune. (0149) Von E. Müller, 104 S., 44 Abb., kart.
**DM 9,80**/S 79.–

**Tolle Sketche**
mit zündenden Pointen – zum Nachspielen. (0656) Von E. Cohrs, 112 S., kart. **DM 9,80**/S 79.–

**Vergnügliche Sketche**
(0476) Von H. Pillau, 96 S., mit 7 Zeichnungen, kart. **DM 6,80**/S 59.–

**Heitere Vorträge**
(0528) Von E. Müller, 128 S., 14 Zeichnungen, kart. **DM 9,80**/S 79.–

**Die große Lachparade**
Neue Texte für heitere Vorträge und Ansagen. (0188) Von E. Müller, 80 S., kart. **DM 7,80**/S 69.–

**So feiert man Feste fröhlicher**
Heitere Vorträge und Gedichte. (0098) Von Dr. Allos, 96 S., 15 Abb., kart. **DM 7,80**/S 69.–

**Lustige Vorträge für fröhliche Feiern**
(0284) Von K. Lehnhoff, 96 S., kart.
**DM 6,80**/S 59.–

**Vergnügliches Vortragsbuch**
(0091) Von J. Plaut, 192 S., kart.
**DM 8,80**/S 74.–

**Tolle Sachen zum Schmunzeln und Lachen**
Lustige Ansagen und Vorträge. (0163) Von E. Müller, 92 S., kart.
**DM 6,80**/S 59.–

**Locker vom Hocker**
Witzige Sketche zum Nachspielen. (4262) Von W. Giller, 144 S., 41 Zeichnungen, Pappband. **DM 19,80**/S 159.–

**Fidele Sketche und heitere Vorträge**
Humor zum Nachspielen. (0157) Von H. Ehnle. 96 S., kart. **DM 6,80**/S 59.–

**Sketche und spielbare Witze**
für bunte Abende und andere Feste. (0445) Von H. Friedrich, 120 S., 7 Zeichnungen, kart. **DM 6,80**/S 59.–

**Sketsche**
Kurzspiele zu amüsanter Unterhaltung. (0247) Von M. Gering, 132 S., 16 Abb., kart., **DM 6,80**/59.–

**Dalli-Dalli-Sketche**
aus dem heiteren Ratespiel von und mit Hans Rosenthal. (0527) Von H. Pillau, 144 S., 18 Zeichnungen, kart.
**DM 9,80**/S 79.–

**Witzige Sketche zum Nachspielen**
(0511) Von D. Hallervorden, 160 S., kart.
**DM 14,80**/S 119.–

**Gereimte Vorträge**
für Bühne und Bütt. (0567) Von G. Wagner, 96 S., kart. **DM 7,80**/S 69.–

**Damen in der Bütt**
Scherze, Büttenreden, Sketsche. (0354) Von T. Müller, 136 S., kart.
**DM 9,80**/S 79.–

**Narren in der Bütt**
Leckerbissen aus dem rheinischen Karneval. (0216) Zusammengestellt von T. Lücker, 112 S., kart.
**DM 8,80**/S 74.–

**Rings um den Karneval**
Karnevalsscherze und Büttenreden. (0130) Von Dr. Allos, 136 S., kart.
**DM 9,80**/S 79.–

**Helau und Alaaf 1**
Närrisches aus der Bütt. (0304) Von E. Müller, 112 S., kart.
**DM 6,80**/S 59.–

**Helau und Alaaf 2**
Neue Büttenreden. (0477) Von E. Luft, 104 S., kart.
**DM 7,80**/S 69.–

**Helau und Alaaf 3**
Neue Reden für die Bütt. (0832) Von H. Fauser, 144 S., 13 Zeichnungen, kart.
**DM 9,80**/S 79.–

**Humor und Stimmung**
Ein heiteres Vortragsbuch. (0460) Von G. Wagner, 112 S., kart. **DM 6,80**/S 59.–

**Humor und gute Laune**
Ein heiteres Vortragsbuch. (0635) Von G. Wagner, 112 S., 5 Zeichnungen, kart. **DM 8,80**/S 74.–

**Das große Buch der Witze**
(0384) Von E. Holz, 320 S., 36 Zeichnungen, Pappband. **DM 16,80**/S 139.–

**Da lacht das Publikum**
Neue lustige Vorträge für viele Gelegenheiten. (0716) Von H. Schmalenbach, 104 S., kart. **DM 9,80**/S 79,–

**Witzig, witzig**
(0507) Von E. Müller, 128 S., 16 Zeichnungen, kart. **DM 6,80**/S 59,–

**Die besten Witze und Cartoons des Jahres 1**
(0454) Hrsg. von K. Hartmann, 288 S., 125 Zeichnungen, geb. **DM 16,80**/S 139.–

**Die besten Witze und Cartoons des Jahres 2**
(0488) Hrsg. von K. Hartmann, 288 S., 148 Zeichnungen, geb. **DM 16,80**/S 139.–

**Die besten Witze und Cartoons des Jahres 3**
(0524) Hrsg. von K. Hartmann, 288 S., 105 Zeichnungen, Pappband.
**DM 16,80**/S 139.–

**Die besten Witze und Cartoons des Jahres 4**
(0579) Hrsg. von K. Hartmann, 288 S., 140 Zeichnungen, Pappband.
**DM 16,80**/S 139.–

**Die besten Witze und Cartoons des Jahres 5**
(0642) Hrsg. von K. Hartmann, 288 S., 88 Zeichnungen, Pappband.
**DM 16,80**/S 139.–

**Das Superbuch der Witze**
(4146) Von B. Bornheim, 504 S., 54 Cartoons, Pappband.
**DM 16,80**/S 139.–

**Witze**
Lachen am laufenden Band (4241) Von J. Burkert, D. Kroppach, 400 S., 41 Zeichnungen, Pappband.
**DM 15,–**/S 120,–

**Die besten Beamtenwitze**
(0574) Hrsg. von W. Pröve, 112 S., 59 Cartoons, kart. **DM 5,80**/S 49.–

**Die besten Kalauer**
(0705) Von K. Frank, 112 S., 12 Zeichnungen, kart., **DM 5,80**/S 49.–

**Robert Lembkes Witzauslese**
(0325) Von Robert Lembke, 160 S., 10 Zeichnungen von E. Köhler, Pappband. **DM 14,80**/S 119.–

**Fred Metzlers Witze mit Pfiff**
(0368) Von F. Metzler, 120 S., kart. **DM 6,80**/ S 59.–

**O frivol ist mir am Abend**
Pikante Witze von Fred Metzler. (0388) Von F. Metzler, 128 S., mit Karikaturen, kart. **DM 5,80**/S 49.–

**Herrenwitze**
(0589) Von G. Wilhelm, 112 S., 31 Zeichnungen, kart. **DM 5,80**/S 49.–

**Witze am laufenden Band**
(0461) Von F. Asmussen, 118 S., kart. **DM 6,80**/S 59.–

Horror zum Totlachen
**Gruselwitze**
(0536) Von F. Lautenschläger, 96 S., 44 Zeichnungen, kart. **DM 5,80**/S 49.–

**Die besten Ostfriesenwitze**
(0495) Hrsg. von O. Freese, 112 S., 17 Zeichnungen, kart. **DM 5,80**/S 49.–

**Die Kleidermotte ernährt sich von nichts, sie frißt nur Löcher**
Stilblüten, Sprüche und Widersprüche aus Schule, Zeitung, Rundfunk und Fernsehen. (0738) Von P. Haas, D. Kroppach, 112 S., zahlr. Abb., kart. **DM 6,80**/S 59.–

**Olympische Witze**
Sportlerwitze in Wort und Bild. (0505) Von W. Willnat, 112 S., 126 Zeichnungen, kart. **DM 5,80**/S 49.–

**Ich lach mich kaputt! Die besten Kinderwitze**
(0545) Von E. Hannemann, 128 S., 15 Zeichnungen, kart. **DM 5,80**/S 49.–

**Lach mit!**
Witze für Kinder, gesammelt von Kindern. (0468) Hrsg. von W. Pröve, 128 S., 17 Zeichnungen, kart. **DM 6,80**/S 59.–

**Die besten Kinderwitze**
(0757) Von K. Rank, 120 S., 28 Zeichnungen, kart. **DM 6,80**/S 59.–

**Lustige Sketche für Jungen und Mädchen**
Kurze Theaterstücke für Jungen und Mädchen. (0669) Von U. Lietz und U. Lange, 104 S., kart. **DM 7,80**/S 69.–

**Spielbare Witze für Kinder**
(0824) Von H. Schmalenbach, 128 S., 30 Zeichnungen, kart. **DM 9,80**/S 79.–

# Natur

**Faszination Berg**
zwischen Alpen und Himalaya. (4214) Von T. Hiebeler, 96 S., 100 Farbfotos, Pappband. **DM 24,80**/S 198.–

**Hilfe für den Wald**
Ursachen, Schadbilder, Hilfsprogramme. Was jeder wissen muß, um unser wichtigstes Öko-System zu retten. (4164) Von K. F. Wentzel, R. Zundel, 128 S., 178 Farb- und 6 s/w-Fotos, 60 Zeichnungen, kart. **DM 19,80**/S 159.–

**Pilze**
erkennen und benennen. (0380) Von J. Raithelhuber, 136 S., 110 Farbfotos, kart. **DM 14,80**/S 119.–

Falken-Handbuch **Pilze**
Mit über 250 Farbfotos und Rezepten. (4061) Von M. Knoop, 276 S., 250 Farbfotos, Pappband. **DM 39,–**/S 319.–

**Das Gartenjahr**
Arbeitsplan für den Hobbygärtner. (4075) Von G. Bambach, 152 S., 16 Farbtafeln, 141 Abb., kart. **DM 16,80**/S 139.–

**Gartenteiche und Wasserspiele**
planen, anlegen und pflegen. (4083) Von H. R. Sikora, 160 S., 31 Farb- und 31 s/w-Fotos, 73 Zeichnungen, Pappband. **DM 29,80**/S 239.–

**Wasser im Garten**
Von der Vogeltränke zum Naturteich – Natürliche Lebensräume selbst gestalten. (4230) Von H. Hendel, 240 S., 247 Farbfotos, 68 Farbzeichnungen, Pappband. **DM 59,–**/S 479.–

**Gärtnern**
(5004) Von I. Manz, 64 S., 38 Farbfotos, Pappband. **DM 14,80**/S 119.–

**Gärtner Gustavs Gartenkalender**
Arbeitspläne · Pflanzenporträts · Gartenlexikon. (4155) Von G. Schoser, 120 S., 146 Farbfotos, 13 Tabellen, 203 farbige Zeichnungen, Pappband. **DM 24,80**/S 198.–

**Ziersträucher und -bäume im Garten**
(5071) Von I. Manz, 64 S., 91 Farbfotos, Pappband. **DM 14,80**/S 119.–

**Das Blumenjahr**
Arbeitsplan für drinnen und draußen. (4142) Von G. Vocke, 136 S., 15 Farbtafeln, kart. **DM 14,80**/S 119.–

**Der richtige Schnitt von Obst- und Ziergehölzen, Rosen und Hecken**
(0619) Von E. Zettl, 88 S., 8 Farbtafeln, 39 Zeichnungen, 21 s/w-Fotos, kart. **DM 7,80**/S 69.–

**Blumenpracht im Garten**
(5014) Von I. Manz, 64 S., 93 Farbfotos, Pappband. **DM 14,80**/S 119.–

**Blütenpracht in Haus und Garten**
(4145) Von M. Haberer, u. a., 352 S., 1012 Farbfotos, Pappband. **DM 39,–**/S 319.–

**Sag's mit Blumen**
Pflege und Arrangieren von Schnittblumen. (5103) Von P. Möhring, 64 S., 68 Farbfotos, 2 s/w-Abb., Pappband. **DM 14,80**/S 119.–

**Grabgestaltung**
Bepflanzung und Pflege zu jeder Jahreszeit. (5120) Von N. Uhl, 64 S., 77 Farbfotos, 2 Zeichnungen, Pappband. **DM 16,80**/S 139.–

**Wintergärten**
Das Erlebnis, mit der Natur zu Wohnen. Planen, Bauen und Gestalten. (4256) Von LOG, ID, 136 S., 130 Farbfotos, 107 Zeichnungen, Pappband. **DM 49,–**/S 398.–

**Leben im Naturgarten**
Der Biogärtner und seine gesunde Umwelt. (4124) Von N. Jorek, 128 S., 68 s/w-Fotos, kart. **DM 14,80**/S 119.–

**So wird mein Garten zum Biogarten**
Alles über die Umstellung auf naturgemäßen Anbau. (0706) Von I. Gabriel, 128 S., 73 Farbfotos, 54 Farbzeichnungen, kart. **DM 14,80**/S 119.–

**Gesunde Pflanzen im Biogarten**
Biologische Maßnahmen bei Schädlingsbefall und Pflanzenkrankheiten. (0707) Von I. Gabriel, 128 S., 126 Farbfotos, 12 Farbzeichnungen, kart. **DM 14,80**/ S 119.–

**Kosmische Einflüsse auf unsere Gartenpflanzen**
Sterne beeinflussen Wachstum und Gesundheit der Pflanzen (0708) Von I. Gabriel, 112 S., 57 Farbfotos, 43 Farbzeichnungen, kart. **DM 14,80**/S 119.–

**Der Biogarten unter Glas und Folie**
Ganzjährig erfolgreich ernten. (0722) Von I. Gabriel, 128 S., 62 Farbfotos, 45 Farbzeichnungen, kart. **DM 14,80**/S 119.–

**Obst und Beeren im Biogarten**
Gesunde und schmackhafte Früchte durch natürlichen Anbau. (0780) Von I. Gabriel, 128 S., 38 Farbfotos, 71 Farbzeichungen, kart. **DM 14,80**/S 119.–

**Neuanlage eines Biogartens**
Planung, Bodenvorbeitung, Gestaltung. (0721) Von I. Gabriel, 128 S., 73 Farbfotos, 39 Zeichnungen, kart. **DM 14,80**/ S 119.–

**Der biologische Zier- und Wohngarten**
Planen, Vorbereiten, Bepflanzen und Pflegen. (0748) Von I. Gabriel, 128 S., 72 Farbfotos, 46 Farbzeichnungen, kart. **DM 14,80**/S 119.–

**Gemüse im Biogarten**
Gesunde Ernte durch naturgemäßen Anbau (0830) Von I. Gabriel, 128 S., 26 Farbfotos, 86 Farbzeichnungen, kart. **DM 14,80**/S 119.–

**Erfolgreich gärtnern**
durch naturgemäßen Anbau (4252) Von I. Gabriel, 416 S., 176 Farbfotos, 212 Farbzeichnungen, Pappband. **DM 19,80**/S 159.–

**Das Bio-Gartenjahr**
Arbeitsplan für naturgemäßes Gärtnern. (4169) Von N. Jorek, 128 S., 8 Farbtafeln, 70 s/w-Abb. kart. **DM 14,80**/S 119.–

**Selbstversorgung aus dem eigenen Anbau**
Reichen Erntesegen verwerten und haltbar machen. (4182) Von M. Bustorf-Hirsch, M. Hirsch, 216 S., 270 Zeichnungen, Pappband. **DM 29,80**/S 239.–

**Mischkultur im Nutzgarten**
Mit Jahreskalender und Anbauplänen. (0651) Von H. Oppel, 112 S., 8 Farbtafeln, 23 s/w-Fotos, 29 Zeichnungen, kart. **DM 9,80**/S 79.–



Die Preise entsprechen dem Status beim Druck diese

Erfolgreich gärtnern mit
**Frühbeet und Folie**
(0828) Von Dr. Gustav Schoser, 88 S., 8 Farbtafeln, 46 s/w-Fotos, kart.
**DM 8,80**/S 74,–

**Erfolgstips für den Gemüsegarten**
Mit naturgemäßem Anbau zu höherem Ertrag. (0674) Von F. Mühl, 80 S., 30 s/w-Fotos, 4 Zeichnungen, kart.
**DM 7,80**/ S 69.–

**Erfolgstips für den Obstgarten**
Gesunde Früchte durch richtige Sortenwahl und Pflege. (0827) Von F. Mühl, 184 S., 16 Farbtafeln, 33 Zeichnungen, kart. **DM 14,80**/S 119.–

**Gemüse, Kräuter, Obst aus dem Balkongarten**
– Erfolgreich ernten auf kleinstem Raum. (0694) Von S. Stein, 32 S., 34 Farbfotos, 6 Zeichnungen, Spiralbindung, kart.**DM 7,80**/S 69.–

**Keime, Sprossen, Küchenkräuter**
am Fenster ziehen – rund ums Jahr. (0658) Von F. und H. Jantzen, 32 S., 55 Farbfotos, Pappband.
**DM 6,80**/S 59.–

**Balkons in Blütenpracht**
zu allen Jahreszeiten.
(5047) Von N. Uhl, 64 S., 80 Farbfotos, Pappband. **DM 14,80**/S 119.–

**Kübelpflanzen**
für Balkon, Terrasse und Dachgarten. (5132) Von M. Haberer, 64 S., 70 Farbfotos, Pappband. **DM 14,80**/S 119.–

**Kletterpflanzen**
Rankende Begrünung für Fassade, Balkon und Garten. (5140) Von M. Haberer, 64 S., 70 Farbabb., 2 Zeichnungen, Pappband. **DM 14,80**/S 119.–

**Mein Kräutergarten rund ums Jahr**
Täglich schnittfrisch und gesund würzen. (4192) Von Prof. Dr. G. Lysek, 136 S., 15 Farbtafeln, 91 Zeichnungen, kart.
**DM 16,80**/S 139,–

**Blühende Zimmerpflanzen**
94 Arten mit Pflegeanleitungen. (5010) Von R. Blaich, 64 S., 107 Farbfotos, Pappband. **DM 14,80**/S 119.–

Falken-Handbuch **Zimmerpflanzen**
1600 Pflanzenporträts. (4082) Von R. Blaich, 432 S., 480 Farbfotos, 84 Zeichnungen, 1600 Pflanzenbeschreibungen, Pappband. **DM 39,**–/S 319.–

**Blütenpracht in Grolit 2000**
Der neue, mühelose Weg zu farbenprächtigen Zimmerpflanzen. (5127) Von G. Vocke, 64 S., 50 Farbfotos, Pappband.
**DM 14,80**/S 119.–

**Ziergräser**
Über 100 Arten erfolgreich kultivieren. (0829) Von H. Jantra, 104 S., 73 Farbfotos, 6 Farbzeichnungen, kart.
**DM 16,80**/S 139.–

**Bonsai**
Japanische Miniaturbäume und Miniaturlandschaften. Anzucht, Gestaltung und Pflege. (4091) Von B. Lesniewicz, 160 S., 106 Farbfotos, 46 s/w-Fotos, 115 Zeichnungen, gebunden. **DM 68,–**/S 549.–

**Zimmerbäume, Palmen und andere Blattpflanzen**
Standort, Pflege, Vermehrung, Schädlinge. (5111) Von G. Schoser, 96 S., 98 Farbfotos, 7 Zeichnungen, Pappband.
**DM 19,80**/S 159.–

**Biologisch zimmergärtnern**
Zier- und Nutzpflanzen natürlich pflegen. (4144) Von N. Jorek, 152 S., 15 Farbtafeln, 120 s/w-Fotos, Pappband.
**DM 19,80**/S 159.–

**Hydrokultur**
Pflanzen ohne Erde – mühelos gepflegt. (4080) Von H.-A. Rotter, 120 S., 82 Abb., Pappband. **DM 19,80**/S 159.–

**Zimmerpflanzen in Hydrokultur**
Leitfaden für problemlose Blumenpflege. (0660) Von H.-A. Rotter, 32 S., 76 Farbfotos, 8 farbige Zeichnungen, Pappband,
**DM 7,80**/S 69.–

**Sukkulenten**
Mittagsblumen, Lebende Steine, Wolfsmilchgewächse u. a. (5070) Von W. Hoffmann, 64 S., 82 Farbfotos, Pappband.
**DM 14,80**/S 119.–

**Kakteen und andere Sukkulenten**
300 Arten mit über 500 Farbfotos. (4116) Von G. Andersohn, 316 S., 520 Farbfotos, 193 Zeichnungen, Pappband.
**DM 49,–**/S 398.–

**Fibel für Kakteenfreunde**
(0199) Von H. Herold, 102 S., 23 Farbfotos, 37 s/w-Abb., kart. **DM 9,80**/S 79.–

**Kakteen**
Herkunft, Anzucht, Pflege, Arten. (5021) Von W. Hoffmann, 64 S., 70 Farbfotos, Pappband. **DM 14,80**/S 119.–

Faszinierende Formen und Farben
**Kakteen**
(4211) Von K. und F. Schild, 96 S., 127 Farbfotos, Pappband.
**DM 24,80**/S 198.–

**Orchideen**
(4215) Von G. Schoser, 96 S., 143 Farbfotos, Pappband. **DM 24,80**/S 198,–

Falken-Handbuch **Orchideen**
Lebensraum, Kultur, Anzucht und Pflege. (4231) Von G. Schoser, 144 S., 121 Farbfotos, 28 Farbzeichnungen, Pappband.
**DM 29,80**/S 239,–

Falken-Handbuch **Katzen**
(4158) Von B. Gerber, 176 S., 294 Farb- und 88 s/w-Fotos, Pappband.
**DM 39,–**/S 319.–

**Katzen**
Rassen · Haltung · Pflege. (4216) Von B. Eilert-Overbeck, 96 S., 82 Farbfotos, Pappband. **DM 24,80**/S 198.–

**Das neue Katzenbuch**
Rassen – Aufzucht – Pflege. (0427) Von B. Eilert-Overbeck, 136 S., 14 Farbfotos, 26 s/w-Fotos, kart. **DM 8,80**/S 74.–

**Katzenkrankheiten**
Erkennung und Behandlung. Steuerung des Sexualverhaltens. (0652) Von Dr. med. vet. R. Spangenberg, 176 S., 64 s/w-Fotos, 4 Zeichnungen, kart.
**DM 9,80**/S 79.–

Falken-Handbuch **Hunde**
(4118) Von H. Bielfeld, 176 S., 222 Farbabbildungen, 73 s/w-Abb., Pappband.
**DM 39,–**/S 319.–

**Hunde**
Rassen · Erziehung · Haltung. (4209) Von H. Bielfeld, 96 S., 101 Farbfotos, Pappband. **DM 24,80**/S 198.–

**Das neue Hundebuch**
Rassen · Aufzucht · Pflege. (0009) Von W. Busack, überarbeitet von Dr. med. vet. A. H. Hacker und H. Bielfeld, 112 S., 8 Farbtafeln, 27 s/w-Fotos, 6 Zeichnungen, kart. **DM 8,80**/S 74.–

Falken-Handbuch
**Der Deutsche Schäferhund**
(4077) Von U. Förster, 228 S., 160 Abb., Pappband. **DM 29,80**/S 239.–

**Der Deutsche Schäferhund**
Aufzucht, Pflege und Ausbildung. (0073) Von A. Hacker, 104 S., 56 Abb., kart.
**DM 7,80**/S 69.–

**Dackel, Teckel, Dachshund**
Aufzucht · Pflege · Ausbildung. (0508) Von M. Wein-Gysae, 112 S., 4 Farbtafeln, 43 s/w-Fotos, 2 Zeichnungen, kart.
**DM 9,80**/S 79.–

**Hundeausbildung**
Verhalten – Gehorsam – Abrichtung. (0346) Von Prof. Dr. R. Menzel, 96 S., 18 Fotos, kart. **DM 7,80**/S 69.–

**Grundausbildung für Gebrauchshunde**
Schäferhund, Boxer, Rottweiler, Dobermann, Riesenschnauzer, Airedaleterrier, Hovawart und Bouvier. (0801) Von M. Schmidt und W. Koch, 104 S., 8 Farbtafeln, 51 s/w-Fotos, 5 s/w-Zeichnungen, kart. **DM 9,80**/S 79.–

**Hundekrankheiten**
Erkennung und Behandlung, Steuerung des Sexualverhaltens. (0570) Von Dr. med. vet. R. Spangenberg, 128 S., 68 s/w-Fotos, 10 Zeichnungen, kart.
**DM 9,80**/S 79.–

Falken-Handbuch **Pferde**
(4186) Von H. Werner, 176 S., 196 Farb- und 50 s/w-Fotos, 100 Zeichnungen, Pappband. **DM 48,–**/S 389.–

**Ponys**
Rassen, Haltung, Reiten. (4205) Von S. Braun, 96 S., 84 Farbfotos, Pappband.
**DM 24,80**/S 198.–

**Wellensittiche**
Arten · Haltung · Pflege · Sprechunterricht · Zucht. (5136) Von H. Bielfeld, 64 S., 59 Farbfotos, Pappband.
**DM 14,80**/S 119.–

**Papageien und Sittiche**
Arten · Pflege · Sprechunterricht. (0591) Von H. Bielfeld, 112 S., 8 Farbtafeln, kart. **DM 9,80**/S 79.–

**Geflügelhaltung als Hobby**
(0749) Von M. Baumeister, H. Meyer, 184 S., 8 Farbtafeln, 47 s/w Fotos, 15 Zeichnungen, kart. **DM 16,80**/S 139,–

DIE TIERSPRECHSTUNDE
**Alles über Igel in Natur und Garten**
(0810) Von Dr. med. vet. E. M. Bartenschlager, 68 S., 51 Farbfotos, kart.
**DM 9,80**/S 79.–

DIE TIERSPRECHSTUNDE
**Alles über Meerschweinchen**
(0809) Von Dr. med. vet. E. M. Bartenschlager, 72 S., 43 Farbfotos, 11 Farbzeichnungen, kart. **DM 9,80**/S 79.–

DIE TIERSPRECHSTUNDE
**Tiere im Wassergarten**
(0808) Von Dr. med. vet. E. M. Bartenschlager, 96 S., 82 Farbfotos, 7 Zeichnungen, kart. **DM 9,80**/S 79,–

**Das Süßwasser-Aquarium**
Einrichtung · Pflege · Fische · Pflanzen. (0153) Von H. J. Mayland, 152 S., 16 Farbtafeln, 43 s/w-Zeichnungen, kart.
**DM 12,80**/S 99,–

Falken-Handbuch
**Süßwasser-Aquarium**
(4191) Von H. J. Mayland, 288 S., 564 Farbfotos, 75 Zeichnungen, Pappband. **DM 49,–**/S 398,–

**Cichliden**
Pflege, Herkunft und Nachzucht der wichtigsten Buntbarscharten. (5144) Von Jo in't Veen, 96 S., 163 Farbfotos, Pappband. **DM 19,80**/S 159,–

# Gesundheit

**Die Frau als Hausärztin**
Der unentbehrliche Ratgeber für die Gesundheit. (4072) Von Dr. med. A. Fischer-Dückelmann, 808 S., 14 Farbtafeln, 146 s/w-Fotos, 203 Zeichnungen, Pappband. **DM 29,80**/S 239,–

**Heiltees und Kräuter für die Gesundheit**
(4123) Von G. Leibold, 136 S., 15 Farbtafeln, 16 Zeichnungen, kart. **DM 14,80**/S 119.–

Falken-Handbuch
**Heilkräuter**
Modernes Lexikon der Pflanzen und Anwendungen (4076) Von G. Leibold, 392 S., 183 Farbfotos, 22 Zeichnungen, geb. **DM 39,–**/S 319.–

**Die farbige Kräuterfibel**
Heil- und Gewürzpflanzen. (0245) Von I. Gabriel, 196 S., 49 farbige und 97 s/w-Abb., kart. **DM 14,80**/ S 119.–

Falken-Handbuch
**Bio-Medizin**
Alles über die moderne Naturheilpraxis. (4136) Von G. Leibold, 552 S., 38 Farbfotos, 232 s/w-Abb., Pappband. **DM 39,–**/ S 319.–

**Enzyme**
(0677) Von G. Leibold, 96 S., kart. **DM 9,80**/S 79.–

**Heilfasten**
(0713) Von G. Leibold, 108 S., kart. **DM 9,80**/S 79.–

**Besser leben durch Fasten**
(0841) Von G. Leibold, 100 S., kart. **DM 9,80**/S 79,–

**Krebsangst und Krebs behandeln**
Mit einem Vorwort von Prof. Dr. med. Friedrich Douwes (0839) Von G. Leibold, 104 S., kart. **DM 9,80**/S 79,–

**Allergien behandeln und lindern**
Mit einem Vorwort von Prof. Dr. med. Axel Stemmann (0840) Von G. Leibold, 104 S., 4 Zeichnungen, kart. **DM 9,80**/S 79,–

**Rheuma behandeln und lindern**
Mit einem Vorwort von Dr. med. Max-Otto-Bruker (0836) Von G. Leibold, 104 S., kart. **DM 9,80**/S 79,–

**Die echte Schroth-Kur**
(0797) Von Dr. med. R. Schroth, 88 S., 2 s/w-Fotos, kart. **DM 9,80**/S 79,–

**Streß bewältigen durch Entspannung**
(0834) Von Dr. med. Chr. Schenk, 88 S., 29 Zeichnungen, kart. **DM 9,80**/S 79,–

**So lebt man länger nach Dr. Le Comptes Erfolgsmethode!**
Vital und gesund bis ins hohe Alter. (4129) Von Dr. H. Le Compte, P. Pervenche, 224 S., gebunden. **DM 24,80**/S 198.–

**Gesundheit und Spannkraft durch Yoga**
(0321) Von L. Frank und U. Ebbers, 112 S., 50 s/w-Fotos, kart. **DM 7,80**/S 69.–

**Yoga für jeden**
(0341) Von K. Zebroff, 156 S., 135 Abb., Spiralbindung, **DM 20,–**/S 160.–

**Yoga für Schwangere**
Der Weg zur sanften Geburt. (0777) Von V. Bolesta-Hahn, 108 S., 76 2-farbige Abb. **DM 12,80**/S 99,–

**Yoga gegen Haltungsschäden und Rückenschmerzen**
(0394) Von A. Raab, 104 S., 215 Abb., kart. **DM 6,80**/S 59.–

**Hypnose und Autosuggestion**
Methoden – Heilwirkungen – praktische Beispiele. (0483) Von G. Leibold, 116 S., kart. **DM 7,80**/S 69.–

**Gesund durch Gedankenenergie**
Heilung im gemeinsamen Kraftfeld (6035) Nur VHS, 45 Min., in Farbe **DM 69,–**/S 619,– (unverbindliche Preisempfehlung)

**Autogenes Training**
Anwendung · Heilwirkungen · Methoden. (0541) Von R. Faller, 128 S., 3 Zeichnungen, kart. **DM 9,80**/S 79.–

**Die fernöstliche Fingerdrucktherapie Shiatsu**
Anleitungen zur Selbsthilfe – Heilwirkungen. (0615) Von G. Leibold, 196 S., 180 Abb., kart. **DM 16,80**/S 139.–

**Eigenbehandlung durch Akupressur**
Heilwirkungen – Energielehre – Meridiane. (0417) Von G. Leibold, 152 S., 78 Abb., kart. **DM 9,80**/S 79.–

**Chinesische Naturheilverfahren**
Selbstbehandlung mit bewährten Methoden der physikalischen Therapie. Atemtherapie · Heilgymnastik · Selbstmassage · Vorbeugen · Behandeln · Entspannen. (4247) Von F. Tjoeng Lie, 160 S., 292 zweifarbige Zeichnungen, Pappband. **DM 29,80**/S 239.–

Bauch, Taille und Hüfte gezielt formen durch **Aktiv-Yoga**
(0709) Von K. Zebroff, 112 S., 102 Farbfotos, Spiralbindung, **DM 14,80**/S 119,–

**10 Minuten täglich Tele-Gymnastik**
(5102) Von B. Manz und K. Biermann, 128 S., 381 Abb., kart. **DM 14,80**/S 119.–

**Gesund und fit durch Gymnastik**
(0366) Von H. Pilss-Samek, 132 S., 150 Abb., kart. **DM 9,80**/S 79.–

**Stretching**
Mit Dehnungsgymnastik zu Entspannung, Geschmeidigkeit und Wohlbefinden. (0717) Von H. Schulz, 80 S., 90 s/w-Fotos, kart. **DM 7,80**/S 69.–

Gesund und leistungsfähig durch
**Konditionsübungen, Fitneßtraining, Wirbelsäulengymnastik**
(0844) Von R. Milser, K. Grafe, 104 S., 99 Farbfotos, 12 Farbzeichnungen, 5 s/w-Zeichnungen kart. **DM 16,80**/ S 139.–

Gesundheit durch altbewährte Kräuterrezepte und Hausmittel aus der
**Natur-Apotheke**
(4156) Von G. Leibold, 236 S., 8 Farbtafeln, 100 Zeichnungen, kart.. **DM 19,80**/S 159.–
(4157) Pappband. **29,80**/S 239.–

**Diät bei Krankheiten des Magens und Zwölffingerdarms**
Rezeptteil von B. Zöllner. (3201) Von Prof. Dr. med. H. Kaess, 96 S., 4 Farbtafeln, kart. **DM 10,80**/S 85.–

**Diät bei Herzkrankheiten und Bluthochdruck**
Salzarme (natriumarme) Kost. Rezeptteil von B. Zöllner. (3202) Von Prof. Dr. med. H. Rottka, 92 S., 4 Farbtafeln, kart. **DM 10,80**/S 85.–

**Diät bei Erkrankungen der Nieren, Harnwege und bei Dialysebehandlung**
Völlig überarbeitete Neuauflage, durchgehend farbig bebildert. Rezeptteil von B. Zöllner. (3203) Von Prof. Dr. med. H. J. Sarre und Prof. Dr. med. R. Kluthe, ca. 100 S., ca. 50 Farbfotos, kart. **DM 12,80**/S 99.– (erscheint März '87)

**Richtige Ernährung wenn man älter wird**
Völlig überarbeitete Neuauflage, durchgehend farbig bebildert. Rezeptteil von B. Zöllner. (3204) Von Priv.-Doz. Dr. med. H.-J. Pusch und Dr. med. W. Koch, ca. 100 S., ca. 50 Farbfotos, kart. **DM 12,80**/S 99.– (erscheint Juni '87)

**Diät bei Gicht und Harnsäuresteinen**
Rezeptteil von B. Zöllner. (3205) Von Prof. Dr. med. N. Zöllner, 80 S., 4 Farbtafeln, kart. **DM 10,80**/S 85.–

**Diät bei Zuckerkrankheit**
Rezeptteil von B. Zöllner. (3206) Von Prof. Dr. med. P. Dieterle, 80 S., 4 Farbtafeln, kart. **DM 10,80**/S 85.–

**Diät bei Krankheiten der Gallenblase, Leber und Bauchspeicheldrüse**
Rezeptteil von B. Zöllner. (3207) Von Prof. Dr. med. H. Kasper, 88 S., 4 Farbtafeln, kart. **DM 10,80**/S 85.–

**Diät bei Störungen des Fettstoffwechsels und zur Vorbeugung der Arteriosklerose**
Rezeptteil von B. Zöllner. (3208) Von Prof. Dr. med. G. Wolfram und Dr. med. O. Adam, 104 S., 4 Farbtafeln, kart. **DM 10,80**/S 85.–

**Diät bei Übergewicht**
Völlig überarbeitete Neuauflage, durchgehend farbig bebildert. Rezeptteil von B. Zöllner. (3209) Von Priv.-Doz. Dr. med. Ch. Keller, ca. 100 S., ca. 50 Farbfotos, kart. **DM 12,80**/S 99.– (erscheint August '87)

**Diät bei Darmkrankheiten**
Durchfall – Divertikulose, Reizdarm und Darmträgheit – einheimische Sprue (Zöliakie) – Disaccharidasemangel – Dünndarmresektion – Dumping Syndrom. Rezeptteil von B. Zöllner. (3211) Von Prof. Dr. med. G. Strohmeyer, 88 S., 4 Farbtafeln, kart. **DM 10,80**/S 85.–

**Ballaststoffreiche Kost bei Funktionsstörungen des Darms**
Rezeptteil von B. Zöllner. (3212) Von Prof. Dr. med. H. Kasper, ca. 100 S., ca. 50 Farbfotos, kart. **DM 12,80**/S 98,–

**Bildatlas des menschlichen Körpers**
(4177) Von G. Pogliani, V. Vannini, 112 S., 402 Farbabb., 28 s/w-Fotos, Pappband, **DM 29,80**/S 239.–

**Fußmassage**
Reflexzonentherapie am Fuß (0714) Von G. Leibold, 96 S., 38 Zeichnungen, kart. **DM 9,80**/S 79.–

**heuma und Gicht**
:rankheitsbilder, Behandlung, Therapieerfahren, Selbstbehandlung, richtige ebensführung und Ernährung. (0712) 'on Dr. J. Höder, J. Bandick, 104 S., kart. **M 9,80**/S 79.–

**:rampfadern**
rsachen, Vorbeugung, Selbstbehandlung, Therapieverfahren. (0727) Von r. med. K. Steffens, 96 S., 38 Abb., art. **DM 9,80**/S 79.–

**allenleiden**
:rankheitsbilder, Behandlung, Therapieerfahren, Selbstbehandlung, Richtige ebensführung und Ernährung. (0673) 'on Dr. med. K. Steffens, 104 S., 4 Zeichnungen, kart. **DM 9,80**/S 79.–

**sthma**
'seudokrupp, Bronchitis und Lungenmphysem. (0778) Von Prof. Dr. med. V. Schmidt, 120 S., 56 Zeichnungen, art. **DM 9,80**/S 79.–

**'astenkuren**
Vege zur gesunden Lebensführung. Rezepte und Tips für die Nachfastenzeit. Kurzfasten · Saftfastenkuren · Fastenchalttage · Heilfasten 4248) Von Ha. A. Mehler, H. Keppler, 44 S., 16 s/w-Fotos, 9 Zeichnungen, 'appband. **DM 29,80**/S 239.–

**'itamine und Ballaststoffe**
So ermittle ich meinen täglichen Bedarf 0746) Von Prof. Dr. M. Wagner, . Bongartz, 96 S., 6 Farbabb., zahlreiche abellen, kart. **DM 9,80**/S 79.–

**Darmleiden**
:rankheitsbilder, Behandlung, Selbstehandlung, Richtige Lebensführung und rnährung. (0798) Von Dr. med. K. Steffens, 112 S., 46 Zeichnungen, kart. **DM 9,80**/S 79.–

**Massage**
0750) Von B. Rumpler, K. Schutt, 112 S., 16 2-farbige Zeichnungen, kart. **DM 12,80**/S 99.–

**Ratgeber Aids**
Entstehung, Ansteckung, Krankheitsbilder, Heilungschancen, Schutzmaßnahmen. 0803) Von B. Baartman, Vorwort von Dr. med. H. Jäger, 112 S., 8 Farbtafeln, 1 Grafiken, kart. **DM 16,80**/S 139.–

**Wenn Kinder krank werden**
Medizinischer Ratgeber für Eltern. 4240) Von Dr. med. I. J. Chasnoff, 3. Noes-Delaval, 232 S., 163 Zeichnungen, Pappband. **DM 29,80**/S 239.–

# Ratgeber Lebenshilfe

**Umgangsformen heute**
Die Empfehlungen des Fachausschusses für Umgangsformen. (4015) 282 S., 160 s/w-Fotos, 25 Zeichnungen, Pappband. **DM 29,80**/S 239.–

**Der gute Ton**
Ein moderner Knigge. (0063) Von . Wolter, 168 S., 38 Zeichnungen, 63 s/w-Fotos, kart. **DM 9,80**/S 79.–

**Haushaltstips von A bis Z**
0759) Von A. Eder, 80 S., 30 Zeichnungen, kart. **DM 7,80**/S 69.–

**Wir heiraten**
Ratgeber zur Vorbereitung und Festgestaltung der Verlobung und Hochzeit. 4188) Von C. Poensgen, 216 S., 8 s/w-Fotos, 30 s/w-Zeichnungen, 8 Farbtafeln, Pappband. **DM 19,80**/S 159.–

**Der schön gedeckte Tisch**
Vom einfachen Gedeck bis zur Festtafel stimmungsvoll und perfekt arrangiert (4246) Von H. Tapper, 112 S., 206 Farbabbildungen, 21 s/w-Abbildungen, Pappband. **DM 24,80**/S 198.–

**Familienforschung · Ahnentafel · Wappenkunde**
Wege zur eigenen Familienchronik. (0744) Von P. Bahn, 128 S., 8 Farbtafeln, 30 Abbildungen, kart. **DM 14,80**/S 119.–

**Die Kunst der freien Rede**
Ein Intensivkurs mit vielen Übungen, Beispielen und Lösungen. (4189) Von G. Hirsch, 232 S., 11 Zeichnungen, Pappband. **DM 29,80**/S 239.–

**Reden zur Taufe, Kommunion und Konfirmation**
(0751) Von G. Georg, 96 S., kart. **DM 6,80**/S 59.–

**Der richtige Brief zu jedem Anlaß**
Das moderne Handbuch mit 400 Musterbriefen. (4179) Von H. Kirst, 376 S., Pappband. **DM 26,80**/S 218.–

**Von der Verlobung zur Goldenen Hochzeit**
(0393) Von E. Ruge, 120 S., kart. **DM 6,80**/S 59.–

**Reden zur Hochzeit**
Musteransprachen für Hochzeitstage. (0654) Von G. Georg, 112 S., kart. **DM 6,80**/S 59.–

**Glückwünsche, Toasts und Festreden zur Hochzeit.**
(0264) Von I. Wolter, 128 S., 18 Zeichnungen, kart. **DM 7,80**/S 69.–

**Hochzeits- und Bierzeitungen**
Muster, Tips und Anregungen. (0288) Von H.-J. Winkler, mit vielen Text- und Gestaltungsanregungen, 116 S., 15 Abb., 1 Musterzeitung, kart. **DM 6,80**/ S 59.–

**Kindergedichte zur Grünen, Silbernen und Goldenen Hochzeit**
(0318) Von H.-J. Winkler, 104 S., 20 Abb., kart. **DM 6,80**/S 59.–

**Die Silberhochzeit**
Vorbereitung · Einladung · Geschenkvorschläge · Dekoration · Festablauf · Menüs · Reden · Glückwünsche. (0542) Von K. F. Merkle, 120 S., 41 Zeichnungen, kart. **DM 9,80**/S 79.–

**Großes Buch der Glückwünsche**
(0255) Hrsg. von O. Fuhrmann, 240 S., 77 Zeichnungen und viele Gestaltungsvorschläge, kart. **DM 9,80**/S 79.–

**Neue Glückwunschfibel**
für Groß und Klein. (0156) Von R. Christian-Hildebrandt, 96 S., kart. **DM 5,80**/S 49.–

**Glückwunschverse für Kinder**
(0277) Von B. Ulrici, 80 S., kart. **DM 5,80**/S 49.–

**Die Redekunst**
Rhetorik · Rednererfolg (0076) Von K. Wolter, überarbeitet von Dr. W. Tappe, 80 S., kart. **DM 5,80**/S 49.–

**Reden und Ansprachen**
für jeden Anlaß. (4009) Hrsg. von F. Sicker, 454 S., gebunden. **DM 39,–**/S 319.–

**Reden zum Jubiläum**
Musteransprachen für viele Gelegenheiten (0595) Von G. Georg, 112 S., kart. **DM 6,80**/S 59.–

**Reden zum Ruhestand**
Musteransprachen zum Abschluß des Berufslebens (0790) Von G. Georg, 104 S., kart. **DM 7,80**/S 69.–

**Reden und Sprüche zu Grundsteinlegung, Richtfest und Einzug**
(0598) Von A. Bruder, G. Georg, 96 S., kart. **DM 6,80**/S 59.–

**Reden zu Familienfesten**
Musteransprachen für viele Gelegenheiten. (0675) Von G. Georg, 108 S., kart. **DM 6,80**/S 59.–

**Reden zum Geburtstag**
Musteransprachen für familiäre und offizielle Anlässe. (0773) Von G. Georg, 104 S., kart. **DM 7,80**/S 69.–

**Festreden und Vereinsreden**
Ansprachen für festliche Gelegenheiten. (0069) Von K. Lehnhoff, E. Ruge, 88 S., kart. **DM 5,80**/S 49.–

**Reden im Verein**
Musteransprachen für viele Gelegenheiten. (0703) Von G. Georg, 112 S., kart., **DM 6,80**/S 59.–

**Trinksprüche**
Fest- und Damenreden in Reimen. (0791) Von L. Metzner, 88 S., 14 s/w-Zeichnungen, kart. **DM 7,80**/S 69.–

**Trinksprüche, Richtsprüche, Gästebuchverse**
(0224) Von D. Kellermann, 80 S., kart. **DM 5,80**/S 49.–

**Ins Gästebuch geschrieben**
(0576) Von K. H. Trabeck, 96 S., 24 Zeichnungen, kart. **DM 7,80**/S 69.–

**Poesiealbumverse**
Heiteres und Besinnliches. (0578) Von A. Göttling, 112 S., 20 Zeichnungen, Pappband. **DM 14,80**/S 119.–

**Verse fürs Poesiealbum**
(0241) Von I. Wolter, 96 S., 20 Abb., kart. **DM 5,80**/S 49.–

Rosen, Tulpen, Nelken . . .
**Beliebte Verse fürs Poesiealbum**
(0431) Von W. Pröve, 96 S., 11 Faksimile-Abb., kart. **DM 5,80**/S 49.–

**Der Verseschmied**
Kleiner Leitfaden für Hobbydichter. Mit Reimlexikon. (0597) Von T. Parisius, 96 S., 28 Zeichnungen, kart. **DM 7,80**/S 69.–

**Moderne Korrespondenz**
Handbuch für erfolgreiche Briefe. (4014) Von H. Kirst und W. Manekeller, 544 S., gebunden. **DM 39,–**/S 319.–

**Der neue Briefsteller**
Musterbriefe für alle Gelegenheiten. (0060) Von I. Wolter-Rosendorf, 112 S., kart. **DM 5,80**/S 49.–

**Geschäftliche Briefe**
des Privatmanns, Handwerkers, Kaufmanns. (0041) Von A. Römer, 120 S., kart. **DM 6,80**/S 59.–

**Behördenkorrespondenz**
Musterbriefe – Anträge – Einsprüche. (0412) Von E. Ruge, 120 S., kart. **DM 7,80**/S 69.–

**Musterbriefe**
für alle Gelegenheiten. (0231) Hrsg. von O. Fuhrmann, 240 S., kart. **DM 9,80**/S 79.–

**Privatbriefe**
Muster für alle Gelegenheiten. (0114) Von I. Wolter-Rosendorf, 132 S., kart. **DM 6,80**/S 59.–

**Briefe zu Geburt und Taufe**
Glückwünsche und Danksagungen. (0802) Von H. Beitz, 96 S., 12 Zeichnungen, kart. **DM 9,80**/S 79.–

**Briefe zum Geburtstag**
Glückwünsche und Danksagungen (0822) Von H. Beitz, 104 S., 22 Zeichnungen, kart. **DM 7,80**/S 69.–

**Erfolgstips für den Schriftverkehr**
Briefwechsel leicht gemacht durch einfachen Stil und klaren Ausdruck (0678) Von U. Schoenwald, 120 S., kart. **DM 9,80**/S 79.–

**Worte und Briefe der Anteilnahme**
(0464) Von E. Ruge, 128 S., mit vielen Abb., kart. **DM 9,80**/S 79.–

**Reden in Trauerfällen**
Musteransprachen für Beerdigungen und Trauerfeiern (0736) Von G. Georg, 104 S., kart. **DM 6,80**/S 59.–

**Lebenslauf und Bewerbung**
Beispiele für Inhalt, Form und Aufbau. (0428) Von H. Friedrich, 112 S., kart. **DM 6,80**/S 59.–

**Erfolgreiche Bewerbungsbriefe und Bewerbungsformen.**
(0138) Von W. Manekeller, 88 S., kart. **DM 5,80**/S 49.–

**Die erfolgreiche Bewerbung**
Bewerbung und Vorstellung. (0173) Von W. Manekeller, 156 S., kart. **DM 9,80**/S 79.–

**Die Bewerbung**
Der moderne Ratgeber für Bewerbungsbriefe, Lebenslauf und Vorstellungsgespräche. (4138) Von W. Manekeller, 264 S., Pappband. **DM 19,80**/S 159.–

**Vorstellungsgespräche**
sicher und erfolgreich führen. (0636) Von H. Friedrich, 144 S., kart. **DM 9,80**/S 79.–

**Keine Angst vor Einstellungstests**
Ein Ratgeber für Bewerber. (0793) Von Ch. Titze, 120 S., 67 Zeichnungen, kart. **DM 9,80**/S 79.–

**Zeugnisse im Beruf**
richtig schreiben, richtig verstehen. (0544) Von H. Friedrich, 112 S., kart. **DM 9,80**/S 79.–

In Anerkennung Ihrer . . . .
**Lob und Würdigung in Briefen und Reden.**
(0535) Von H. Friedrich, 136 S., kart. **DM 9,80**/S 79.–

**Erfolgreiche Kaufmannspraxis**
Wirtschaftliche Grundlagen, Geld, Kreditwesen, Steuern, Betriebsführung, Recht, EDV. (4046) Von W. Göhler, H. Gölz, M. Heibel, Dr. D. Machenheimer, 544 S., gebunden. **DM 39,–**/S 319.–

**Arbeitsrecht**
Praktischer Ratgeber für Arbeitnehmer und Arbeitgeber. (0594) Von J. Beuthner, 192 S., kart. **DM 16,80**/S 139.–

**Mietrecht**
Leitfaden für Mieter und Vermieter. (0479) Von J. Beuthner, 196 S., kart. **DM 14,80**/S 119.–

**Familienrecht**
Ehe – Scheidung – Unterhalt. (4190) Von T. Drewes, R. Hollender, 368 S., Pappband. **DM 29,80**/S 239.–

**Erziehungsgeld, Mutterschutz, Erziehungsurlaub**
Alles über das neue Recht für Eltern. Mit den Gesetzestexten. (0835) Von J. Grönert, 144 S., kart. **DM 12,80**/S 99.–

**Scheidung und Unterhalt**
nach dem neuen Eherecht. Mit dem Unterhaltsänderungsgesetz 1986. (0403) Von Rechtsanwalt H. T. Drewes, 112 S., mit Kosten- und Unterhaltstabellen, kart. **DM 7,80**/S 69.–

**Testament und Erbschaft**
Erbfolge, Rechte und Pflichten der Erben, Erbschafts- und Schenkungssteuer, Mustertestamente. (4139) Von T. Drewes, R. Hollender, 304 S., Pappband. **DM 26,80**/S 218.–

**Erbrecht und Testament**
Mit Erläuterungen des Erbschaftssteuergesetzes von 1974. (0046) Von Dr. jur. H. Wandrey, 124 S., kart. **DM 6,80**/S 59.–

**Endlich 18 und nun?**
Rechte und Pflichten mit der Volljährigkeit. (0646) Von R. Rathgeber, 224 S., 27 Zeichnungen, kart. **DM 14,80**/S 119.–

**Was heißt hier minderjährig?**
(0765) Von R. Rathgeber, C. Rummel, 148 S., 50 Fotos, 25 Zeichnungen, kart. **DM 14,80**/S 119.–

**Erfolgreiche Bewerbung um einen Ausbildungsplatz**
(0715) Von H. Friedrich, 136 S., kart. **DM 9,80**/S 79.–

**Elternsache Grundschule**
(0692) Hrsg. von K. Meynersen, 324 S., kart. **DM 26,80**/S 218.–

**Sexualberatung**
(0402) Von Dr. M. Röhl, 168 S., 8 Farbtafeln, 17 Zeichnungen, Pappband. **DM 19,80**/S 159.–

**Die Kunst des Stillens**
nach neuesten Erkenntnissen (0701) Von Prof. Dr. med. E. Schmidt/ S. Brunn, 112 S., 20 Fotos und Zeichnungen, kart. **DM 9,80**/S 79.–

**Wenn Sie ein Kind bekommen**
(4003) Von U. Klamroth, Dr. med. H. Oster, 240 S., 86 s/w-Fotos, 30 Zeichnungen, Pappband. **DM 24,80**/S 198.–

**Vorbereitung auf die Geburt**
Schwangerschaftsgymnastik, Atmung, Rückbildungsgymnastik. (0251) Von S. Buchholz, 112 S., 98 s/w-Fotos, kart. **DM 6,80**/S 59.–

**Wie soll es heißen?**
(0211) Von D. Köhr, 136 S., kart. **DM 5,80**/S 49.–

**Das Babybuch**
Pflege · Ernährung · Entwicklung. (0531) Von A. Burkert, 128 S., 16 Farbtafeln, 38 s/w-Fotos, 30 Zeichnungen, kart. **DM 12,80**/ S 99.–

**Wenn der Mensch zum Vater wird**
Ein heiter-besinnlicher Ratgeber. (4259) Von D. Zimmer, 160 S., 20 Zeichnungen, Pappband. **DM 19,80**/S 159.–

Falken-Handbuch
**Umweltschutz**
Das Öko-Testbuch zur Eigeninitiative. Sonderteil Radioaktivität: Folgen und Maßnahmen. (4160) Von M. Häfner, 352 S., 400 Farbfotos, 137 farbige Zeichnungen, Pappband. **DM 39,–**/ S 319.–

Die neue Lebenshilfe **Biorhythmik**
Höhen und Tiefen der persönlichen Lebenskurven vorausberechnen und danach handeln. (0458) Von W. A. Appel, 157 S., 63 Zeichnungen, Pappband. **DM 12,80**/S 99.–

**Vom Urkrümel zum Atompilz**
Evolution – Ursache und Ausweg aus der Krise. (4181) Von J. Voigt, 188 S., 20 Farb- und 70 s/w-Fotos, 32 Zeichnungen, kart. **DM 19,80**/S 159.–

**Neues Denken – alte Geister**
New Age unter der Lupe. (4278) Von G. Myrell, Dr. W. Schmandt, J. Voigt, 176 S., 54 Farbfotos, 3 Zeichnungen, kart. **DM 19,80**/S 159.–

**Dinosaurier**
und andere Tiere der Urzeit. (4219) Von G. Alschner, 96 S., 81 Farbzeichnungen, 4 Fotos, Pappband. **DM 24,80**/S 198.–

**Der Sklave Calvisius**
Alltag in einer römischen Provinz 150 n. Chr. (4058) Von A. Ammermann, T. Röhrig, G. Schmidt, 120 S., 99 Farbabb., 47 s/w-Abb., Pappband. **DM 19,80**/S 159.–

ZDF · ORF · DRS
**Kompaß Jugend-Lexikon**
(4096) Von R. Kerler, J. Blum, 336 S., 766 Farbfotos, 39 s/w-Abb., Pappband. **DM 39,–**/S 319.–

**Psycho-Tests**
– Erkennen Sich sich selbst. (0710) Von B. M. Nash, R. B. Monchick, 304 S., 81 Zeichnungen, kart. **DM 16,80**/S 139.–

Falken-Handbuch **Astrologie**
Charakterkunde · Schicksal · Liebe und Beruf · Berechnung und Deutung von Horoskopen · Aszendenttabelle. (4068) Von B. A. Mertz, 342 S., mit 60 erläuternden Grafiken, gebunden. **DM 29,80**/S 239.–

**Selbst Wahrsagen mit Karten**
Die Zukunft in Liebe, Beruf und Finanzen (0404) Von R. Koch, 112 S., 252 Abb., Pappband. **DM 12,80**/S 99.–

**Weissagen, Hellsehen, Kartenlegen . .**
Wie jeder die geheimen Kräfte ergründe und für sich nutzen kann. (4153) Von G. Haddenbach, 192 S., 40 Zeichnungen, Pappband. **DM 19,80**/S 159.–

**Frauenträume, Männerträume**
und ihre Bedeutung. (4198) Von G. Senger, 272 S., mit Traumlexikon, Pappband. **DM 29,80**/S 239.–

Wie Sie im Schlaf das Leben meistern
**Schöpferisch träumen**
Der Klartraum als Lebenshilfe. (4258) Von Prof. Dr. P. Tholey, K. Utecht, 256 S., 1 s/w-Foto, 20 Zeichnungen, Pappband. **DM 29,80**/S 239.–

**Wahrsagen mit Tarot-Karten**
(0482) Von E. J. Nigg, 112 S., 4 Farbtafeln, 52 s/w-Abb., Pappband. **DM 14,80**/S 119.–

**Aztekenhoroskop**
Deutung von Liebe und Schicksal nach dem Aztekenkalender. (0543) Von C.-M. und R. Kerler, 160 S., 20 Zeichnungen, Pappband. **DM 9,80**/S 79.–

**Was sagt uns das Horoskop?**
Praktische Einführung in die Astrologie. (0655) Von B. A. Mertz, 176 S., 25 Zeichnungen, kart. **DM 9,80**/S 79.–

**Das Super-Horoskop**
Der neue Weg zur Deutung von Charakter, Liebe und Schicksal nach chinesischer und abendländischer Astrologie. (0465) Von G. Haddenbach, 175 S., kart. **DM 9,80**/S 79.–

**Liebeshoroskop für die 12 Sternzeichen**
Alles über Chancen, Beziehungen, Erotik Zärtlichkeit, Leidenschaft. (0587) Von G. Haddenbach, 144 S., 11 Zeichnungen, kart. **DM 7,80**/S 69.–

**Die 12 Sternzeichen**
Charakter, Liebe und Schicksal. (0385) Von G. Haddenbach, 160 S., Pappband. **DM 12,80**/S 99.–

FALKEN VERLAG



Die Preise entsprechen dem Status beim Druck dies

**Die 12 Tierzeichen im chinesischen Horoskop**
(0423) Von G. Haddenbach, 128 S., Pappband. **DM 9,80**/S 79.–

**Sternstunden**
für Liebe, Glück und Geld, Berufserfolg und Gesundheit. Das ganz persönliche Mitbringsel für Widder (0621), Stier (0622), Zwillinge (0623), Krebs (0624), Löwe (0625), Jungfrau (0626), Waage (0627), Skorpion (0628), Schütze (0629), Steinbock (0630), Wassermann (0631), Fische (0632) Von L. Cancer, 62 S., durchgehend farbig, Zeichnungen, Pappband. **DM 5,–**/S 39.–

**So deutet man Träume**
Die Bildersprache des Unbewußten. (0444) Von G. Haddenbach, 160 S., Pappband. **DM 9,80**/S 79,–

**Die Familie im Horoskop**
Glück und Harmonie gemeinsam erleben – Probleme und Gegensätze verstehen und tolerieren. (4161) Von B. A. Mertz, 296 S., 40 Zeichnungen, kart.
**DM 19,80**/S 159,–

Erkennen Sie Psyche und Charakter durch **Handdeutung**
(4176) Von B. A. Mertz, 252 S., 9 s/w-Fotos, 160 Zeichnungen, Pappband.
**DM 36,–**/S 298,–

Falken-Handbuch
**Kartenlegen**
Wahrsagen mit Tarot-, Skat-, Lenormand- und Zigeunerblättern. (4226) Von B. A. Mertz, 288 S., 38 Farb- und 108 s/w-Abb. Pappband.
**DM 39,–**/S 319,–

**I Ging der Liebe**
Das altchinesische Orakel für Partnerschaft und Ehe. (4244) Von G. Damian-Knight, 320 S., 64 s/w-Zeichnungen, Pappband. **DM 29,80**/S 230,–

**Bauernregeln, Bauernweisheiten, Bauernsprüche**
(4243) Von G. Haddenbach, 192 S., 62 Farbabb. 9 s/w-Fotos, 144 s/w-Zeichnungen, Pappband. **DM 29,80**/S 239,–

# Neue Medien

**Programm und Publikum**
Der ständige Versuch einer Annäherung. Beiträge und Reden über das öffentlich-rechtliche Fernsehen.
(0874) Von A. Schardt, 167 S., kart.
**DM 19,80**/S 159,–

**Computer Grundwissen**
Eine Einführung in Funktion und Einsatzmöglichkeiten. (4302) Von W. Bauer, 176 Seiten, 193 Farb- und 12 s/w-Fotos, 37 Computergrafiken, kart.,
**DM 29,80**/S 239.–
(4301) Pappband, **DM 39,–**/S 319.–

**Einführung in die Programmiersprache BASIC.** (4303) Von S. Curran und R. Curnow, 192 S., 92 Zeichnungen, kart. **DM 19,80**/S 159.–

**Lernen mit dem Computer.** (4304) Von S. Curran und R. Curnow, 144 S., 34 Zeichnungen, Spiralbindung,
**DM 19,80**/S 159.–

**Computerspiele, Grafik und Musik**
(4305) Von S. Curran und R. Curnow, 147 S., 46 Zeichnungen, Spiralbindung.
**DM 19,80**/S 159.–

**dBase III**
Einführung für Einsteiger und Nachschlagewerk für Profis. (4310) Von J. Brehm, G. A. Karl, 211 S., 23 Abb., kart. **DM 58,–**/S 460.–

**Das Medienpaket**
Buch und Programmdiskette „dBase III" zusammen (4312) **DM 98,–**/S 784,–

**Garantiert BASIC lernen mit dem C 128**
Mit kompletter Kurs-Diskette
(4321) Von A. Görgens, 288 S., 4 s/w-Fotos, 83 Zeichnungen, kart.
**DM 49,–**/S 398,–

**Grundwissen Informationsverarbeitung**
(4314) Von H. Schiro, 312 S., 59 s/w-Fotos, 133 s/w-Zeichnungen, Pappband.
**DM 58,–**/S 460,–

**Heimcomputer-Bastelkiste**
Messen, Steuern, Regeln mit C 64-, Apple II-, MSX-, TANDY-, MC-, Atari- und Sinclair-Computern. (4309) Von G. A. Karl, 256 S., 160 Zeichnungen, kart.
**DM 39,–**/S 319,–

**WORDSTAR 2000**
Textverarbeitung für Einsteiger und Profis Mit erprobten Anwendungen aus der Praxis
(4317) Von D. Nasser, 200 S., 9 s/w-Fotos, 3 Zeichnungen, kart.
**DM 59,–**/S 469,–

**Drucker und Plotter**
Text und Grafik für Ihren Computer. (4315) Von K.-H. Koch, 192 S., 12 Farbtafeln, 5 s/w-Fotos, kart.
**DM 39,–**/S 319,–

**Textverarbeitung mit Home- und Personal-Computern**
Systeme – Vergleiche – Anwendungen. (4316) Von A. Görgens, 128 S., 49 s/w-Fotos, kart. **DM 29,80**/S 230,–

**Maschinenschreiben**
In 10 Tagen spielend gelernt.
Von Unterrichtsmedien Hoppius.
(7008) Diskette für den C 64 und C 128 PC **DM 49,80**/S 448,–*
(Best.-Nr. Ariolasoft: 72631)
(7009) für IBM + kompatible,
**DM 79,–**/S 719,–*
(Best.-Nr. Ariolasoft: 78631)
(7010) für Schneider CPC 464, 664, 6128, **DM 69,–**/S 619,–*
(Best.-Nr. Ariolasoft: 74631)
*(unverbindliche Preisempfehlung)
Vertrieb ausschließlich über Ariolasoft.
An Falken gerichtete Bestellungen werden weitergeleitet.

**The Grammar Master**
Englische Grammatik üben und beherrschen.
(7002) Von Data Beutner. Diskette für den C 64, C 128 (im 64er Modus)
**DM 49,80**/S 448,– (unverbindliche Preisempfehlung)
Vertrieb ausschließlich über Ariolasoft (Best.-Nr. Ariolasoft: 72630)
An Falken gerichtete Bestellungen werden weitergeleitet

# Lernhilfen

**Deutsch für Ausländer im Selbstunterricht**
**Ausgabe für Jugoslawen**
(0261) Von I. Hladek und E. Richter, 132 S., 62 Zeichnungen, kart.
**DM 9,80**/S 79.–

**Deutsch – Ihre neue Sprache.**
Grundbuch (0327) Von H.-J. Demetz und J. M. Puente, 204 S., mit über 200 Abb., kart. **DM 14,80**/S 119.–

**Das Deutschbuch**
**Ein Sprachprogramm für Ausländer, Erwachsene und Jugendliche.**
Autorenteam: J. M. Puente, H.-J. Demetz, S. Sargut, M. Spohner.

**Grundbuch Jugendliche**
(4915) Von Puente, Demetz, Sargut, Spohner, Hirschberger, Kersten, von Stolzenwaldt, 256 S., durchgehend zweifarbig, kart. **DM 19,80**/S 159.–

**Grundbuch Erwachsene**
(4901) Von Puente, Demetz, Sargut, Spohner, 292 S., durchgehend zweifarbig, kart. **DM 24,80**/S 198.–

**Arbeitsheft**
zu Grundbuch Erwachsene und Jugendliche. (4903) Von Puente, Demetz, Sargut, Spohner, 160 S., durchgehend zweifarbig, kart. **DM 16,80**/S 139.–

**Aufbaukurs**
(4902) Von Puente, Sargut, Spohner, 232 S., durchgehend zweifarbig, kart.
**DM 22,80**/S 182.–

**Lehrerhandbuch Grundbuch Erwachsene**
(4904) 144 S., kart. **DM 14,80**/S 119.–

**Lehrerhandbuch Grundbuch Jugendliche**
(4929) 120 S., kart. **DM 14,80**/S 119.–

**Lehrerhandbuch Aufbaukurs**
(4930) 64 S., kart. **DM 9,80**/S 79.–

**Glossare Erwachsene:**

**Türkisch**
(4906) 100 S., kart. **DM 9,80**/S 79.–

**Englisch**
(4912) 100 S., kart. **DM 9,80**/S 79.–

**Französisch**
(4911) 104 S., kart. **DM 9,80**/S 79.–

**Spanisch**
(4909) 98 S., kart. **DM 9,80**/S 79.–

**Italienisch**
(4908) 100 S., kart. **DM 9,80**/S 79.–

**Serbokroatisch**
(4914) 100 S., kart. **DM 9,80**/S 79.–

**Griechisch**
(4907) 102 S., kart. **DM 9,80**/S 79.–

**Portugiesisch**
(4910) 100 S., kart. **DM 9,80**/S 79.–

**Polnisch**
(4913) 102 S., kart. **DM 9,80**/S 79.–

**Arabisch**
(4905) 100 S., kart. **DM 9,80**/S 79.–

**Glossare Jugendliche:**

**Türkisch**
(4927) 104 S., kart. **DM 9,80**/S 79.–

**Italienisch**
(4932) Von A. Baumgartner, 104 S., kart.
**DM 9,80**/S 79.–

**Spanisch**
(4933) Von M. Weidemann, 104 S., kart.
**DM 9,80**/S 79.–

**Serbokroatisch**
(4934) Von M. Vuckovic, 104 S., kart.
**DM 9,80**/S 79.–

**Griechisch**
(4936) Von Dr. G. Tzounakis, 112 S., kart.
**DM 9,80**/S 79.–

**Tonband Grundbuch Erwachsene**
(4916) Ø 18 cm. **DM 125,–**/S 1.000.–

**Tonband Grundbuch Jugendliche**
(4917) Ø 18 cm. **DM 125,–**/S 1.000.–

**Tonband Aufbaukurs**
(4918) Ø 18 cm. **DM 125,–**/S 1.000.–

**Tonband Arbeitsheft**
(4919) Ø 18 cm. **DM 89,–**/S 712.–

**Kassetten Grundbuch Erwachsene**
(4920) 2 Stück à 90 Min. Laufzeit.
**DM 39,–**/S 319.–

**Kassetten Grundbuch Jugendliche**
(4921) 2 Stück à 90 Min. Laufzeit.
**DM 39,–**/S 319.–

**Kassetten Aufbaukurs**
(4922) 2 Stück à 90 Min. Laufzeit.
**DM 39,–**/S 319.–

**Kassette Arbeitsheft Grundbuch**
(4923) 60 Min. Laufzeit.
**DM 19,80**/S 159.–

**Overheadfolien Grundbuch Erwachsene**
(4924) 60 Stück **DM 159,–**/S 1.270.–

**Overheadfolien Grundbuch Jugendliche**
(4925) 59 Stück. **DM 159,–**/S 1.270.–

**Overheadfolien Aufbaukurs**
(4931) 54 Stück. **DM 159,–**/S 1.270.–

**Diapositive Grundbuch Erwachsene**
(4926) 300 Stück. **DM 398,–**/S 3.184.–

**Bildkarten**
zum Grundbuch Jugendliche und Erwachsene. (4928) 200 Stück.
**DM 159,–**/S 1.270.–

**Maschinenschreiben für Kinder**
(0274) Von H. Kaus, 48 S., farbige Abb., kart. **DM 5,80**/S 49.–

So lernt man leicht und schnell
**Maschinenschreiben**
Lehrbuch für Selbstunterricht und Kurse. (0568) Von J. W. Wagner, 112 S., 31 s/w-Fotos, 36 Zeichnungen, kart.
**DM 19,80**/ S 159.–

**Maschinenschreiben durch Selbstunterricht**
(0170) Von A. Fonfara, 84 S., kart.
**DM 5,80**/S 49.–

**Stenografie leicht gelernt**
im Kursus oder Selbstunterricht. (0266) Von H. Kaus, 64 S., kart.
**DM 6,80**/S 59.–

**Buchführung**
leicht gefaßt. Ein Leitfaden für Handwerker und Gewerbetreibende. (0127) Von R. Pohl. 104 S., kart.
**DM 7,80**/S 69.–

**Buchführung leicht gemacht**
Ein methodischer Grundkurs für den Selbstunterricht. (4238) Von D. Machenheimer, R. Kersten, 252 S., Pappband.
**DM 29,80**/S 239,–

**Schülerlexikon der Mathematik**
Formeln, Übungen und Begriffserklärungen für die Klassen 5–10. (0430) Von R. Müller, 176 S., 96 Zeichnungen, kart.
**DM 9,80**/S 79.–

**Mathematik verständlich**
Zahlenbereiche Mengenlehre, Algebra, Geometrie, Wahrscheinlichkeitsrechnung, Kaufmännisches Rechnen. (4135) Von R. Müller, 652 S., 10 s/w- und 109 Farbfotos, 802 farbige und 79 s/w-Zeichnungen, über 2500 Beispiele und Übungen mit Lösungen, Pappband.
**DM 68,–**/S 549.–

**Mathematische Formeln für Schule und Beruf**
Mit Beispielen und Erklärungen. (0499) Von R. Müller, 156 S., 210 Zeichnungen, kart. **DM 9,80**/S 79.–

**Rechnen aufgefrischt**
für Schule und Beruf. (0100) Von H. Rausch, 144 S., kart. **DM 6,80**/S 59.–

Mehr Erfolg in Schule und Beruf
**Besseres Deutsch**
Mit Übungen und Beispielen für Rechtschreibung, Diktate, Zeichensetzung, Aufsätze, Grammatik, Literaturbetrachtung, Stil, Briefe, Fremdwörter, Reden. (4115) Von K. Schreiner, 444 S., 7 s/w-Fotos, 27 Zeichnungen, Pappband.
**DM 29,80**/S 239.–

**Richtiges Deutsch**
Rechtschreibung · Zeichensetzung · Grammatik · Stilkunde. (0551) Von K. Schreiner, 128 S., 7 Zeichnungen, kart.
**DM 9,80**/S 79.–

**Diktate besser schreiben**
Übungen zur Rechtschreibung für die Klassen 4–8. (0469) Von K. Schreiner, 152 S., 31 Zeichnungen, kart.
**DM 9,80**/S 79.–

**Aufsätze besser schreiben**
Förderkurs für die Klassen 4–10. (0429) Von K. Schreiner, 144 S., 4 s/w-Fotos, 27 Zeichnungen, kart. **DM 9,80**/S 79.–

**Deutsche Grammatik**
Ein Lern- und Übungsbuch. (0704) Von K. Schreiner, 112 S., kart.
**DM 9,80**/S 79,–

**Besseres Englisch**
Grammatik und Übungen für die Klassen 5 bis 10. (0745) Von E. Henrichs, 144 S.,
**DM 12,80**/S 99,–

**Richtige Zeichensetzung**
durch neue, vereinfachte Regeln. Erläuterungen der Zweifelsfragen anhand vieler Beispiele. (0774) Von Prof. Dr. Ch. Stetter, 160 S., kart. **DM 9,80**/S 79.–

# Bestellschein

Erfüllungsort und Gerichtsstand für Vollkaufleute ist der jeweilige Sitz der Lieferfirma. Für alle übrigen Kunden gilt dieser Gerichtsstand für das Mahnverfahren. Falls durch besondere Umstände Preisänderungen notwendig werden, erfolgt Auftragserledigung zu dem bei der Lieferung gültigen Preis.
Ich bestelle hiermit aus dem Falken-Verlag GmbH, Postfach 1120, D-6272 Niedernhausen/Ts., durch die Buchhandlung:

_______ Ex. _______

_______ Ex. _______

_______ Ex. _______

_______ Ex. _______

Name: _______

Straße: _______ Ort: _______

Datum: _______ Unterschrift: _______

FALKEN VERLAG

 Für die Schweiz: sFr.-Preise gemäß Preisauszeichnung in der Buchhandlung